棠树文丛
—代表作—

吕玉赞 著

法律修辞的理论和方法

商务印书馆
The Commercial Press

编委会

主 任
郭为禄　叶　青　何勤华

副主任
张明军　王　迁

委 员
（以姓氏笔画为序）

马长山	朱应平	刘　伟	刘宪权	孙万怀
杜　涛	杜志淳	李　峰	李秀清	杨忠孝
肖国兴	何益忠	冷　静	沈福俊	张　栋
陆宇峰	陈金钊	陈晶莹	范玉吉	林燕萍
金可可	屈文生	胡玉鸿	贺小勇	徐家林
高　汉	高奇琦	高富平	唐　波	

本书受上海市高水平地方高校建设项目资助,
并由华东政法大学资助出版

总　序

　　学术研究是高校非常重要的一项功能,也是衡量一所大学综合实力、核心竞争力的主要指标。开展学术活动、产出学术成果、培养学术人才是高校完成人才培养、科学研究、社会服务等使命的主要手段。大学之所以成为大学,学术的兴盛正是主要的标志之一,只有学术水平提高了,才能更好地完成培养人才和服务社会的目标。

　　党的十八大以来,以习近平同志为核心的党中央高度重视哲学社会科学工作,从改革发展稳定、治党治国治军的高度,肯定了哲学社会科学的重要意义。习近平总书记在 2016 年 5 月 17 日召开的"哲学社会科学工作座谈会"上指出,"要加大科研投入,提高经费使用效率。要建立科学权威、公开透明的哲学社会科学成果评价体系,建立优秀成果推介制度,把优秀研究成果真正评出来、推广开",为新时期哲学社会科学的发展指明了方向。学术专著是广大教师平时研究成果的精心积累,出版则是优秀研究成果推广的重要手段。做好学术著作的组织出版能够提高教师科研活动的积极性,弘扬优秀学术,开拓创新,也能为学校的科研事业做出应有的贡献。

　　华东政法大学全面贯彻党的教育方针,落实立德树人根本任务,围绕上海教育中长期规划纲要的总体目标,按照建设"双一流"高水平多科性教学研究型特色大学的战略要求,遵循科研发展规律,加强管理,精益求精,在科研方面取得了不俗的成绩。近年来,学校的优秀学术成果持续增多,学术影响力有所提升,学校科研工作日攀新高。

法学是华东政法大学的主要学科,也是我校的知名品牌。推介法学研究成果是科研管理部门的服务项目和重要职责。这次推出的"棠树文丛"就是以华东政法大学法学领域的优秀成果为主,兼顾其他学科的优秀成果。"棠树"出自《诗经》。《诗经·甘棠》云:"蔽芾甘棠,勿翦勿伐。"这是说周初召伯巡行理政,在甘棠树下听讼决狱,断案公正无私,其事流芳后世,歌诗以载。法平如水,民心所向,古今无异,故以"棠树"为本丛书命名。这次组织出版"棠树文丛",可以促进华政的学术研究水平,提升法学等学科的影响力,为实现依法治国的宏伟目标和弘扬法律的公平正义添砖加瓦。

　　高层次优秀科研成果的出版是教师和科研管理部门共同追求的目标,也是我们贯彻落实《华东政法大学学术专著出版资助管理办法》的举措。我们希望通过这次学术专著推进活动,规范学校图书出版工作,进一步激发我校教师多出优秀成果的科研积极性,展现华政学术风采。

华东政法大学科研处
2022 年 4 月

目 录

导 论 ··· 1

第一章 "把法律作为修辞"理论的出场 ····················· 10
第一节 "把法律作为修辞"理论的背景 ····················· 10
第二节 "把法律作为修辞"理论的内容 ····················· 21
第三节 "把法律作为修辞"理论的贡献 ····················· 30

第二章 "把法律作为修辞"理论的证成 ····················· 39
第一节 "把法律作为修辞"概念的证成 ····················· 39
第二节 "把法律作为修辞"价值立场的辩护 ·············· 47
第三节 "把法律作为修辞"方法的证成 ····················· 57

第三章 "把法律作为修辞"理论的重构 ····················· 70
第一节 "把法律作为修辞理论"的限度 ····················· 71
第二节 重构之前的理论交代 ···································· 91
第三节 "把法律作为修辞"概念和立场的厘定 ········· 104
第四节 法律修辞方法的重构 ·································· 111

第四章 法律修辞的开题程序 ······································ 121
第一节 何谓法律修辞的开题 ·································· 121

第二节 案件争点之整理：争点论的诉讼调适 ………… 129
第三节 论辩前提之寻找 ……………………………… 141
第四节 论辩前提之教义化 …………………………… 154

第五章 如何寻找裁判理由：法律修辞开题的实践运用 ………… 163
第一节 裁判理由的获取难题 ………………………… 163
第二节 设定寻找的初始状态：案件争点的鉴别与划分 …… 167
第三节 进行问题性开题：裁判论据的开放性寻找 ………… 177
第四节 转入体系性开题：裁判依据之发现与裁判论据之处理
 ……………………………………………………… 186

第六章 法律修辞的论证方法 …………………………… 197
第一节 何谓法律修辞的论证 ………………………… 198
第二节 法律修辞的论证型式及论证规则 …………… 209
第三节 法律修辞的谋篇布局 ………………………… 232
第四节 法律修辞的表达 ……………………………… 243

第七章 裁判说理中的修辞论辩：以甘露案再审判决为例 ……… 250
第一节 说理方法的寻找和定位 ……………………… 252
第二节 说理方法的规范运用 ………………………… 268
第三节 裁判说理的布局和表达 ……………………… 284

参考文献 ………………………………………………… 293

导　论

　　法官在裁判文书中对裁判结果的合法性与合理性进行说明、阐释与论证,是当下司法改革的一项重要议题,也是目前各国法院的通行做法。裁判文书说理不仅是说服当事人自愿接受判决结果、证明判决正当性的基本手段,也是限制法官自由裁量权、树立司法公信和权威的重要路径。裁判文书说理的现实需求对法官的论证理论和论证技艺提出了更高的要求。

　　从理论上看,当今法律论证理论并不存在统一的研究进路,往往可以采取多种不同的方法、进路或策略。荷兰学者伊芙琳·菲特丽丝将法律论证学者的研究进路(方法)分为三种,即逻辑进路、修辞进路与对话进路。[①] 德国学者乌尔弗里德·诺伊曼则归纳并阐述了法律论证研究的四种进路:逻辑-分析进路、论题-修辞进路、实践商谈理论以及法律论证的复杂模式。[②] 2000年以来,作为移植或继受国外法律论证理论的一个间接结果,我国法律论证研究进路呈现出多元分化的竞争局面,逻辑学、论题学、修辞学、商谈理论、语用学以及人工智能这些进路开始争相出现。

　　法律修辞作为一种研究在法律实践中如何实现正义、使价值判断

[①] 参见〔荷〕伊芙琳·菲特丽丝:《法律论证原理——司法裁决之证立理论概览》,张其山等译,商务印书馆2005年版,第11—17页。

[②] 参见〔德〕乌尔弗里德·诺伊曼:《法律论证学》,张青波译,法律出版社2014年版,第18—125页。

合理化从而为人们所接受的论证理论,在裁判文书说理中展现出了高度的适配性与实践应用的活力。党的十八大以来,习近平总书记多次强调,要努力让人民群众在每一个司法案件中感受到公平正义,并明确要求所有司法机关都紧紧围绕这个目标来改进工作。法律修辞以正义论为整个论证活动的起点,而法律修辞学本身也是正义论应用于法学领域的理论产物。因此,根据依法治国的内在逻辑创新法律修辞理论研究,对于规范和指引人民群众参与司法、加强裁判文书释法说理具有重要实践意义。

近年来,我国学界涌入了大量域外法律修辞学译著,在其强烈刺激下,法律修辞学迅速成为国内法律论证研究的重要学术热点。学者们根据译介的域外修辞理论或基于对修辞学的理解、想象和认知,建构了不同形态的法律修辞学理论,但都赞同法律修辞必须寻求听众的认同、信服以实现论辩的可接受性和合理性。但是,究竟该如何进行法律修辞?法律修辞学的具体方法有哪些?法律修辞的运用是否必然会破坏法律的权威,导致法律的不确定性?法律修辞学与法律方法论、法教义学以及逻辑和程序进路的法律论证究竟处于何种关系?法律修辞论证的方法论意义何在?作用形式如何?如何运用到裁判文书说理中去?

我国目前的法律修辞学研究还未着手探讨和处理这些问题,学者们对法律修辞学的介绍和建构遵从的主要是新修辞学的理论进路。新修辞学对听众认同、合理性和可接受性的强调及其所建构的论辩型式体系,使法律论证凸显并回归到了其原本的语境性、对话性和论辩性,但导致了法律修辞学与形式法治、经典法律方法论以及法教义学的结构性冲突。为了解决这一理论难题,陈金钊教授通过其一系列论著建构了一种独特的、具有明显法教义学倾向的法律修辞学,学界称之为"把法律作为修辞"理论。该理论主张,法律修辞要尽可能根据法律自身的规范性要素说服听众,法律修辞的主要目的是保障法律论辩的合法性。法律修辞不仅与法治不存在矛盾,反而是维护法律权威、克服法律的碎片化倾向、建构法治思维和法律话语的"根本出路"。在具体的修辞方法上,这一理论主张,必须根据法律概念、法律规则、法律原则、法学原理、法律学说、法律方法等构成的概念体系和词语体系进行说服和论辩。法律修辞方法并不反对使用法律解释、法律推理、价值衡量等传统法律方法,反而必须通过这些方法进行法律说理。

法治的内在道德和法律适用的教义学性质决定了,法律修辞学不能仅仅追求听众的可接受性和论辩的语境合理性,还必须兼顾和融合法学的体系性思维和问题性思维。法律修辞学需要尽可能从法律体系本身出发去寻找、发现和建构论辩前提与修辞方法的规范性要素。因此,在我国既重视裁判文书释法说理的合法性又强调其可接受性的背景下,"把法律作为修辞"理论具有独特的理论和实践意义。一方面,这种理论为研究如何进行法律修辞、建构法律修辞的具体方法以及完整体系提供了极富洞见和启示意义的理论典范。它既契合我国法治建设对公正司法、统一法律适用的要求,又有助于加强裁判文书释法说理、民众的司法参与、司法公开、司法说理和论证。另一方面,这种理论虽是中国学者基于自身的理论体系自发创建的法律修辞理论,但与域外的规范性法律修辞学颇为接近。它可以促使法律修辞学从对修辞语境、论题性思维、听众理论以及法律可辩驳性的过度依赖中及时解脱出来,并将法律体系的规范性要素转化为法律修辞的论据,从而既能实现对法律听众的说服,又能维护法律意义的安全性、稳定性和可预测性。

在法律修辞理论的发展过程中,陈金钊教授的"把法律作为修辞"理论的贡献无疑是独特的,其理论是任何想从事法律修辞理论研究的人都无法绕开的高地。

在该理论的基础上进行法律修辞学研究,可以回避一些无意义的理论争议,直逼法律修辞学的关键问题,建构一种既能维护法治又能说服法律听众的法律修辞理论。不过,"把法律作为修辞"理论也存在自身的缺陷和不足。例如,它对自身的理论构成和理论进路始终没有予以充分的理论证成,其建构的修辞体系和修辞方法也缺乏应有的完整性、精致性和清晰性。它没有遵循修辞的"发明"和"论证"二元模式,导致其理论中的论辩前提和修辞方法缺乏清晰的理论结构。虽然该理论反复强调要进行法律修辞的谋篇布局,但对究竟如何进行法律修辞的谋篇布局却不予置评。因此,我们有必要在吸收、整合和重构"把法律作为修辞"理论的基础上,建构一种既能满足法治和法教义学的要求又能实现可接受性和合理性的法律修辞理论。

修辞是一个内涵丰富、外延宽广的多维概念。在论辩的维度上,修辞可以理解为使用言说和相互言说的说服推理技术。[1] 作为论辩的修辞,不但可以诉诸言说者的人格和可信度进行说服,而且可以诉诸听者的情感、理性或逻辑进行说服。法律本身就是一种论辩实践,而论辩源于修辞。法律论辩就是修辞论辩,法律论辩实践就是修辞论辩实践。[2] 法律修辞属于修辞在法律领域的应用,是根据法律并借助特定论证手段发现论题、建构论证型式,以说服法官、对方当事人、陪审团等决定和影响裁判结果之听众的特殊理性实践论辩。法律修辞虽然属于非形式逻辑,以知识和命题的"或然性"和"可辩驳性"为前提,主张"在开放的体系"中论证,但旨在建构的是说服听众的理性论证手段,追求的是法律论辩的合理性。这种合理性虽然将法律论证的标准从传统的

---

[1] 舒国滢:《西方古代修辞学:辞源、主旨与技术》,《中国政法大学学报》2011年第4期。

[2] Linda Levine, Kurt M. Saunders, "Think Like a Rhetor", *Journal of Legal Education*, Vol 43, 1993.

客观性中解放出来,但它作为一种涉及法律的规范性标准,并不能将论证标准降格为听众心理学上的接受和认同,仍需要满足法律的一般性、可预期性、可普遍性、正确性等基本原则。在法律修辞的合理性和可接受性说服标准的背后,实际上彰显的是法律自身的规范性力量。法律修辞的方法分为艺术技巧(artistic techniques)和非艺术技巧(non-artistic pisteis)两种。为了从根本上说服听众,法律修辞需要重视非艺术技巧在法律论辩中的作用,非艺术技巧可以将法律本身的权威、理性导入法律论辩,从而实现对听众的根本说服。

法律修辞的说服对象主要是法官,而法官不同于一般的听众,他们主要根据法律判断来决定是否接受和认同修辞者的法律论辩。只有让修辞回归到亚里士多德那里,回归到古希腊罗马时代,在法律论辩的意义上研究和分析法律修辞,才不至于使法律修辞陷入"只为了说服而说服"的窘境。在外延上,法律修辞不但包括争点论、论题学、决疑术、古典/新修辞学,而且受其他学科的影响而产生的修辞符号学、分析修辞学、法的符号学以及社会理论的论证理论等也可以纳入其中。法律修辞不应仅仅停留在风格、记忆和传递要素上,而应该重视构思和布局要素,也就是要在法律论证的基础上来理解和探讨,不能仅仅去追求那种"华而不实""浮夸连篇""玩弄辞藻"的说服技巧,要回归到古希腊罗马时代的修辞传统,特别是要回归到昆体良的修辞传统上去。[①] 法律修辞主要包含三方面的内容:一是论证,主要包括论证的主题和论证结构;二是论证者,包括审判方、起诉方和应诉方(简称审方、起方和应方),三方都可以作为论证的提出者;三是目标听众,审方、起方和应方都可以作为另外两方的听众。

---

① 熊明辉、卢俐利:《法律修辞的论证视角》,《东南大学学报(哲学社会科学版)》2015年第2期。

法律修辞由"修辞开题"和"修辞论证"两个步骤组成。"修辞开题"指的是修辞者根据具体的修辞形势及任务确定中心争议点,并围绕这一争议点进行构思和立意,寻索、发现、确定和初步组织应该使用的论点论据的过程。修辞学只有凭借开题才能获得力量和价值,一旦修辞学与开题术分离,它就会表面化,丧失应有的说服功能。[①] 在修辞的起始阶段,修辞者往往并不知晓如何从案件入手挖掘出头脑中已有的相关材料,因此,就需要修辞者首先通过开题构思论证,试错性地列出一系列"论据",从中发现最佳的说服工具。法律修辞的开题作为"开启"和"构思"其他修辞步骤的一种前置性程序,属于典型的"法的发现"和"法律获取",联系着争议点、论题学、决疑术、法律获取和法教义学等众多理论主题和学问领域。

修辞论证是修辞者基于相关论据论证自己的观点并反驳对方观点的修辞论辩过程,它是整个法律修辞的主体部分,承载着阐述主题、实现修辞目的的重任。在论证环节,为了实现对听众的有效说服,修辞者需要使用科学的论证方法并遵守特定的修辞论证规则。虽然法律修辞的开题所发现或建构的论辩前提只能构成初级形态的论证方法,但能提供发现修辞图式的位置或场所,并在被选择的论辩前提与被辩护的论点之间建立起一种省略式论证。[②] 为了将开题推进到论证环节,修辞者需要对方法性的论辩前提进行解释性重构,从而使其扩展为完整的法律修辞方法。法律修辞方法也就是通常所说的修辞图式或修辞型式。法律修辞论证的目的是增加修辞的可接受性,而论证的态度和方式一定程度上决定着法律修辞的效果。法律修辞与普通说理不同,听

[①] Richard Yong, Alton Becker, "Toward a Modern Theory of Rhetoric", in W. Ross Winterowd (eds.), *Contemporary Rhetoric: A Conceptual Background with Readings*, Harcourt College Publishers, 1975, p.127.

[②] 参见 J.P. Zompetti, "The Value of Topoi", *Argumentation*, Vol.20, 2006。

众更需要修辞者朴实谦和、细致入理的姿态,这种姿态能够平复当事人情绪,使共识尽快达成。法律修辞还应注意经验层面上的说理,它们源自对生活中常识、常理和常情的体验。法官利用法律逻辑作出判决之后,应该在说理的过程中将法律逻辑还原为生活逻辑,这一还原过程同时也是检验自己的修辞是否合理的过程。①

本书首先对"把法律作为修辞"理论进行梳理、证成和重构,然后在此基础上刻画和构造法律修辞的完整过程,分别提出法律修辞的开题程序和论证程序,最后通过裁判文书说理来检验和展示法律修辞的操作。具体而言:

第一章概述"把法律作为修辞"理论的缘起、基本主张和价值诉求。"把法律作为修辞"理论源于陈金钊教授对现有法律修辞理论的批判性反思,同时也是其"法治反对解释""司法克制主义"以及其他法律方法研究的继承和发展。"把法律作为修辞"理论中的法律修辞可以分为作为法律话语的法律修辞和作为法律论辩的法律修辞,其价值立场涵盖合法性、合理性和可接受性三种原则,修辞方法包括具体的修辞方法和修辞的谋篇布局。"把法律作为修辞"理论不仅建构了维护法治权威的修辞技术,而且为法律修辞学确立了规范性范式。

第二章证成"把法律作为修辞"理论的概念、价值立场和修辞方法。不管是作为法律话语还是法律论辩,"把法律作为修辞"理论提出的法律修辞概念,援引域外相应的法律修辞理论都可以获得证成,而该理论的价值立场也可以获得证成。具体修辞方法从佩雷尔曼(Ch. Perelman)、沃尔夫冈·加斯特(Wolfgang Gast)、弗里乔夫·哈夫特(Fritjof Haft)等人的法律修辞学以及法教义学的理论主张中可以寻找

---

① 周芳芳:《论刑事判决说理的"私人订制"——从一份"伟大"的判决书说起》,《东方法学》2016年第3期。

到相应的理论共鸣和支持。该理论之所以主张谋篇布局,关键理由在于,寻求论辩参与人的理解和认同,体系性思维和问题性思维的实质交错,法律论辩的相干性以及论辩前提的开放性和可辩驳性。

第三章提出"把法律作为修辞"理论的重构方案。该理论对法律修辞的界定经常游弋在法律话语和法律论辩之间;对合法性、可接受性和合理性关系的"粗糙化处理"可能引发更大范围的矛盾;提出的修辞方法难以转化为真正的法律修辞图式;主张的谋篇布局并非修辞布局的完整形态。因此,有必要按照法教义学和法律修辞学的原理,对"把法律作为修辞"理论进行科学重构。这种重构不仅需要厘定"把法律作为修辞"的概念和价值立场,而且需要拓展和完善法律修辞的方法体系。

第四章重点探讨法律修辞的开题程序。为了使修辞开题从模糊的抽象概念发展为可操作的具体程序,有必要将争点论、论题学、决疑术等经典开题术以及法教义学整合纳入法律修辞的开题术,建构一套从问题性思维向体系性思维过渡的法律修辞开题程序。在具体操作上,修辞开题程序涵盖三种具体作业:一是综合争点论和争点整理程序对案件争点进行体系归类和特定化;二是围绕所固定的案件争点,运用论题学和决疑术寻找论点论题和案例论题;三是对通过问题性思维获取的论辩前提进行法教义学的加工、补充和评价。

第五章探讨如何寻找裁判理由。裁判理由的获取遵循一种从问题性思维向体系性思维逐渐过渡的开题程序,其中问题性开题负责裁判论据的开放性寻找,体系性开题负责裁判依据的体系化检索和裁判论据的教义学处理。不论是"裁判论据"的寻找还是"裁判依据"的发现,都必须将案件争点作为出发点。裁判理由的寻找包括三种具体操作:一是识别个案的争点形态,并将之划分为各种标准的"题头";二是围绕案件争点,运用决疑术和论题学获取案例性论据和论点性论据;三是将获取的裁判论据纳入法教义学的框架进行处理和评价。

第六章重点探讨法律修辞的论证方法。法律修辞的本质在于其论辩性,论辩是法律修辞的主体部分和主要功能。法律修辞论辩的独特性体现在它的非形式逻辑性、语用性、认知性和法律约束性。法律修辞论辩必须参照和遵守相应的论证型式和论证规则。法律修辞论证型式既包括由传统法律方法转换而来的论证型式,也包括利益/价值衡量、后果论辩、基于原则的论证等特定论辩型式。法律修辞的论证规则体系由基于规则的、基于规则外要素的和基于推论的修辞论证规则构成。除了遵守特定的论证规则,法律修辞还要进行合理的谋篇布局和修辞表达。

第七章以甘露案再审判决为例展示修辞论证在裁判说理中的具体运用。裁判文书说理是法律修辞论证应用的主要场域,目的在于阐明裁判结论的形成过程和正当性理由,提高裁判文书的可接受性。为了实现裁判文书的说理效果,首先需要从案件的争点出发寻找说理方法,然后结合案件的论辩前提体系再筛选和确定说理方法。同时,说理方法的运用需要遵守相应的修辞论证规则,使用恰当的修辞布局和表达技术。甘露案再审判决书不管是在说理方法的选择上,还是在说理方法的运用以及裁判文书的布局和表达上,都存在明显的缺陷和错误。

第一章
"把法律作为修辞"理论的出场

"把法律作为修辞"理论是我国当前法律修辞学研究中无法绕开的高地,它体现了中国学人在面对域外法律修辞学大规模译介和强势输入时的理论清醒和自觉创新。在这一相对成熟的法律修辞理论的基础上进行法律修辞研究,可以回避无意义的理论争议,直逼法律修辞和法律论证的核心问题,建构一种既可维护法律权威又能有效说服听众的理性法律修辞理论。

第一节 "把法律作为修辞"理论的背景

陈金钊教授在其一系列文章和专著[①]中提出了一种极富理论创意

---

① 陈金钊教授阐释和论述"把法律作为修辞"理论的文章按其发表的时间顺序依次为《法律修辞方法与司法公正实现》《把法律作为修辞——认真对待法律话语》《把法律作为修辞——讲法说理的意义及其艺术》《把法律作为修辞——法治时代的思维特征》《用法治思维抑制权力的傲慢》《权力修辞向法律话语的转变——展开法治思维与实施法治方式的前提》《解决"疑难"案件的法律修辞方法——以交通肇事连环案为研究对象的诠释》和《把法律作为修辞——我要给你讲法治》。同时,陈金钊教授出版的关于"把法律作为修辞"理论的专著为《法治思维及其法律修辞方法》。下文中一般地称这些相关文章和著作为"陈文"和"陈著"。文献具体信息请见书末参考文献。

的规范性法律修辞理论,即"把法律作为修辞"理论。虽然在英语世界和德语世界也存在与"把法律作为修辞"对应的类似表述,如 law as rhetoric 和 Recht als Rhetorik,但它们与"把法律作为修辞"具有不同的命题内涵。law as rhetoric 和 Recht als Rhetorik 只是西方古典法律修辞学和新法律修辞学(the new legal rhetoric)的某种命题表达,旨在揭示和描述法律自身或法律适用的修辞属性和修辞结构(Rhetorische Struktur)。[1] 与中国法律文化中修辞的原始语义不同,修辞在西方主要是一种应对修辞情景和旨在说服听众的论题术(Topik)、开题术(ars inveniendi)、决疑术(Casuistry)、争点论(die Statuslehre)、说服艺术(die Kunst des Überzeugens)或论证技巧(Argumentationstechniken),它的逻辑形式是不同于演绎三段论的辩证推理(dialektischer Schluß)、争证推理(sophistischer Schluß)或修辞式归纳和恩梯墨玛(Enthymem)。在亚里士多德看来,修辞学的前提只能是"普遍接受的意见""可尊重的意见""或然性命题"或"似真性命题"。[2] 法律修辞学在自身的理论演变中按照法律科学和法治的一般要求进行了各种形式的规范化改造,并发展出了更具有程式性和科学性的法律辩证法(Juristische Dialektik)。[3] 然而,由

---

[1] 参见 Linda L. Berger, "Studying and Teaching 'Law as Rhetoric'", *The Journal of the Legal Writing Institute*, Vol. 16, 2010; Kurt M. Saunders, *Law as Rhetoric, Rhetoric as Argument*, Journal of Legal Education, Vol. 44, No. 4, 1994; Kemmerer Alexandra, "Dieter Simon über das Argumentieren der Juristen und die schöne Zukunft des Rechts: Recht als Rhetorik-Rhetorik als Recht", VerfBlog, 16.01.2012, httpt://www.verfassungsblog.de/recht-als-rhetorik-rhetorik-als-recht/。

[2] 参见舒国滢:《西方古代修辞学:辞源、主旨与技术》,《中国政法大学学报》2011 年第 4 期。

[3] 法律辩证法不同于哲学和本体论上的辩证法,它主要是一种辩证推理,虽然和法律修辞学一样,都以"意见"或"普遍接受的意见"为论辩前提,但法律辩证法更注重法律论辩的形式维度和论证模式的研究,而法律修辞学则偏重法律论证的实质维度和功能的描述和刻画。参见 Hanns Hohmann, "Logic and Rhetoric in Legal Argumentation: Some Medieval Perspectives", *Argumentation*, Vol. 12, 1998。但在法律修辞学的当代转向中,尤其是德国语境下的法律修辞学,法律修辞学与法律辩证法之间并不存在泾渭分明的界限,而很大程度上,法律修辞学在理论构造过程中吸收了法律辩证法在论辩上的严格的形式和(转下页)

于法律修辞学对法律论辩的语用维度的过度关注,"以至于,时至今日,法律修辞学的发展还未有一个统一的科学范式,它还无法消除人们对其科学性和规范性的不断质疑"①。

某种意义上,"把法律作为修辞"不仅是对西方法律修辞学的一种学术改造,更是对中国如何建构法治思维方式的一种全新思考。为了避免对原文的过度复述和引用,以下我们将陈文/著中关于"把法律作为修辞"的各种论述提炼为"把法律作为修辞"理论,并从"把法律作为修辞"的涵义、价值立场和修辞方法三个方面予以梳理。

陈金钊教授的"把法律作为修辞"理论,既不同于中国学者所理解和研究的"法律修辞学",也与西方的法律修辞学存在明显区别。这种理论之所以被标示为"把法律作为修辞"理论,一方面源于作者在论述中将这种理论明确称为"把法律作为修辞";另一方面也因为该理论反复强调,要根据法律概念、法律规范、法律原则、法学原理和法律学说等法律体系自身的规范性要素进行论辩和说理,即要在法知识论和法律方法论上打破法律与修辞之间的界限,②从而最大限度地依据法律本身的规范性力量发现前提、建构论点并提出论证理由。在笔者看来,作者提出的这种法律修辞学理论,不但源于其对我国法律修辞学研究现

(接上页)逻辑要求。参见 Edward E. Ott, *Juristische Dialektik: Dialektische Argumentationsweisen und Kunstgriffe, um bei rechtlichen Auseinandersetzungen in Prozessen und Verhandlungen Recht zu behalten*, 3. überarb. und erw. Aufl., Dike Verlag Zürich, 2008, pp. 11 - 31; Hanns Hohmann, "Rhetoric and Dialectic: Some Historical and Legal Perspectives", *Argumentation*, Vol. 14, 2000。

① 〔奥〕京特·克罗伊斯鲍尔:《法律论证理论研究史导论》,张青波译,载郑永流主编:《法哲学与法社会学论丛》(第15卷),北京大学出版社2010年版,第14页。

② 修辞是否为法律这种严格事务的对应物,即两者间是否存在不可逾越的界限,或者包括论题学、辩证法在内的修辞学本身在现代法律体系的罗马法起源中发挥了一定的构成性作用,这些主题一直被学者们所争论和研究。参见 Fabian Steinhauer, "Die rechtlich-rhetorischen Grenzen I: Beispiele von Max Kaser, Fritz Schulz und Uwe Wesel", *Ancilla Iuris* (anci. cn) 2009, pp. 53-98。

状的反思,而且也是对其既有理论主张的继承和发展。

一、对国内法律修辞研究的批判性反思

近年来随着法律论证研究的兴起,我国法学界掀起了一股法律修辞学研究的热潮。学者们从非形式逻辑、新修辞学、论辩理论、语言学的立场,或基于知识考古学的方式对西方语境中的法律修辞进行了全方位的介绍和研究。不但法律修辞学的理论体系渐次成型,而且判决书、司法裁判、庭审话语、法律文学、立法文本中法律修辞的功能和意义,法律修辞与其他法律方法的关系,以及法律修辞的限度和缺陷这些特定的主题也引起了越来越多学者的关注和兴趣。[①] 但是,我国的法律修辞研究仍然存在诸多缺陷和不足。首先,我国学者尤其是年轻学者在译介西方法律修辞学时囿于语言能力,多以佩雷尔曼为代表的新修辞学和英美法系语境下的法律修辞学作为参照点和继承对象,而对新修辞学在司法实践中的具体运用以及大陆法系语境中的法律修辞学缺乏根本了解和认知。

其次,修辞学具有"能在任何一个问题上找出可能的说服方式的功能"[②],在西方修辞学的经典意义上,修辞绝非简单的语言表达、技巧和策略问题,它关涉在特定的个案语境下"何为正当"和可接受的论证问题。修辞学的任务"不仅仅是研究如何更好地表达先已存在的思想,而首先是研究如何根据面临的'修辞形势'产生、发掘、构筑和确定

---

① 对我国法律修辞学研究现状的述评,可参见焦宝乾等:《法律修辞学导论——司法视角的探讨》,山东人民出版社2012年版,第6—44页。
② 〔古希腊〕亚里斯多德:《修辞学》,罗念生译,上海人民出版社2006年版,第23页。

恰当的话题、念头、主意和论点,也就是说产生和确定按语境要求'该说的话'或该表达的思想"①。而如何按照个案的修辞形势发现、选择和适用相应的修辞起点、修辞前提和修辞方法,在法律论题学提倡和主导的问题性思维与法教义学主张的体系性思维之间存在着原则性的对立和冲突。我国学者尽管对"法治与法律修辞倡导的法律可辩驳性之间的张力"②存有一定的觉察和反思,但一般仅简单地将法律修辞对法治"内在道德"的冲击视为法律修辞学自身的限制或缺陷,并据此提出在法治建设中要对法律修辞的运用保持一定的克制性,但这又有违法官"释法说理"的论证义务。

最后,修辞学追求的不仅是对个别听众的说服,而且是对论辩者建构的普遍听众的说服。不过,"普遍听众的认同不是一个事实问题,而是一个法律问题"③。因此,对法律修辞学来说最为棘手的问题是,如何在说服普遍听众的过程中坚守和维护法律秩序和法律体系的约束力和权威性。这也涉及如何协调法律修辞学与法律实证主义和法教义学的根本问题。在以德国为代表的大陆法系法律修辞学的研究中,自从菲韦格(Theodor Viehweg)提出法律论题学之后,为了协调和解决"论题"思维和"体系"思维的对立和冲突,学者们基于不同的立场提出了分析性修辞学、修辞符合学等。④ 同时,他们通过法教义学、法律方法论对古典法律修辞学进行相应的规范性改造,并提出了法律修辞的前

---

① 刘亚猛:《追求象征的力量——关于西方修辞思想的思考》,生活·读书·新知三联书店2004年版,第3—4页。
② 参见Neil MacCormick, *Rhetoric and the rule of Law: A Theory of Legal Reasoning*, Oxford University Press, 2005, p.14。
③ Chaim Perelman, Olbrechts-Tyteca, *The New Rhetoric: A Treatise on Argumentation*, University of Notre Dame Press, 1969, p.41.
④ 参见〔德〕乌尔弗里德·诺伊曼:《法律论证学》,张青波译,法律出版社2014年版,第63—79页。

提理论、论证理论、效力理论、修辞图式和修辞方法,从而使法律修辞发展成为一种系统性的理论。① 不过,国内学者在介绍和"移植"西方法律修辞学并尝试建构我国法律修辞学时,多从法律修辞的可接受性、可辩驳性、合理性、听众理论以及法律修辞对法治观念、法律方法论的冲击和影响等宏观视角甚至法律修辞的"外部视角"切入和进行。而至于如何将法律修辞学和法教义学、法律方法论衔接协调起来从而建构一种规范性的法律修辞理论,目前的法律修辞研究一直语焉不详,基本上没有正面回答过这个问题。

为了克服法律知识和法律体系在后现代哲学、现实主义法学、实用主义法学、批判法学和法社会学等的"解构"下所呈现出来的模糊性、不确定性、可辩驳性或开放性,以及司法实践中政治话语和道德话语对法律思维和法律适用的过度侵蚀和干扰,"把法律作为修辞"理论主张依据法律本身的要素进行法律论辩,对当事人进行说服要尽量从法律体系自身寻求法律理由。"把法律作为修辞"理论认为,法律本身是一种体系性的存在,它不但包括法律规则、法律概念,也包括法律原则、法学原理、法律方法、法律学说等。因此,"无论是明确的还是含糊的、整体的还是局部的法律都可以作为修辞来运用"②。这种理论的目标在于,要尽量用法律术语、概念、词语证立所有的判决;法律人的思维方式要用法言法语作为关键词,即使是需要转换也应该表达法意;对案件事实的定性需要把法律作为修辞;每一个判决尽量要用法律言辞说明理由。③ 因

---

① 关于德国以法教义学、传统的法律方法论为导向的法律修辞学理论体系,可参见 Wolfgang Gast, *Juristische Rhetorik: Auslegung, Begründung, Subsumtion*, Juristischer Verlag, 2006, pp. 1-284。

② 陈金钊:《把法律作为修辞——认真对待法律话语》,《山东大学学报(哲学社会科学版)》2012年第1期。

③ 焦宝乾等:《法律修辞学导论——司法视角的探讨》,山东人民出版社2012年版,第51、53页。

此,"把法律作为修辞"是在开启法律的功能,而不是故作姿态地仅仅把法律作为装饰。虽然作者在建构"把法律作为修辞"理论时,并没有明确提出其对我国法律修辞学研究的批判,但该理论的价值立场、修辞方法尤其是它的法教义学取向却印证了作者试图推进法律修辞学与规范法学、法律实证主义和法教义学之间的协作。"把法律作为修辞"理论独特的问题意识和理论追求,也隐含了作者要将我国法律修辞学从当下研究困局中解脱出来的追求和抱负。

二、先前理论的延续和拓展

"把法律作为修辞"理论并非作者对于法律修辞学研究突发奇想的学术创造,而是与其先前的理论观点和理论体系存在一脉相承的关系。

首先,"把法律作为修辞"理论的法教义学和法律实证主义立场与作者先前的"法治反对解释"以及司法克制理论具有脉络上的一致性和融贯性。为了维护和强化法律意义的安全性、稳定性、自主性以及法治的严格性、法律的正确使用,陈金钊教授曾提出过"法治反对解释"这一原则。这一原则来自法律解释的独断性以及法律的明晰性原则,反对"所有的法律都需要解释",反对对清晰的法律规定进行解释和过度解释,主张根据法律的日常意义进行解释,在解释的过程中不对意义进行添加或过度地限缩。[①] 他认为,在一个案件中,如果针对个案的法

---

① 参见陈金钊:《反对解释与法治的方法之途——回应范进学教授》,《现代法学》2008年第6期;陈金钊:《过度解释与权利的绝对化》,《法律科学(西北政法大学学报)》2010年第2期;陈金钊:《"法治反对解释"命题的修补》,《重庆理工大学学报(社会科学)》2011年第4期。

律规范是明确的,无须解释,直接作为修辞使用就行了。"法治反对解释"原则旗帜鲜明地反对把能动司法作为理念。针对近年来能动司法或司法能动主义在法学界尤其是在司法实践中受到推崇的倾向,陈金钊教授认为,根据法治的要求,法律人应该恪守司法克制主义,即应该理性、克制地能动司法。具体而言,包括三个方面:第一,法官要表达对法律的忠诚、尊重与谦抑,克己守法。第二,法官在应用法律时,不能任意地创造和解释法律,必须尊重法律的文义,多运用法律发现、文义解释和法律推理等来解决纷争。第三,司法权力的运用须尊重立法权与行政权,须在充分尊重其他权力的姿态下,谨慎地运用司法权力;法官应严于律己,克制自己的职业行为所可能产生的权力扩展。[1] 正如作者所指出的,"把法律作为修辞"是"法治反对解释"命题的当然继续。与"法治反对解释"命题相呼应,"把法律作为修辞"所追求的价值主要是合法性,它的目标是为法治而斗争,捍卫法治的权威,强调和凸显法律、法律话语在法律论辩、法律说理中的权威,打破法律人思维中法律的沉默,抑制权力修辞、政治修辞和道德修辞在司法实践中的过度使用。[2]

其次,"把法律作为修辞"与作者提出的法治观、法律解释的根本立场以及法概念论也是一脉相承的。实质法治观,除了关心法律的形式要求,还重点指向法律的实体要求和价值要求,如法律应是保护民主、人权、自由等美好价值的良善之法。作者曾在其论著中强调,在我国当下的法治建设和法学研究中,应该警觉实质法治可能带来的风险,

---

[1] 参见陈金钊:《法律解释:克制抑或能动》,《北方法学》2010年第1期;陈金钊:《法官司法的克制主义姿态及其范围》,载陈金钊、谢晖主编:《法律方法》(第7卷),山东人民出版社2008年版,第35页。

[2] 参见陈金钊:《把法律作为修辞——认真对待法律话语》,《山东大学学报(哲学社会科学版)》2012年第1期。

实质法治带有毁灭、消解法治的根本倾向。实质法治作为理想的法治目标难以操作,我国还未出现实行实质法治的契机。因此,在我国目前的制度语境下,应该消除关于形式法治的误解,认真研究形式法治所要求的法律思维,运用法律方法矫正实质思维的偏差:承认法源的多元性以防止实质思维所导致的法治风险,坚持司法克制主义以吸收实质思维的优点,综合运用法律方法以限制司法中可能出现的任意。[1] 他认为,法律的规则、程序和权威是人们思考法治、达致形式法治的基本形式。法律的抽象性、形式性意义等可以构造意义稳定的法律世界,使人们的行为能够实现可预测性。"根据法律的思考"可以展现法律的无限魅力。实质与形式法治的统一论,属于法哲学认识论层面的问题,不可能作为方法来解决法治的难题,那样只能带来司法的混乱以及法治的危机。[2] 形式法治与实质法治的对立在法律方法论上的反映,就是教义学属性的法律解释学、法律决断论以及分析实证主义法学与其他法学流派的冲突和较量。这些法学流派都在不同意义上造成了对现行法律规范的效力的消解、修正或废止,以至于法律人的思维中出现了"规范的失落或者说法律的隐退"。因此,作者主张,在独断论和沟通论之间我们应该奉行一种折中的行动方案。"坚持法律解释独断性的基本姿态,在法律思维中根据法律进行思维,把法律作为修辞来修饰事实的法律意义,但又不拘泥于法律刻板地依法办事,我们主张在尊重服从法律的前提下,通过法律和法律方法超越法律,在最终目标上实现法治,而不是拘泥于直接根据法律的裁判。""把法律作为修辞",一方面是对法律因素的强调,要求思维者用法律确定正义的含义,修正正义的

---

[1] 参见陈金钊:《实质法治思维路径的风险及其矫正》,《清华法学》2012年第4期。
[2] 陈金钊:《为什么法律的魅力挡不住社会效果的诱惑?——对法律效果与社会效果统一论的反思》,《杭州师范大学学报(社会科学版)》2012年第2期。

范围,修饰事实的意义;另一方面,为了增强法律的合理性以及对社会关系的适应性,也不反对法律外因素进入法律。

再次,在最抽象的层次上,"把法律作为修辞"也是作者法概念论的一种折射和具体化。他提出,在法概念论上,后现代法学等否认了法律意义的客观性、确定性,认为法律思维过程存在着人们无法应对的开放性、不确定性、模糊性等。但是,它们揭示的只是法律适用的一个侧面和片段而已。在法概念论上,法律方法的运用可以使流动的法律暂时停下来而变得确定,使模糊的法律变得清晰。法律方法不仅可以证成法治的可能性,而且可以通过运用逻辑推理、发现、解释、论证和修辞等方法修复法治思维的前提之殇。[①] 法律解释的多义性、法教义学带来的法律论证的复杂性以及对法律听众的说服义务决定了法律论辩的可能性和必要性,也拓展了法律修辞在法律适用和法律续造中的作用空间。然而,法律修辞并不能任意地、随机地从法律体系的外部随意选择法律论辩的前提和论证理由。法律的概念、法治的形式主义倾向以及法教义的根本立场决定了,"把法律作为修辞……不仅仅是要强化论辩过程的修辞功能,而且是要把法律概念、术语等作为修辞方式,从而强化法律在论证、论辩过程中的话语权"[②]。

最后,相较于一般法律修辞学,"把法律作为修辞"理论具有三个独特的问题指向:"一是传统的法律思维过度依赖逻辑推理,以至于有理合法的决断没有说清楚;二是法律表达方式被过度的政治、道德话语绑架,法律不能正常地发挥作用;三是在思维过程中语言使用混乱,使得法律难以在思维中发挥决定作用。在司法过程中,纯粹使用逻辑会

[①] 参见陈金钊:《法治思维的前提之殇及其修复》,《山东大学学报(哲学社会科学版)》2014年第5期。

[②] 陈金钊:《法治思维的前提之殇及其修复》,《山东大学学报(哲学社会科学版)》2014年第5期。

在讲法过程中过于形式化。"①因此,"把法律作为修辞"作为法律论辩涉及的并非法律的"外部证成"或"二次证成",而是一种统摄其他法律方法的综合法律思维。它不但包括"修辞发现"的成分,也包含"修辞论证"的要素。在"把法律作为修辞"理论中,各种法律解释方法、法律推理都是基本的修辞方法,法律修辞也是改进法律解释和法律推理等传统法律方法的基本范畴,法律修辞可以证成法律解释和法律推理结果的合理性和正当性。

"把法律作为修辞"理论之所以对法律修辞与其他法律方法的关系如此定位,也与作者提出的法律方法体系存在明显的承接关系。陈金钊教授作为国内法律解释学领域的代表性学者,建构了完整的法律方法理论体系,对法律解释学、法律解释方法、法律解释规则以及法律发现理论等都进行过系统的梳理和研究。作者主张的法律解释学属于传统的法律解释学,虽然部分吸收了诠释学的观点,但更接近独断性、分析性的法律释义学和法律方法论。在知识论立场上,法律解释学和传统的法律方法论、法律修辞学存在原则性的分歧。② 不过,在新修辞学和法律论证理论的影响之下,法律解释学和法律推理已经发生论证的转向。经过法律论证理论的改造和重构,各种法律解释和法律推理方法都可以成为法律修辞的修辞图式或论证型式。为了维护其既有的法律解释学立场,同时也为了克服传统法律解释学的独白性缺陷,"把

---

① 陈金钊:《法治思维的前提之殇及其修复》,《山东大学学报(哲学社会科学版)》2014年第5期。
② 法律修辞学认为,法学的思考方式并非一种直线式的推演,而是一种对话式的讨论。在讨论中通过论证,而不是逻辑演绎的方式,产生法律上的判断。参见颜厥安:《法与实践理性》,台湾允晨文化实业股份有限公司1998年版,第97—98页。

法律作为修辞"理论创造性地①将传统的法律解释、法律发现、法律推理等改造为法律修辞方法,从而将法律体系自身的规范性要素尽可能转换为对法律受众的说服力和可接受性。

第二节 "把法律作为修辞"理论的内容

一、"把法律作为修辞"的概念

综合"把法律作为修辞"理论的各种表述,它所谓的法律修辞可以划分为两种不同的类型,即法律话语意义上的法律修辞和法律论辩意义上的法律修辞。尽管西方法学中的法律修辞具有相对确定的作用空间和外延对象,但作者对法律修辞学的理解和建构主要是从"把法律作为修辞"自身独特的理论立场进行的。因此,我们只能根据作者关于"把法律作为修辞"的场景、含义、外延等的论述来分析"把法律作为修辞"的概念,而不能直接援引西方法律修辞学的论述。

在第一种含义上,作者从法律话语(legal discourse)的角度来理解和界定"把法律作为修辞",其"特指法律语词运用的规则",并将其上升为中国法律话语构造的基本思维方式。在法律话语意义上,"把法律作为修辞"旨在"确立一种维护法律权威并恰当使用法律的思维方式",实现"权力修辞向法律话语的转变"。法律话语与权力修辞的冲

---

① 这种另辟蹊径的创造性体现在,作者虽未完全赞同和吸收新修辞学和新法律修辞学的听众、合理性和论辩前提理论,但借鉴了其中的论辩图式理论并将法律概念、法律规则、法律原则、法律术语、法律学说、法学原理以及法律方法作为法律论辩的主导方式。

突是我国法治建设中的重要问题,法律话语能否平衡权力修辞关系到中国法治建设的成败。① 在具体方案上,"把法律作为修辞"要求尽量用法律概念、法律规范、法律原则、法学原理、法律方法等法律词语或法言法语证立所有的判决,每一个判决尽量用法律言辞说明理由。法律人的思维方式要用法言法语作为关键词,即使是需要转换也应该表达法意。这些法言法语能够更好地帮助法官争取当事人和法律职业群体对判决结果的接受。同时,法律人要通过法律概念、法律规范、法律原则、法学原理等法律词语来定性、评价、描述案件事实。② 在法律话语意义上,"把法律作为修辞"是在开启法律的功能,"强调把法律概念、语词、专业术语在思维中具体运用,修饰事实的法律意义,组合构建与案件事实相适应的法律意义"③,而并非故作姿态地把无关的法律词汇作为装饰或推卸论辩责任的借口。

作为法律话语的"把法律作为修辞"要求,法律人站在法治的立场上通过释放法律体系的隐含能量将法律词语或法律要素构造成法律思维的关键词,从而建构、证成、描述所需的法律命题。因为它要构造一种以法律至上为原则并以法律话语为主导的思维方式。

在第二种含义上,作者是从法律论辩的角度来理解、界定和构造"把法律作为修辞"的。"把法律作为修辞"的场景,主要是司法领域以及对法律问题的评价。具体来说,"把法律作为修辞"的运用场景包括

---

① 参见陈金钊:《权力修辞向法律话语的转变——展开法治思维与实施法治方式的前提》,《法律科学(西北政法大学学报)》2013 年第 5 期。
② 参见陈金钊:《把法律作为修辞——认真对待法律话语》,《山东大学学报(哲学社会科学版)》2012 年第 1 期。
③ 陈金钊:《把法律作为修辞——认真对待法律话语》,《山东大学学报(哲学社会科学版)》2012 年第 1 期。

"在对自己的说服的基础上,对他人的论证和与别人的论辩"。[1] "把法律作为修辞"之所以可能,就在于法律语词在司法中存在多种可能的意义,法律语词的模糊性和可能性正是其产生的原因与基础。[2] 在这种情况下,"把法律作为修辞"作为一种论辩技术,除了要求法律人考虑个案的情景因素,还要求在对个案仔细分析的基础上把法律之理讲清楚。[3] 但是,作者并没有以法律论辩的可辩驳性和价值判断的需要来限定"把法律作为修辞"的作用空间,反而认为法律的可废止性及其可能意义的选择存在"度"的问题,"把法律作为修辞"需要在法律语词的使用过程中克服法律多解的命运。因此,"在司法中如何维护法律的权威,强化法律语词的地位和作用",才是"把法律作为修辞"的关键。[4]

作为法律论辩的"把法律作为修辞"不同于对规范的直接运用,它具有多种适用形式:一是法律规范作为推理的根据;二是构成要件等法律原理作为分析的工具;三是把法律概念、专业术语和一些法律语词在思考事实与法律之间的关系中加以运用。[5] 尽管它打的旗号是让听众了解、接受已知的东西,但实际上是对法律的一种重新塑造,其中包含着大量的创造性因素。[6] 同时,"其他法律方法是法律修辞的基础和前

---

[1] 参见陈金钊:《把法律作为修辞——法治时代的思维特征》,《求是学刊》2012年第3期。
[2] 参见陈金钊:《把法律作为修辞——讲法说理的意义及其艺术》,《扬州大学学报(人文社会科学版)》2012年第2期。
[3] 参见陈金钊:《把法律作为修辞——法治时代的思维特征》,《求是学刊》2012年第3期。
[4] 参见陈金钊:《把法律作为修辞——讲法说理的意义及其艺术》,《扬州大学学报(人文社会科学版)》2012年第2期。
[5] 陈金钊:《把法律作为修辞——认真对待法律话语》,《山东大学学报(哲学社会科学版)》2012年第1期。
[6] 参见陈金钊:《把法律作为修辞——认真对待法律话语》,《山东大学学报(哲学社会科学版)》2012年第1期。

提,在案件审判中,法律修辞必须在这些法律方法已被运用的前提下才能适用。否则,将法律修辞在案件审判中直接运用,会遮蔽法律修辞所针对的案件争议点,影响论辩双方修辞方法的选择和思维方式的走向"[1]。而反过来,"把法律作为修辞"也必须遵守法律方法的界定原则和适用顺序。法律话语和法律思维方式的构造不能由"把法律作为修辞"独自完成,而需要综合运用各种法律方法。"把法律作为修辞"对传统的法律方法,如法律发现和法律解释具有相当的修正和统摄意义,它本身就是为了解决传统的法律方法所无法克服的可废止性和"多解"问题而产生的。法律修辞本身即是法律解释的一种方式,甚至建立在综合方法基础上的基本思维方式就是法律修辞方法。[2]

同样,"把法律作为修辞"也具有自己的修辞语境或者修辞情境。法律修辞的语境或情境是西方法律修辞学主要的建构要素和研究对象,各种论辩图式、论辩方法以及不同的论辩起点就是根据其对应的修辞情境被描述或构造的。尽管"把法律作为修辞"需要把握法律的原意、整体性的法律意义、法治的基本要求、修辞者的语境、受众的可接受性、法治精神等之间的平衡关系。[3] 但是,在"把法律作为修辞"理论的特定语境中,修辞情境却扮演着一个相当消极和被动的角色。作者尽管主张考虑案件所处的经济、文化、道德、社会等语境要素并在思维决策中吸收这些因素,但坚定地认为,在"把法律作为修辞"中,道德、政治、人情等修辞语境不能轻易干扰法律的安全性,这些要素进入法律裁

---

[1] 陈金钊:《解决"疑难"案件的法律修辞方法——以交通肇事连环案为研究对象的诠释》,《现代法学》2013年第5期。
[2] 参见陈金钊:《法治思维及其法律修辞方法》,法律出版社2013年版,第297—299页;陈金钊:《把法律作为修辞——认真对待法律话语》,《山东大学学报(哲学社会科学版)》2012年第1期。
[3] 参见陈金钊:《把法律作为修辞——法治时代的思维特征》,《求是学刊》2012年第3期。

判必须经过认真的论证和论辩。

二、"把法律作为修辞"的价值立场

"把法律作为修辞"是站在法治的立场对法律修辞的一种重新构造。"把法律作为修辞"主要的问题意识在于：一是为碎片化的法律寻找出路；二是克服过于强势的政治修辞和道德话语对法律思维的影响。[①] "把法律作为修辞"作为一种法治实践的策略，它在根本上追求的是一种合法性，在本质上隶属于法治意识形态的范畴。"把法律作为修辞"是"法治反对解释"命题的延续。根据"法治反对解释"命题，清晰的法律无须解释。在"把法律作为修辞"中，这些法律是当然的论辩前提。同时，为防止"法律人思维中规范的隐退"，"无论是明确的还是含糊的、整体的还是局部的法律都可以作为修辞来运用"。[②] 因为，"法治作为一种规则治理的事业"，不仅包括由数量巨大、关系复杂的法律规则、法律原则等构成的制度性规则，而且还包括由法律推理、解释、论证、修辞等构成的思维性规则。[③] 在制度性规则的意义上，"法律不仅是法律概念体系、原理体系，还包括法律价值体系"[④]，同时也"是

[①] 陈金钊：《把法律作为修辞——认真对待法律话语》，《山东大学学报（哲学社会科学版）》2012年第1期。
[②] 陈金钊：《把法律作为修辞——认真对待法律话语》，《山东大学学报（哲学社会科学版）》2012年第1期。
[③] 参见陈金钊：《法学话语中的法律解释规则》，《北方法学》2014年第1期；陈金钊：《法律解释规则及其运用研究（上）——法律解释规则的含义与问题意识》，《政法论丛》2013年第3期。
[④] 陈金钊：《法律修辞方法与司法公正实现》，《中山大学学报（社会科学版）》2011年第5期。

以法律概念、规范、原理和方法所构成的法律话语系统"[1]。

为了最大限度地尊重法律权威,迎合法教义学的要求,"把法律作为修辞"理论主张,"要尽量用法律术语、概念、语词证立所有的判决;法律人的思维方式要用法言法语作为关键词,即使是需要转换也应该表达法意;对案件事实的定性需要把法律作为修辞;每一个判决尽量要用法律言辞说明理由;把法律作为修辞是在开启法律的功能,而不是故作姿态把法律作为装饰"[2]。这些"修辞运用的选择不仅是法律论辩、论证的起点,而且也是终点"[3]。同时,各种各样的法律方法(包括逻辑的、解释的方法)、技术也是我们进行论辩与说服的基本工具。之所以如此,是因为"把法律作为修辞"的目标是为法治而斗争,对法治的捍卫和敬仰是其目的。[4] "把法律作为修辞"旨在强调法律对思维方式构建的约束意义和改变法律人的思维方式。只有通过"把法律作为修辞",才能抑制司法过程中权力修辞、政治修辞和道德修辞的过度使用,打破法律人思维中法律的沉默,彰显法律思维中法律话语的权威。只有如此,中国的法治思维和法治方式才能形成,中国的法律文化和法律人的法律意识才能得以重建和重塑,中国法理学的研究也才能得到"解放"。[5]

---

[1] 陈金钊:《把法律作为修辞——认真对待法律话语》,《山东大学学报(哲学社会科学版)》2012年第1期。

[2] 陈金钊:《把法律作为修辞——认真对待法律话语》,《山东大学学报(哲学社会科学版)》2012年第1期。

[3] 陈金钊:《把法律作为修辞——讲法说理的意义及其艺术》,《扬州大学学报(人文社会科学版)》2012年第2期。

[4] 参见陈金钊:《把法律作为修辞——认真对待法律话语》,《山东大学学报(哲学社会科学版)》2012年第1期;陈金钊:《把法律作为修辞——法治时代的思维特征》,《求是学刊》2012年第3期。

[5] 参见陈金钊:《权力修辞向法律话语的转变——展开法治思维与实施法治方式的前提》,《法律科学(西北政法大学学报)》2013年第5期;陈金钊:《把法律作为修辞——法治时代的思维特征》,《求是学刊》2012年第3期;陈金钊:《法律修辞方法与司法公正实现》,《中山大学学报(社会科学版)》2011年第5期。

"把法律作为修辞"不仅是一种说服手段,更主要的是它本身就是展现法律真理的一种力量。"把法律作为修辞"构造的法律修辞,尽管也是为了"讲法说理",但在很多时候法律修辞者并不把听众当成唯一的考量因素,他们必须对法律和正义负责,表达对法律和正义的起码忠诚。原初的修辞多从多变的现实情境、个体或组织的考量中获取力量,而"把法律作为修辞"则更多地追求法律论辩的合法性。虽然这一理论并不反对法律修辞的合理性,但认为"根据法律"的修辞才是真正的"讲法说理"。在作者看来,实质合法性、合理性和法律的可辩驳性都不能被绝对化,我们对它们的追求应存在合理的限度。在法律可废止、可修正的情况下,为了维护法治、实现正义也必须把法律作为修辞,强化司法权行使的恰当性。法律修辞的价值目标是以法律的名义维护正义,捍卫法律意义的安全性,而不是通过修辞手法转换法律的意义。[①]

　　在对法律思维主体或法律论辩者的要求上,陈文认为,"把法律作为修辞,不仅是对判断和决策进行合法性的点缀,更主要的是把对法律的忠诚溢于言表"[②]。这是因为,"把法律作为修辞"实际上是对法律的一种重新塑造,除了法律所固有的可辩驳性,法律体系在面对每一个案时的不周延性、不完整性等也意味着法源意义上的法律体系对个案仅具有逻辑上、理论上的约束力。所以,"把法律作为修辞"需要将"法官从制定法仆人的角色中解放出来",要求法律人克服"法律的文牍主义"并树立一种建立在法律方法论基础上的法治观念。[③] 在法律修辞中,这种法治观念要求法官等不得"打官腔",而要怀着对法治的"一颗

---

　　① 参见陈金钊:《把法律作为修辞——讲法说理的意义及其艺术》,《扬州大学学报(人文社会科学版)》2012年第2期。
　　② 陈金钊:《把法律作为修辞——讲法说理的意义及其艺术》,《扬州大学学报(人文社会科学版)》2012年第2期。
　　③ 参见陈金钊:《把法律作为修辞——认真对待法律话语》,《山东大学学报(哲学社会科学版)》2012年第1期。

赤诚之心"将法律体系中的法律概念、法律规范、法律原则以及各种法律方法和法律原理等转化或建构为法律修辞的要素或前提。

"把法律作为修辞"虽然注重法律修辞的说服功能和法律论辩的可接受性,并重视个案语境对于法律修辞的构成性意义,但对它们的理解和定位与经典法律修辞学并不相同。"把法律作为修辞"意义上的说服功能和可接受性,更多的是在开启法律自身的说服和可接受性功能。个案正义的考虑以及各种修辞情景在"把法律作为修辞"中并不能取代法律概念、规范、原理和方法等的规范作用,它们的作用仅在于使法律人得以根据它们更准确地构造针对个案的词语体系,可以把解决问题的方案置于更为宏大的法治思维之中,克服根据法律思维的简单化倾向。

三、"把法律作为修辞"的修辞方法

"把法律作为修辞"理论所构造的修辞方法分为具体的修辞方法和谋篇布局两个部分。在如何进行法律修辞上,"把法律作为修辞"理论指出,首先,要在观念上树立法律的权威,尊重法治原则;其次,要形成"把法律作为修辞"的前见性基础,即熟练地掌握法律知识、法学原理、法律解释和法律论证技术。[1] 在具体的修辞方法上,"把法律作为修辞"的理论方案可以重述为:(1)用法律术语、概念、语词证立判决,即使是需要转换也应该表达法意;(2)把合法、违法当成基本的说服手段;(3)把具体的法律规范当成说服论辩的论据;(4)把法律方法、技术当成说服的基本工具;(5)在法律修辞中综合运用逻辑学、语言学、社会

---

[1] 参见陈金钊:《把法律作为修辞——认真对待法律话语》,《山东大学学报(哲学社会科学版)》2012年第1期。

学等知识;(6)以构成要件、法律关系等构成的法律原理体系作为分析的工具;(7)运用法律语词把法理、法律关系、案件争论的焦点说清楚。①

"把法律作为修辞"作为一种系统的修辞行为,还要求进行法律修辞的谋篇布局,而不是简单地根据法律进行争辩。"由于法律思维的复杂性,在对当事人进行说服的过程中,法律人应该抓住有说服力的关键修辞。"②我们在进行法律修辞时,不能仅通过单调的逻辑分析来阐释事实的法律意义,而必须根据案件的具体问题并通过贯通当事人的具体诉求、法律体系的融贯性要求、法律受众的社会心理、法律权威等来寻求相应的修辞起点,设计合理的修辞格局,并构造出各方当事人和法律主体都可接受和理解的修辞关键词和修辞表达。③"把法律作为修辞"不是简单的根据法律的思考,也不是基于概念和规范的简单推理,而是一个连贯的、体系性的构造。当进行法律修辞时,我们"必须从案件所涉法律规则、法律原则等所处的'内部体系'和'外部体系'出发,而不能仅将某一法律规则、法律原则作为法律修辞的唯一或最终依据、理由。这是法律论辩者和法律人进行法律修辞时的基本态度和姿态"④。

同时,"把法律作为修辞"必须摆脱对法律概念和规范的机械运用,在具体的语境中以更加细腻的思维超越法律的概括性。细腻的法律思维不是要改变法律思维的走向,而是要增加说理讲法的深度。它要求,人们的思维既应注意法律的规范性功能,也应注意法律判断的说

---

① 参见陈金钊:《把法律作为修辞——法治时代的思维特征》,《求是学刊》2012年第3期;陈金钊:《把法律作为修辞——认真对待法律话语》,《山东大学学报(哲学社会科学版)》2012年第1期。
② 陈金钊:《法治思维及其法律修辞方法》,法律出版社2013年版,第368页。
③ 参见陈金钊:《解决"疑难"案件的法律修辞方法——以交通肇事连环案为研究对象的诠释》,《现代法学》2013年第5期。
④ 陈金钊:《解决"疑难"案件的法律修辞方法——以交通肇事连环案为研究对象的诠释》,《现代法学》2013年第5期。

服力以及法律调整要达到的目的。① 法律不仅是社会中的法律,而且是带有文化色彩的法律,所以,人们不可能完全根据概念和规范解释法律的意义。"把法律作为修辞"也不否认案件所处的政治、社会、经济和道德语境对法律修辞的建构意义,但主张要尽量排除用法律外规则否定法律的情况。因此,这种理论的宗旨和重心不在于修正、废止法律或重新立法,而在于用更准确的法律词语建构法律,排除违反法治精神的结论。② 虽然"把法律作为修辞"包括相当多的创造性成分,但这些能动因素仅在于,"在解决问题的过程中,通过甄别各种观点的争辩,找出最能解决问题的关键环节和关键词,对整个解决问题的思路统筹考虑,对根据法律解释、法律推理、利益衡量、法律关系分析等方法得出的判断进行合理的协调"③。"把法律作为修辞"虽然关心案件的细枝末节,并旨在找到能被接受的最优说辞对当事人进行劝导,但它解决问题的方式仍是法律性的。在劝导过程中,各种法律规定和诉讼程序都不能被忽视,它把解决问题的方案置于更为宏大的法治思维之中,把各种看似矛盾的判断放在一起进行优化选择,从而克服了根据法律思维的简单化倾向。

第三节 "把法律作为修辞"理论的贡献

在新时代的法律修辞学研究中,"把法律作为修辞"具有独特的理

---

① 参见陈金钊:《解决"疑难"案件的法律修辞方法——以交通肇事连环案为研究对象的诠释》,《现代法学》2013年第5期。
② 参见陈金钊:《解决"疑难"案件的法律修辞方法——以交通肇事连环案为研究对象的诠释》,《现代法学》2013年第5期。
③ 陈金钊:《法治思维及其法律修辞方法》,法律出版社2013年版,第380页。

论和实践意义。一方面,"把法律作为修辞"理论有助于兼顾法教义学和传统修辞学,从而在合法性、合理性和可接受性之间实现动态平衡。另一方面,"把法律作为修辞"理论从对修辞语境、问题性思维、听众理论以及法律可争辩性的过度依赖中解脱出来,并将法律体系自身的规范性力量作为法律修辞的论据,从而使法律说理既能实现对法律听众的说服目的,又能维护法律意义的安全性、稳定性和可预测性。

一、为法律修辞学研究确立科学范式

克罗伊斯鲍尔认为,直至今日,法律修辞学还未获得一个统一的科学范式。它没能消除其科学用处上的质疑,在一些情况下还没有超越工作手册的水平。因此,这一原则上非常重要的学科迫切地需要一个新开端。[①] 佩雷尔曼尽管一方面在新修辞学的构造中追求合理性、理想听众等普遍性理念,但另一方面无法使各种论辩起点和论辩型式摆脱既定历史-社会语境的干扰和影响。法律修辞既不能从无开始,也不能从任意一个起点开始。它必须试图从信念和态度上先行规定的东西出发,经由理性阐释的过程,从而达到一个普遍可接受的结果。然而,新修辞学在法律论辩的理性化上存在根本性的缺陷,诸如理想听众的概念模糊不清,在分析论证结构时放弃了现代的分析手段。[②] 不过,修辞学并非无法获得自己相应的科学基础和科学范式。在古希腊修辞

[①] 参见〔德〕京特·克罗伊斯鲍尔:《法律论证理论研究史导论》,张青波译,载郑永流主编:《法哲学与法社会学论丛》(第 15 卷),北京大学出版社 2010 年版,第 14 页。

[②] 参见〔德〕罗伯特·阿列克西:《法律论证理论——作为法律证立理论的理性论辩理论》,舒国滢译,中国法制出版社 2002 年版,第 218 页。

学中,尽管修辞学与辩证法存在各种区别,[①]修辞学作为通过使听众产生特定的情感从而使其信服的论辩性技艺并未享有体系性科学的地位。在当代体系性的法律科学出现之后,亚里士多德意义上的法律修辞学的合法性地位更是岌岌可危。但是,随着新修辞学对修辞学与辩证法所做的内在整合,[②]在当代,法律修辞学与法律辩证法已经成为一对姊妹技艺,以至于在某种意义上,两者发展成了一种同一的论辩艺术。[③] 法律辩证法不再是一种纯粹的实践技艺,而是属于具有自己特定的工作方式的科学学科。它首要的目的在于,无点缀地显示如何在司法实践中进行客观地论证,辩证程序也可通过其无数的适用进行体系性的分析,辩证性的论证方式和论辩技巧借此可以实现相对的中立化和客观化。

在当代法律体系中,法律修辞学若想获得相应的合法性并满足法

[①] 修辞学和辩证法的区别在于:1.修辞学采取连续的叙述方式,辩证法采用问答方式。2.修辞学面向由各种各样的人组成的听众,辩证法面向少数有知识的受过训练的听众,即受过严格辩证法训练的"回答者"或者"提问者"。3.修辞学限于讨论与公共事务相关的特定话题,辩证法可用于讨论任何一般性话题。4.通过修辞过程得出的通常都是关于具体事物的结论,而通过辩证过程取得的则往往是超越具体语境的一般性结论。5.修辞学和辩证法相对于科学有不同的功能:相对于科学,辩证法具有两种功能,它既检验初始原理,又通过智力训练为心灵提供获取这些原理的条件。这两种功能在修辞学上是缺乏的。6.辩证法试图从逻辑的角度验证一系列命题之间的一致性,而修辞学重点在于说服既定的听众,而非严格地进行逻辑推理。7.辩证法中禁止使用非论辩的方法,而修辞学则可能运用非论辩的方法(比如诉诸演讲者的人格或可信度和听者的情感)。参见舒国滢:《论题学:修辞学抑或辩证法?》,《政法论丛》2013年第2期。

[②] 不同于亚氏将修辞学与辩证法两立,佩雷尔曼认为,辩证法只是其新修辞学的一部分。这是与其听理论相符的。新修辞学关涉指向任何听众的对话,不论公共场所的群众、专家,还是整个人类,它甚至研究个人思辨中的论证。参见 Ch. Perelman, Lucie Olbrechts-Tyteca, *The New Rhetoric: A Treatise on Argumentation*, University of Notre Dame Press, 1969, pp. 1–8。

[③] 在爱德华·E.奥特对于法律辩证法的研究中,他将法律修辞视为与法律辩证法同一的论证方法。参见 Edward E. Ott, *Juristische Dialektik: Dialektische Argumentationsweisen und Kunstgriffe, um bei rechtlichen Auseinandersetzungen in Prozessen und Verhandlungen Recht zu behalten*, 3., Dike, 2008, pp. 11–36。

律科学的要求，就必须按照法教义学的知识论立场进行相应的规范性改造。法教义学被视为法律科学的"关键要素"(Kernstück)、"核心部分"(Hernstück)或"生命线"(Lebensnerv)。[①] 某种意义上而言，法教义学本身即狭义上的法学或固有意义上的法学。[②] 法教义学是法律科学的基本范式或典范。法教义学，一方面指对有效法的科学性解释和体系化作业，而另一方面则指这些活动的产物或对象。[③] 在前者意义上，法教义学不仅要对现行法、立法机关和法院的法律规则、法律原则、案例以及法学原理进行概念解释、逻辑分析和体系化，而且还要对这些法律规定进行续造和填补。[④] 在后者意义上，法教义学不但包括法源理论等一般性的法律教义，而且还包括部门法教义学所组成的特殊法律教义和教义学语句。法教义学的学科基质中包含了法律实证主义的基本立场，法教义学的每一命题均包含"有效的法律"这一必要成分，但法教义学又绝非价值中立的概念工作。它不但包括由法律概念、法律规则、法律条文等组成的"外部体系"，而且包括由法律原则、法律价值、立法理由等组成的"内部体系"。法教义学对民法、刑法等法律的实体内容进行的系统性分析以及评价性的解释和体系化可能包含着历史、社会学、哲学以及其他学科的考量，并且与很多道德性理由和其他实质性理由纠缠在一起。法教义学作为以现行法的内容和适用为对象所建立的法律知识体系，包括从制定法、学术研究以及相关判例中得出

---

① 参见 Christian Bumke, "Rechtsdogmatik: Überlegungen zur Entwicklung und zu den Formen einer Denk-und Arbeitsweise der deutschen Rechtswissenschaft", *JZ*, 2014。
② 参见 Gustav Radbruch, *Rechtsphilosophie*, K. F. Köhler Verlag, 1963, p. 209。
③ Nils Jansen, "Rechtsdogmatik im Zivilrecht", *Enzyklopädie zur Rechtsphilosophie*, IVR (Deutsche Sektion) und Deutsche Gesellschaft für Philosophie, 08.04.2011.
④ Rolf Stürner, "Das Zivilrecht der Moderne und die Bedeutung der Rechtsdogmatik", *JZ*, Vol. 1, 2012.

的关于现行法的所有理论、基本规则和原则,[1]是所有的法律适用必须援引和遵循的基本前提。法律修辞学作为一种法律方法,也必须遵守法教义学所发展的法律教义和法律理论,[2]法律修辞学的论辩起点和修辞图式必须首先从法教义学为法律适用预先准备的法律知识和规范性要素中进行发现和选择。只有如此,法律修辞才能满足法律科学范式的要求,才有资格成为一门法律科学。

"把法律作为修辞"理论提出,法律作为一种体系性存在,不但包括法律概念、法律规则、法律条文等规范体系,而且也包括法律原则、法律价值、法律学说、法学原理等构成的原理体系。"把法律作为修辞"作为一种说服听众接受法律的论辩方法,要求法律思维主体在法律修辞中把法律概念、规范、原理和方法所构成的法律话语系统作为法律修辞首要的起点和论辩前提。[3]"把法律作为修辞"在对古典法律修辞学和新法律修辞学进行的重构中,虽然并未明确指出,要以法教义学构成的法学范式作为基本预设和理论基础,但它的价值立场、修辞方法完全契合法教义学的范式。因此,"把法律作为修辞"理论是一种典型的以法教义学或法律实证主义为导向的规范性修辞理论,它切合并满足法律科学的基本范式,而不再是一种仅以说服、取悦听众为能事的论辩技艺。

---

[1] 卜元石:《法教义学:建立司法、学术与法学教育良性互动的途径》,载田士永等主编:《中德私法研究》(第6卷),北京大学出版社2010年版,第6页。

[2] 法教义学虽然和法律方法论具有相同的实证主义立场,但法律方法论不可能成为法教义学的工作方式,法教义学偏重于对法律材料的体系化处理,而法律方法论的目的在于将法律规定、法教义学体系建构成解决个案的裁判规则。参见 Rolf Stürner, "Die Zivilrechtswissenschaft und ihre Methodik-zu rechtsanwendungsbezogen und zu wenig grundlagenorietiert?", Acp, Vol. 214, 2014。

[3] 参见陈金钊:《把法律作为修辞——认真对待法律话语》,《山东大学学报(哲学社会科学版)》2012年第1期。

二、建构维护法治权威的法律修辞术

　　法官在法律裁判中面临着既要维护法治权威又要说服当事人的双重任务。法律裁判不是法律规范和个案间简单的司法三段论或修辞三段论的运用,规范与事实间的解释性关系需要一个由多种论证步骤构成的复杂的外部证成。不过,这种外部证成在法律体系的语境中无法通过调动听众的自然情感或诉诸华丽的文学辞藻轻易实现。为了实现法律裁判的"正确性"或"唯一正解",处在"外部证成"的修辞学方法[1]必须通过一切可以利用的规范性理由或其他实质性理由发现和建构法律修辞的论辩起点。但是自从概念法学宣告破产之后,法律确定性的美梦便破灭了。随后,法律的模糊性、歧义性、不确定性、开放性一再被人们展示和宣扬,与分类概念相对的类型概念、功能性概念、价值开放的概念彻底改变了法律确定性的基本构成——法律概念,利益、价值、原则,以及事物的本质、一般法理念等法律的实质性要素随着利益法学、价值法学、原则理论等的出场纷纷进入并成为法律体系的内在要素。就连原先在"认知上闭合"的法教义学体系也随着传统法教义学的式微,尤其是随着目的论证[2]、原则理论等进入法教义学论证,法律体系的开放性在当代前所未有地展现和释放出来。论题学、决疑术这些问题性思维技术,经过菲韦格的发掘和宣扬给传统的法律论证理论

---

　　[1] 菲特丽丝将法律论证的研究方法分为逻辑方法、修辞方法和对话方法。参见〔荷〕伊芙琳·菲特丽丝:《法律论证原理——司法裁判之证立理论概览》,张其山等译,商务印书馆2005年版,第11—17页。
　　[2] 关于目的论证在法教义学中的表现或体现,参见 Martin Hensche, *Teleologische Begründungen in der juristischen Dogmatik: Eine Untersuchung am Beispiel des Arbeitskampfrechts*, Nomos Verlagsgesellschaft, 1998, pp. 43-129。

带来了变革性的解构和冲击。

受论题学的影响和启发,以听众理论为导向的修辞起点、论辩前提、修辞图式、修辞语境以及可接受性、合理性理论等新修辞学理论应运而生,并且主宰了当下法律修辞学的研究。但是,法治的权威和法治的内在道德——法律的稳定性、可预测性、明确性、一致性等决定了,我们必须尽可能维护法律的确定性,否则法律的平等、普遍性和正义将注定化为泡影,无法兑现。马蒂亚斯·克拉特通过运用罗伯特·布兰德姆(Robert B. Brandom)的规范语用学(normative pragmatics)和推论语义学(inferential semantics)揭示并论证了,所谓的法律的不确定性、歧义性和模糊性只能在部分意义上成立,即使在这些领域法律依然存在自己相应的语义界限。[①] 因此,所有的司法裁判理论包括法律修辞学面临着如何在法律的体系性思维与问题性思维、司法能动与司法克制、法教义学与修辞语境以及法律的权威与说服听众等之间寻找法治本身可以接受的协调和平衡这一根本问题。为了实现这种平衡和兼容,新法律修辞学、非形式逻辑、程序性法律论证理论、语用-辩证理论等都各自进行了尝试和努力,并取得了相应的成就。不过,我国学者在法律修辞学研究中却忽视了这一理论背景和问题意识,听众理论、论辩起点、修辞语境、论题学这些理论被一再强调和讨论,而既可维护法治权威又能说服听众的法律修辞术却鲜有人问津。

为了平衡法律意义的安全性与个案正义[②]、体系性思维与问题性思维、法教义学与修辞语境以及法律的权威与法律的可接受性,"把法

[①] 参见 Matthias Klatt, *Making the Law Explicit: The Normativity of Legal Argumentation*, Bloomsbury Publishing, 2008, pp. 44-53。

[②] 关于法律安全性与个案正义的张力关系及其平衡方法,参见托尔格勒以经济私法为例所做的说明,Ulrich Torggler, "Rechtssicherheit und Einzelfallgerechtigkeit im Wirtschaftsprivatrecht", *Juristische Blätter*, Vol. 133, 2011。

律作为修辞"理论主张,法律修辞作为系统的修辞行为应该进行谋篇布局:不能仅通过单调的逻辑分析来阐释事实的法律意义,而应摆脱对法律概念和规范的机械适用,在具体的修辞语境中运用更加细腻的思维超越法律的概括性,并结合案件的修辞语境通过衡量当事人的具体诉求、法律体系的融贯性要求、法律受众的社会心理、法律权威等来寻求和"发明"相应的修辞起点,设计合理的修辞格局,增加说理讲法的深度,以构造出各方当事人均可接受和理解的修辞关键词和修辞表达。[1]"把法律作为修辞"虽然关注案件的修辞语境和案件当事人的诉求和论辩,但它解决问题的方式仍主要是法律性的。在法律修辞中,法律概念、法律规则、法律原则、法律词语、法律知识、法学原理、法律解释、法律方法和法律论证技术等构成的是首要的论辩前提和修辞图式。[2]

一些相关的法律价值、法律道德、法律政治或人情因素等只有在必要时才能进入法律论辩,对法律修辞而言,它们只能扮演消极和被动的角色。它们不能轻易干扰法律的安全性,它们进入法律裁判必须经过"认真的论证和论辩"。因此,"把法律作为修辞"理论既能克服司法裁判在论证和说理上的简单化和格式化倾向,为法官等提供一套相对精致和实用的法律修辞术,同时又能使法官等避免因遵循和运用流行的以听众理论为范式的法律论辩型式而处于无所适从、难以操作的尴尬境地,有助于他们充分利用和组织法律体系自身的要素和力量"释法说理"。如此一来,既能限制和规范法官等在法律修辞中的恣意,使他们依据法律自身的法源和规范体系、法律话语尽快确立论辩起点,达成

---

[1] 参见陈金钊:《解决"疑难"案件的法律修辞方法——以交通肇事连环案为研究对象的诠释》,《现代法学》2013年第5期。
[2] 参见陈金钊:《把法律作为修辞——法治时代的思维特征》,《求是学刊》2012年第3期。

论辩共识和修辞结论,又能通过法律修辞的论辩型式使法教义学的知识体系和规范体系在个案中得以充分具体化。可以说,"把法律作为修辞"理论构造了一套既能维护法律权威又能说服听众的法律修辞术。

第二章
"把法律作为修辞"理论的证成

鉴于对西方法律修辞学的深刻反思和对中国法治思维和法治方式如何建构的方法论探索,"把法律作为修辞"理论从概念界定、价值立场和修辞方法三个层面对西方法律修辞学进行了全新的"本土化"。它主要的理论目的不在于对中国司法论辩进行修辞学式的描述和分析,而在于根据法治理论等建构一种矫正和变革中国法律思维的法律修辞学。但是,目前这种"学术创新"遭遇到了中国不少学者的误解、质疑乃至批判。本书认为,"把法律作为修辞"理论并非作者空穴来风的学术臆造或轻率的学术判断,不管是它的概念、价值立场还是理论主张,根据法治理论、法教义学、法律话语以及分析修辞学等理论都可以获得相应的理论证成。

第一节 "把法律作为修辞"概念的证成

综合"把法律作为修辞"理论的相应论述,这一理论视域中的法律修辞具有两种不同的含义,即法律话语意义上的法律修辞和法律论辩意义上的法律修辞。在法律话语的意义上,"把法律作为修辞"特指法律语词的运用规则和广义法律修辞学。① 该种意义的法律修辞旨在确立一种维护法律权威、恰当使用法律的思维方式,实现"权力修辞向法律话语的转变"。作为法律话语的"把法律作为修辞"要求,法律人站在法治的立场上通过释放法律体系的隐含能量把法律概念、法律规范、法律原则、法学原理、法律方法等构成的法律词语作为法律思维的关键词,以证立所有的判决,建构、证成、描述所需的法律命题。同时,法律人要根据这些法律词语定性、评价、描述所有的案件事实。在这一维度上,"把法律作为修辞"是在全面开启法律的体系功能,强调各种法律话语在法律思维中的具体运用,它主张,在法律适用中法律话语的力量应该超过其他的话语系统,所有其他诉求都应在法治框架内展开,法律修辞应成为最常用的思维形式。②

在法律论辩的意义上,"把法律作为修辞"意指"在对自己的说服的基础上,对他人的论证和与别人的论辩"。③ 这是因为,法律语词在司法中存在多种可能的意义。"把法律作为修辞"作为论辩技术,除了要求修辞者考虑个案的情景因素,还要求在个案分析的基础上把"法律之理"讲清楚。"尽管它打的旗号是让听众了解、接受已知的东西",但它并非规范的直接运用,而是蕴含了一定的创造性因素。"把法律作为修辞"与其他法律方法在法律论辩的意义上存在着密切的内在关联。"把法律作为修辞"必须遵守其他法律方法所形成的界定原则和

---

① 在广义修辞学看来,结合题旨情境、积极运用语文形式表达思想内容的一切活动、积极的言语表达活动中的一切言语现象都属于修辞学的范畴。参见郝荣斋:《广义修辞学和狭义修辞学》,《修辞学习》2000年第1期。
② 参见陈金钊:《把法律作为修辞——认真对待法律话语》,《山东大学学报(哲学社会科学版)》2012年第1期。
③ 参见陈金钊:《把法律作为修辞——法治时代的思维特征》,《求是学刊》2012年第3期。

适用顺序,[①]而反过来,"把法律作为修辞"对法律发现和法律解释等方法也具有相应的修正和统摄意义,法律修辞主要的价值在于解决传统法律方法的可废止性和"多解"问题。某种意义上而言,建立在综合方法基础上的基本思维方式就是法律修辞方法。[②] "把法律作为修辞"虽然也要对道德、政治、人情等修辞语境作出适当反应,但是这些法律外要素不能轻易侵扰法律的安全性。对法律修辞而言,它们只能扮演消极和被动的角色,它们进入法律裁判必须经过"认真的论证和论辩"。

一、法律话语意义上的证成

在修辞的三种基本形式上,作为话语的法律修辞属于实质性修辞(material rhetoric),实质性修辞意指语言事实(linguistic fact)本身,即事件的可理解的描述以及人类以言达义的条件。实质性修辞通常将法律修辞作为一种法律话语形式予以分析。[③] 按照古德里奇的观点,法律话语包括法律话语内话语和法律话语间话语。法律话语内话语的独特性在于,它把普通语言和普通意义"转化成"或"翻译成"法律系统内的封闭的代码。具体而言,法律话语内话语具有自己的词汇和句法并因此可以实现自己的体系化。在法律话语内话语中,"法律的权威是

---

① 陈金钊:《解决"疑难"案件的法律修辞方法——以交通肇事连环案为研究对象的诠释》,《现代法学》2013年第5期。
② 参见陈金钊:《法治思维及其法律修辞方法》,法律出版社2013年版,第297—299页。
③ 按照奥特马尔·巴尔韦格(Ottmar Ballweg)的观点,修辞学具有三种不同的意义,即实质修辞学、实践修辞学(practical rhetoric)和分析修辞学(analytic rhetoric)。参见João Maurício Adeodato, "The Rhetorical Syllogism in Judicial Argumentation", *International Journal for the Semiotics of Law*, Vol. 12, 1999。

一种不可挑战的互动和自我显示的前提要件,它构成了规范性知识的纵聚合体,强调在机构的社会实践范围内的法律有效性"[1]。它高度确定性的、层级化的并具有自指能力的词汇和句法使其能够将所有的修辞和话语带入自己的语言系统,这使得它能够免疫于任何特定的语境。法律词汇和法律句法具有特定的语义暗示,法律词汇的类属特征能够促成很多重要的句法和语义操作,而且法律词汇也暗示着某些句法形式。法律词汇与某些论证类型或修辞图式的直接联合具有重要的修辞上的吸引力。[2] 法律话语间话语与法律话语内话语具有不同的分析层次,它关涉的是法律话语与其他话语的包含和排除关系。法律话语间话语并不具有单义的、闭合的词汇或术语体系,而只有模糊、有歧义、充满价值判断的法案,它通常涉及法律意义的"挪用"以及意义的确定和控制,法律也因此构成了一种话语结构,一种一再被阐述和解释的对象。[3] 只有通过法律语义学、法律方法、法律利益、法律关系和经济学论证等机制,法律话语间话语才能将法律话语同其他话语区别开来,"并把自己定义为试图控制其使用者和接受者以及其同各种规则和听众的语境关系的一种政治实践"[4]。

"把法律作为修辞"理论,一方面将法律本身视为由法律概念、法律规范、法律原则、法学原理等构成的词语系统,并以此塑造法律思维、建构法律命题和定性法律事实。在这个意义上,它寻找的是一种法律

---

[1] 〔美〕彼特·古德里奇:《法律话语》,赵洪芳、毛凤凡译,法律出版社2007年版,第168页。
[2] 参见〔美〕彼特·古德里奇:《法律话语》,赵洪芳、毛凤凡译,法律出版社2007年版,第169—174页。
[3] 参见〔美〕彼特·古德里奇:《法律话语》,赵洪芳、毛凤凡译,法律出版社2007年版,第176—196页。
[4] 〔美〕彼特·古德里奇:《法律话语》,赵洪芳、毛凤凡译,法律出版社2007年版,第179页。

话语内话语意义上的法律修辞。在法律话语内话语的意义上,"法律是一个于内部定义的由概念意义构成的系统或具有特定法律价值的系统"①。借此,"把法律作为修辞"能够形成一种针对其他话语和听众的独特的说服策略或论辩方式,也能够预先确定自己的接受条件以及语境的对话形式。另一方面,"把法律作为修辞"理论又将各种法律方法作为法律修辞的说服工具,并主张法律修辞需要把握法律的原意、修辞语境、受众的可接受性、法治精神、道德话语等之间的平衡关系。因此,从这个意义上而言,它也重视法律话语间话语在法律修辞中的运用。

同时,法律话语意义上的"把法律作为修辞"还颇为契合分析修辞学的观点。分析修辞学以一种双重抽象的方式对实质修辞和实践修辞进行研究,并从一种认识论的视角对两者的关系进行体系化和解释。② 巴尔韦格的分析修辞学旨在以语言分析的方式揭示各种具有修辞特性的社会控制语言,如法律、经济、道德、政治、历史、哲学或宗教等所掩藏的各种内在关联。③ 法律语言及其条件是它主要的分析对象。他运用语音学和符号学分析法律语言的条件以及其间的语义、句法和语用联系。不同于其他法律修辞学的是,巴尔韦格的理论方案具有一个缜密的科学理论基础,即诉诸形式框架探究不同思维方式的特征和界限。巴尔韦格认为,基本的法律思维方式可以分为三种,即明智思维(Prudentia)、科学思维(Scientia)和哲学思维(Sapientia)。其中,明智

---

① 〔美〕彼特·古德里奇:《法律话语》,赵洪芳、毛凤凡译,法律出版社2007年版,第1页。
② 参见 João Maurício Adeodato, "The Rhetorical Syllogism in Judicial Argumentation", *International Journal for the Semiotics of Law*, Vol. 12, 1999。
③ 参见 Ottmar Ballweg, *Analytische Rhetorik: Rhetorik, Recht und Philosophie*, Peter Lang, 2009, pp. XIII-XV。

思维和科学思维在实用法学中是难以区分的。[1]

19世纪以来,实用法学既具有实践智慧的明智特征,也具有法学的科学特征。实用法学在根本上是一种具有教义学属性并指向裁判实践的法学活动。巴尔韦格认为,实用法学具有自己的可以进行精确区分的教义学语言,作为一种控制论模式,它可以为法律决定和法律证成提供权威性的教义学意见。同时,这种教义学语言也需要兼顾外部体系的严格性和内部体系的灵活性。[2] 法官在裁决上的约束和论证中的负担,要求他们必须在有限的庭审时间内寻找到大家能够普遍接受和认同的教义学语言,而不能进行法哲学和法律科学的深度反思。

"把法律作为修辞"理论主张,以法律概念、规范、原理和方法等构成的法律话语证立所有的判决,并构造了一种以法律至上为原则并以法律话语为主导的思维方式。"把法律作为修辞"理论认为,教义学语言或教义学话语本身就具有修辞论证的功能。法教义学能为法律修辞提供初始的修辞性意见,还能促进当事人之间产生信任,从而便于分析论辩参与人之间的法律关系和选择修辞立场,最主要的是它能够使人们掌握、熟悉一种真正的裁判语言。[3]

二、法律论辩意义上的证成

法律论辩意义上的"把法律作为修辞"属于实践修辞学的范畴。

---

[1] 参见 Ottmar Ballweg, *Analytische Rhetorik: Rhetorik, Recht und Philosophie*, Peter Lang, 2009, p. XVI。

[2] 参见 Ottmar Ballweg, *Analytische Rhetorik: Rhetorik, Recht und Philosophie*, Peter Lang, 2009, p. XIX。

[3] 参见 Ottmar Ballweg, *Analytische Rhetorik: Rhetorik, Recht und Philosophie*, Peter Lang, 2009, p. XX。

实践修辞学旨在教导和引导我们如何根据实质修辞、各种论辩技术以及有效的经验去论辩、说服或作出决定。[①] 因此,实践修辞学也是我们通常所理解的修辞术或论辩术。在法律论辩的意义上,"把法律作为修辞"意指在对自己说服的基础上,对他人的论证以及与别人的论辩,法律语词的模糊性和可能性是其产生的原因与基础。在这种意义上,"把法律作为修辞"不同于对规范的直接运用,而是对法律的一种重新塑造,其中包含着大量的创造性因素。然而,"把法律作为修辞"主要的使命在于克服"法律语词的使用过程中法律多解的命运","在对个案仔细分析的基础上把法律之理讲清楚",各种修辞语境在其中只具有消极和被动的作用。这是由其合法性的价值立场所决定的。在法律论辩意义上,最需要证成的是"把法律作为修辞"与其他法律方法的关系。"把法律作为修辞"理论,一方面认为,其他法律方法是法律修辞的基础和前提,另一方面又认为,法律修辞对其他法律方法具有修正和补充的意义,譬如法律修辞本身是法律解释的一种方式。

"把法律作为修辞"与其他法律方法的外延关系可以从三个方面分析:(1)传统的法律方法可以作为法律修辞的基本工具,如文义解释、体系解释、目的解释、历史解释、司法三段论、反面推论、类推、正面推论等都可以成为法律修辞的"基本制度"。[②] (2)传统法律方法提供和塑造了法律修辞的论辩主题。法律修辞有两个主要的论辩主题:事实和词语。[③] 其中,法律发现、法律解释、法律推理等作用于事实与词

[①] 参见 João Maurício Adeodato, "The Rhetorical Syllogism in Judicial Argumentation", *International Journal for the Semiotics of Law*, Vol. 12, 1999。

[②] 参见 Wolfgang Gast, *Juristische Rhetorik: Auslegung, Begründung, Subsumtion*, R. v. Decker's Verlag, 1997, pp. 101-232。

[③] 参见 Fritjof Haft, *Juristische Rhetorik*, Alber, 1978, p. 95。

语的对应关系,尤其是词语的释义。如果它们确定了法律词语的意义及其与事实的对应关系,那么这些意义和对应关系可以直接成为法律修辞的起点和前提。如果它们开启了法律更强的多义性、歧义性或模糊性,那么法律修辞必须将它们作为自己的论辩主题。(3)法律修辞意味着对传统法律方法的修正和补充。法律发现、法律解释和法律续造等传统方法根本无力解决解释方法间的效力冲突[①]、解释方法间的选择和排序、法律续造的证立以及法律适用的"场域依赖"、可辩驳性、不确定性等问题。法律修辞能够将所有这些疑难问题转换到法律论辩的层面进行处理。例如,论题学作为一种发现艺术可以丰富和完善法律发现方法,[②]法律解释方法可以转化为相应的各种修辞图式,[③]法律续造方法可以发展出法律修辞中特殊的推论型式。[④] 同时,传统法律方法间的选择难题可以通过相应的法律论辩规则解决。联立(1)和(2)可以证立,其他法律方法是法律修辞的基础和前提,而根据(3)可以证成,法律修辞对其他法律方法具有修正和补充的意义。

[①] 参见 Carolin Weirauch, *Juristische Rhetorik*, Logos Berlin, 2005, pp. 21-27。

[②] 参见 Agnes Launhardt, *Topik und Rhetorische Rechtstheorie: Eine Untersuchung zu Rezeption und Relevanz der Rechtstheorie Theodor Viehwegs*, Dissertation zur Erlangung des Doktorgrades der Juristischen Fakultät der Heinrich-Heine-Universität Düsseldorf, 2005, pp. 30-42。

[③] 如佩雷尔曼描述了各种用于解释法律规则的修辞图式,塔雷罗将其划分成如下的修辞图式:矛盾论证、相似性论证、心理学论证、经济论证、历史论证、目的论证和体系论证等。参见 Eveline T. Feteris, *Fundamentals of Legal Argumentation: A Survey of Theories on the Justification of Judicial Decisions*, Springer, 1999, pp. 54-55。

[④] 参见 Wolfgang Gast, *Juristische Rhetorik: Auslegung, Begründung, Subsumtion*, R. v. Decker's Verlag, 1997, pp. 222-232。

第二节 "把法律作为修辞"价值立场的辩护

"把法律作为修辞"理论基本的价值立场是合法性,它是站在维护法治的立场上对西方法律修辞学的一种回应。为碎片化的法律寻找出路,克服过于强势的政治修辞和道德话语对法律思维的影响是其主要的理论目标。"把法律作为修辞"是一种根本的法治实践策略,它始终秉持"法治反对解释"的立场。为防止"法律人思维中规范的隐退",该理论主张无论是明确的还是含糊的、整体的还是局部的法律都可以作为修辞来运用。为了最大程度地尊重法律的权威,它提出"要尽量用法律术语、概念、语词证立所有的判决;法律人的思维方式要用法言法语作为关键词,即使是需要转换也应该表达法意;对案件事实的定性需要把法律作为修辞;每一个判决尽量要用法律言辞说明理由;把法律作为修辞是在开启法律的功能,而不是故作姿态把法律作为装饰"[1]。而且,这些"修辞运用的选择不仅是法律论辩、论证的起点,而且也是终点"[2]。在这种理论看来,只有"把法律作为修辞",才能抑制司法实践中权力修辞、政治修辞和道德修辞的过度使用,打破法律人思维中法律的沉默和彰显法律思维中法律话语的权威,型塑中国的法治思维和法

---

[1] 陈金钊:《把法律作为修辞——认真对待法律话语》,《山东大学学报(哲学社会科学版)》2012年第1期。
[2] 陈金钊:《把法律作为修辞——讲法说理的意义及其艺术》,《扬州大学学报(人文社会科学版)》2012年第2期。

治方式。[1]

"把法律作为修辞"不仅是一种说服手段,而且也是展现法律真理的一种力量。它虽然并不反对法律修辞的合理性,但提出,"根据法律"的修辞才是真正的"讲法说理"。实质合法性、合理性和法律可辩驳性的追求都必须维持在合理的范围和限度之内。即使法律出现了可废止的情况,为了维护法治、实现正义也必须把法律作为修辞,以法律的名义维护正义,捍卫法律意义的安全性,而不是通过修辞手法转换法律的意义。同时,"把法律作为修辞"也要求,法律思维主体或法律修辞者"对法律的忠诚溢于言表",[2]他们需要"从制定法仆人的角色中解放出来",克服"法律的文牍主义"并树立一种建立在法律方法基础上的法治观念。[3]

"把法律作为修辞"理论虽然注重法律修辞的说服功能、法律论辩的可接受性,并重视个案的具体语境对于法律修辞的构成性意义,但该理论更多是在强调和开启法律自身的说服和可接受性功能。在"把法律作为修辞"中,个案正义的考量以及各种修辞情景都不应取代法律概念、规范、原理和方法等的拘束力和规范作用,它们的作用仅在于使法律人得以根据它们更准确地构造针对个案的法律词语体系,把解决问题的方案置于更为宏大的法治思维之中,克服根据法律思维的独断性倾向。

法律论证的研究分为逻辑、对话和修辞三种进路,即法律逻辑学、

---

[1] 参见陈金钊:《把法律作为修辞——法治时代的思维特征》,《求是学刊》2012年第3期。
[2] 陈金钊:《把法律作为修辞——讲法说理的意义及其艺术》,《扬州大学学报(人文社会科学版)》2012年第2期。
[3] 陈金钊:《把法律作为修辞——认真对待法律话语》,《山东大学学报(哲学社会科学版)》2012年第1期。

程序性法律论证和法律修辞学。不同于前两者的是,法律修辞学侧重研究法律论证的内容和语用维度以及可接受性的语境要素。① 法律修辞学不仅具有自己特定的论证客体(法律争议点和事实争议点),而且欲以特定的人员为说服对象。论证客体的可辩驳性、论证的过程、结构和类别以及论证参与者的立场、其间的相互关系等,都会不可避免地影响修辞事实上的说服力及其在法律真理上的质量。② 这些影响因素导致法律修辞与法治理念具有永恒的冲突和紧张关系。尽管法治在西方对非西方国家的扩张过程中作为一种包装掠夺的修辞外衣具有根本的非法性和阴暗性,③它本身作为一个歧义丛生的概念具有形式和实质的不同面相,各国通往法治的道路也不尽相同,④而且后现代法学、批判法学、法律社会学、法律怀疑主义、现实主义法学、实用主义法学等对法律不确定性、模糊性、可辩驳性、开放性的揭示和鼓吹催生了法治是否可能的争论。但是,当代法哲学家们还是在法治的基本要件上达成了共识。诸如,法律必须公开、清楚、明确、一致、可预期、要有足够稳定和可以预期的规范体系,立法和行政行为必须遵循法律及其品性,法院必须推行法治。⑤ 不仅如此,人们还发现法律的不确定性、模糊性等与法治只存在表面上的冲突关系,这些法律特性可以视为法律适用的

---

① 参见 Eveline Feteris, Harm Kloosterhuis, "The Analysis and Evaluation of Legal Argumentation: Approaches from Legal Theory and Argumention Theory", *Studies in Logic, Grammar und Rhetoric*, Vol. 16, 2009。

② 参见 Ulfrid Neumann, "Wahrheit statt Autorität Möglichkeit und Grenzen einer Legitimation durch Begründung im Recht", in Kent D. Lerch (Hg.), *Recht verhandeln: Argumentieren, Begründen und Entscheiden im Diskurs des Rechts*, Walter de Gruyter, 2005, p. 374。

③ 参见 Ugo Mattei, Laura Nader, *Plunder: When the Rule of Law is Illegal*, Blackwell Publishing, 2008, pp. 1-30。

④ 参见 James R. Maxeiner, "Different Roads to the Rule of Law: Their Importance for Law Reform in Taiwan", *Tunghai University Law Review*, Vol. 19, 2003。

⑤ [英]T. A. O. 恩迪科特:《论法治的不可能性》,《比较法研究》2004 年第 3 期。

"灵活性"(flexibility),而灵活性完全可以纳入传统法治学说的框架之中。①

因此,法律修辞与法治并不会由于法律修辞所预设的或所导致的可辩驳性和不确定性而处于一种永远无法克服和消解的对立状态,问题的关键在于如何使法律修辞在论辩前提的选择和论辩方法的运用上既向修辞语境保持足够的开放性又同时满足法治的规范性要求。当代法律修辞学对这一问题的处理可以概括为两种进路:一是合理性进路;二是修辞程序进路。

一、合理性进路

合理性进路以佩雷尔曼的新修辞学为代表。为了保证以赢得听众认同为目的的说服论辩不至于成为雄辩者对听众的煽动和欺骗,并为了解决正义的实现问题,佩雷尔曼为新修辞学构造了一种建立在理想听众或普遍听众基础之上的合理性或有效性标准。在新修辞学的理论语境中,法律论证仅以普遍法律听众为说服对象,追求的也是一种超越具体听众的说服力。② 但是,普遍听众理论的构造仍难于保证裁判合理性的实现。"'普泛听众',具有一种固有而不可化解的内在紧张关系。因为它所指涉的理性概念取决于言说者所内化了的社会、语言和文化视角下的世界观要素以及所涉及的生活领域内的特殊知识兴趣。

---

① 参见 Lutz-Christian Wolff, "Law and Flexibility: Rule of Law Limits of A Rhetorical Silver Bullet", *The Journal Jurisprudence*, Vol. 11, 2011。

② 参见 Ulfrid Neumann, "Wahrheit statt Autorität Möglichkeit und Grenzen einer Legitimation durch Begründung im Recht", in Kent D. Lerch (Hg.), *Recht verhandeln: Argumentieren, Begründen und Entscheiden im Diskurs des Rechts*, Walter de Gruyter, 2005, pp. 374-375。

一方面,'普泛听众'的概念暗含了法律论证的不确定性和开放性,因此位于各种版本的明证和非理性立场之间;另一方面,它坚持的是一种实用主义导向的真理共识论。"①鉴于这一潜在的理论缺陷,佩雷尔曼在其后来的《法律逻辑》中便放弃了普遍听众理论,而根据法律听众专业化的特点、重要性的大小将法律论辩中的听众划分为法律行业人士、诉讼当事人和公众三种,并认为一般法律原则,如自然公正、不溯及既往、排除随心所欲,以及常见的准则和法律格言("良好道德"的观念、法律的可预测性以及各法律领域同行的标准),所有这些都代表了对法律听众的规范性制约。②"普遍听众的认同不是一个事实问题,而是一个法律问题。"③阿列克西也指出,普遍听众理论最终可还原为哈贝马斯所阐释的可普遍化要求,即如果谁想说服他人,必须提出任何人都可以接受的规范,而且新修辞学的惯性原理也具有论证负担规则的特征。④ 虽然新修辞学明确要以合理性作为法律真理的标准,但随着对普遍听众法哲学层面的反思,学者们很快发现,其实合理性最终将成为一个接近于合法性的价值。不过,由于法律修辞在最抽象的层面上仍被佩雷尔曼定义为"必须在心理-社会语境中刻画自己"的演说,法律修辞仍由法官的意识形态、他们看待自己角色和任务的方式所引导,他构造的法律听众会受到经济、制度、意识形态等力量的影响。⑤ 因此,

---

① 雷磊:《新修辞学理论的基本立场——以佩雷尔曼的"普泛听众"概念为中心》,《政法论丛》2013年第2期。
② 参见[美]彼特·古德里奇:《法律话语》,赵洪芳、毛凤凡译,法律出版社2007年版,第111—114页。
③ 参见 Chaim Perelman, Lucie Olbrechts-Tyteca, *The New Rhetoric: A Treatise on Argumentation*, University of Norte Dame Press, 1969, p.41。
④ 参见[德]罗伯特·阿列克西:《法律论证理论——作为法律证立理论的理性论辩理论》,舒国滢译,中国法制出版社2002年版,第213—215页。
⑤ 参见[美]彼特·古德里奇:《法律话语》,赵洪芳、毛凤凡译,法律出版社2007年版,第111—114页。

新修辞学无法满足法治提出的合法性要求,而要完成这种角色的转换,法律论辩必须被置于整个法理学限制和规范限制之中,必须平等地"遵守"实施中的法律。①

二、修辞程序进路

法治的实现主要由两个要素构成,即法律规范体系和实施法律的制度或机制,②两者处于一种相辅相成而又充满张力的关系之中。法律规范在确定性和明确性上的质量从根本上决定了法治对诉讼程序和论证程序的需求。如果法官和律师能将看似碎片化的法律规范识别、解释和重构为一个内在融贯的法律体系,而且各种特殊的法律术语都能被整合到这一体系的建构中并获得相应的知识性意义,那么当事人及其代理人就会利用这种体系性和整合性的希望去构造他们自己的法律论证,法官也会根据他们提出的论点与法律精神的融贯概念的契合度来建构自己的裁判规范。在这种情况下,法律裁判不再需要法律应该是什么的论证,而仅需要法律是什么的论证。③

不过,在法律修辞学和法律商谈理论看来,尽管法律规范经过法教义学的知识化作业能够形成内部体系、外部体系和认知性体系这三种体系,但它们无法形成"概念金字塔"式的演绎推导关联结构,反而必须通过决疑术、争议点、论题学等形成的问题关联结构、情景思维方式

---

① 参见 Neil MacComick, *Legal Reasoning and Legal Theory*, Oxford University Press, 1994, pp. 119-128。

② 参见 James R. Maxeiner, "Different Roads to the Rule of Law: Their Importance for Law Reform in Taiwan", *Tunghai University Law Review*, Vol. 19, 2003。

③ 参见 Waldron Jeremy, "The Rule of Law and the Importance of Procedure", *New York University Public Law and Legal Theory Working Papers*, 2010, p. 234。

被不断修正、重组和开放。但为了维护法律意义的安全性和个案正义的平衡关系,[1]法律修辞学描述了各种各样的修辞图式和论证类型,如哈夫特提出的线性论证、辩证论证、论题图式、语用图式和修辞图式;[2]加斯特提出的修辞布局、逻辑最小值、特殊的推论图式、问题的提问和权威的证明等。[3] 为了满足法律论证的可普遍化要求,法律修辞学必须建构以论辩起点、修辞语境、论辩客体、论辩对象、论证计划、修辞图式等为要素的修辞体系,并通过整理、安排这些要素之间的互动关系、适用顺序、内在结构等来建构法律修辞的系统程序。但是,这种修辞程序若要具备理性论证的特点,并获致其在语用学维度上的"正确性"或"唯一正解",除了要根据其自身的修辞语境在法律语句上[4]吸收或调整程序性法律论证规则以及克拉特(Matthias Klatt)通过借鉴布兰顿(Robert Brandom)的规范语用学为法律论证所发展的语义界限[5],还必须注意法典、基本权利、法教义学、判例、习惯法以及实质法等对修辞程序的结构性和体系性约束。法律论证本质上是以法教义学为导向和

---

[1] 托尔格勒以经济私法为例,展示了法律安全性与个案之间的纵横交错的关系,而法律修辞学也面临着同样的问题。参见 Ulrich Torggler, *Rechtssicherheit und Einzelfallgerechtigkeit im Wirtschaftsprivatrecht*, Springer, 2011, p. 12。

[2] 参见 Fritjof Haft, *Juristische Rhetorik*, Alber, 1978, pp. 102-129。

[3] 参见 Wolfgang Gast, *Juristische Rhetorik: Auslegung, Begründung, Subsumtion*, R. v. Decker's Verlag, 1997, pp. 180-279。

[4] 阿列克西认为,循着佩雷尔曼的论述,我们可以对论述中所出现的语句分析与论述形式的分析作出区分,参见〔德〕罗伯特·阿列克西:《法律论证理论——作为法律证立理论的理性论辩理论》,舒国滢译,中国法制出版社2002年版,第212页。而且,法律修辞程序是法律论辩者在言语行为或法律话语上可以有意识地遵守、适用、传授和学习的程序,它在本质上是一种与论辩场域具有相关性的运用性商谈/沟通程序。这一界定参考了贡特尔对论证性商谈和运用性商谈的区分,贡特尔指出,运用性商谈涉及论证的恰当的情景相关性,而论证性商谈是从冲突问题的情景依赖性抽象出来的,其有效性只能从规范性角度才能证明,具体参见〔德〕哈贝马斯:《在事实与规范之间——关于法律与民主法治国的商谈理论》,生活·读书·新知三联书店出版社2003年版,第266—269页。

[5] 参见 Matthias Klatt, *Making the Law Explicit: The Normativity of Legal Argumentation*, Bloomsbury Publishing, 2008, pp. 211-278。

基础的,法教义学构造的内部体系、外部体系以及结构思维、法律中的各种定义、术语等都是法律修辞的基本要素,并对法律修辞的程序和过程具有规范性的控制功能。

由此可知,尽管法律修辞学的程序理路以修辞程序的设置作为处理法治与法律修辞学紧张关系的核心环节,但同时也隐含和预设了对法教义学等修辞元素的关注,而这些元素代表着一种重要的合法性或法治力量。

三、合法性进路

当代法律修辞学在法治与可辩驳性关系的处理上所采取的合理性进路和修辞程序进路都显示了法治、合法性对法律修辞最终的约束力和规范性。它们的理论构造及其对修辞理性的追求,都旨在寻求法治与可辩驳性的兼容方案,它们要求所有的在修辞语境中可以理解的修辞论证都是透明的并能在法治国的意义上被充分地检验。[①]"把法律作为修辞"将法治和合法性作为其理论建构的基本价值立场,并主张法律概念、规范、法学原理和法律方法等法律体系的规范要素作为法律修辞的前提。这确保了它构造的法律修辞理论在法效力上的安全性,无意中也契合当代法律修辞学在法治与可辩驳性关系的处理上所隐含的法治立场,而且这一理论所持有的类似于德沃金意义上的"整全性法律观"(law as integrity)以及法教义学立场更是将合法性在法律修辞中的作用发挥到了极致。

---

① 参见 Theodor von Viehweg, "Rechtswissenschaftliche Grundlagenforschung und zeitgenössische Rhetorik", *Estudios en honor del doctor Luis Recasens Siches*, Vol. 1, Unam, 1980, p. 939。

德沃金认为,整体性是合法性的最佳依据。在他看来,法律体系不仅包括法律规则,而且还包括其他有约束力的法律标准(binding legal standards),如隐藏在法律规则背后的原则和政策,它们在法律裁判的过程中都要被运用,并能在所有相关利益和事实考量的基础上为每一法律问题提供正确的答案。[1] 根据"整全性法律观",法律的"唯一正解"并非通过对先例、法律规则和法律原则等的逻辑推理而来,而是通过法律内在的整全性或融贯性而来。在司法原则的意义上,法律的整全性要求法官评价这些规范要素与案件的相关性并衡量它们之间的可能冲突。只有法官的判决和论证与现存的法律体系保持一致,或在可能范围内法官把公共标准的现有制度建构性地解释成了一套合乎逻辑的原则,[2]法官才算完成了自己"认真对待权利"的使命。这样一来,整体性便构成了法官解释法律时一个主要的合法性限制。"把法律作为修辞"理论主张,"要尽量用法律术语、概念、语词证立所有的判决;法律人的思维方式要用法言法语作为关键词,即使是需要转换也应该表达法意;对案件事实的定性需要把法律作为修辞;每一个判决尽量要用法律言辞说明理由"[3]。这些表述从某种意义上印证了作者对法律整全性或融贯性的理解,并将这种整全性法律导入了对"把法律作为修辞"的合法性规制。

"把法律作为修辞"理论对法律体系构成的理解及其合法性立场,也可从法教义学上寻找到相应的理论支撑。法教义学是法治尤其是形式法治建构的主要法学手段,它一方面指对有效法体系性、科学性的加

---

[1] 参见 Waldron Jeremy, "The Rule of Law and the Importance of Procedure", New York University Public Law and Legal Theory Working Papers, 2010, p.234。
[2] 参见德沃金:《法律帝国》,李常青译,中国大百科全书出版社1996年版,第194页。
[3] 陈金钊:《把法律作为修辞——认真对待法律话语》,《山东大学学报》(哲学社会科学版)2012年第1期。

工活动,另一方面指这种活动的产品。[1] 在前者意义上,法教义学对有效法、立法者和法官的法律规定、原则和学说进行概念-体系性的研究。[2] 法教义学说通常并不描述单一的规范,而是在总体上将概念或体系间思维上的联系表达出来,或为不能确定的众多规范和将来的规范形成结构性的和概念性的"规定",这会为法教义学的自我理解提供有序和稳定的语句体系。这种语句体系将会被用于司法裁判的证立,形成一种特殊的理性实践论证情形。[3] 在分析性的意义上,法教义学可以划分为三种维度:一是对有效法律进行描述;二是分析法律概念和形成法律规则和法律原则;三是将规则和原则进行概念性和体系性的整理并将它们编排成一个更大的目的性关联体系。[4]

在后者意义上,法教义学包括教义学体系与教义学方法。[5] 法教义学体系包括外部体系、内部体系和认知性体系三种体系。外部体系是指根据逻辑学和语言学的规则,通过法律概念、法律类型、功能性概念、法律规则等形成的语义体系。内部体系是指通过法律原则、法律规范的目的、法律价值等建立起来的目的体系。[6] 认知性体系是指为了描述内部体系、满足概观和运用上的容易需要透过秩序概念的编排建构由秩序概念、分类以及讨论的先后顺序等所形成的学术性体系。[7] 德国刑法中作为通说的犯罪论体系——最典型的是由构成要件符合性、违法

---

[1] Nils Jansen, *Rechtsdogmatik im Zivilrecht, Enzyklopädie zur Rechtsphilosophie*, IVR (Deutsche Sektion) und Deutsche Gesellschaft für Philosophie, 2011.
[2] 参见 Rolf Stürner, "Das Zivilrecht der Moderne und die Bedeutung der Rechtsdogmatik", *JZ*, Vol. 1, 2012。
[3] Volkmann U., "Veränderungen der Grundrechtsdogmatik", *JZ*, 2005.
[4] 参见 Alexy R., *Theorie der Grundrechte*, Suhrkamp Verlag, 1986, p.22。
[5] 陈坤:《法律教义学:要旨、作用与发展》,《甘肃政法学院学报》2012年第2期。
[6] 参见黄茂荣:《法学方法与现代民法》,法律出版社2007年版,第417—419页。
[7] 参见吴从周:《概念法学、利益法学和价值法学:探索一部民法方法论的演变史》,中国法制出版社2011年版,第330页。

性和有责性构成的犯罪论三阶层体系——就是一种典型的认知性体系或犯罪认识体系。[①] 法教义学方法是法教义学为了应对各种教义学体系的适用而形成的法律发现方法、法律解释方法、法律推理方法等。虽然在类型学的意义上可以对法教义学产品进行如上划分,但它们都是为了满足法律适用中司法认知的需要而发展出来的解读法律条文的阐释性学问和中介性理论。

"把法律作为修辞"理论中的法律是广义的法律。这种理论认为,法律是法律概念、规范、原理和方法等所构成的法律话语系统,法律不仅是规范体系、原理体系,而且还是语言概念体系。"把法律作为修辞"理论把法律修辞视为对法律的一种重新塑造,认为法律概念、法律规范、法律原则以及法律原理、法律方法和技术等都应该作为法律修辞的基础和关键。在法律修辞前提的选择和认定上,"把法律作为修辞"理论借鉴并运用了法教义学的思维方式和法教义学的思维产品,法教义学的思维方式和思维产品促成法治以一种体系性法学的技术手段对法律修辞的合法性和法安全性进行最大可能的担保。

第三节 "把法律作为修辞"方法的证成

"把法律作为修辞"理论提出的修辞方法分为具体的修辞方法和

[①] 参见冯亚东:《犯罪认知体系视野下之犯罪构成》,《法学研究》2008年第1期;〔德〕许迺曼:《刑法体系思想导论》,许玉秀译,载许玉秀、陈志辉编:《不移不惑献身法与正义——许迺曼教授刑事法论文选辑》,新学林出版社2006年版,第249—303页。

法律修辞的谋篇布局。其中,具体的修辞方法包括:(1)谙熟法律知识、法学原理、法律解释和法律论证技术,形成法律修辞的前见性基础;(2)用法律术语、概念、语词证立所有的判决,即使需要转换也应表达法意;(3)把合法、违法当成基本的说服手段;(4)把具体的法律规范当成法律修辞的论据;(5)把法律方法、技术当成说服的基本手段;(6)在法律修辞中综合运用逻辑学、语言学、社会学等知识;(7)以构成要件、法律关系等构成的法律原理作为修辞分析的工具;(8)运用法律语词把法理、法律关系、案件争论的焦点说清楚。①

同时,"把法律作为修辞"理论主张,法律修辞作为系统的修辞行为还应进行法律修辞的谋篇布局。由于法律思维的复杂性,在对当事人进行说服的过程中,法律修辞者应该通过甄别各种观点的争辩,找出最能解决问题的、最具说服力或最具分量的关键环节和关键词,对整个解决问题的思路进行统筹考虑,并对根据法律解释、法律推理、利益衡量、法律关系分析等方法得出的判断进行合理协调。谋篇布局决定了,在法律修辞中不能轻易否认某一判断的正确性,而需寻找能被听众接受的最优说辞。在法律修辞过程中,任何规则和程序都不能被忽视。② 法律修辞的整体结构要求,不能仅通过单调的逻辑分析来阐释事实的法律意义,而需要结合案件的修辞语境并通过衡量当事人的具体诉求、法律体系的融贯性要求、法律受众的社会心理、法律权威等来寻求和"发明"相应的修辞起点,设计合理的修辞格局,以构造各方当事人都可接受和理解的修辞关键词和修辞表达。③

---

① 参见陈金钊:《把法律作为修辞——法治时代的思维特征》,《求是学刊》2012年第3期。
② 参见陈金钊:《法治思维及其法律修辞方法》,法律出版社2013年版,第368、380页。
③ 参见陈金钊:《解决"疑难"案件的法律修辞方法——以交通肇事连环案为研究对象的诠释》,《现代法学》2013年第5期。

"把法律作为修辞"并非简单地根据法律的思考,也不是基于概念和规范的简单推理,而是一个融贯性的体系性构造。我们需要"从案件所涉法律规则、法律原则等所处的'内部体系'和'外部体系'出发,而不能仅将某一法律规则、法律原则作为法律修辞的唯一或最终依据、理由"[①]。同时,法律修辞的谋篇布局还要求摆脱对法律概念和规范的机械适用,在具体的修辞语境中运用更加细腻的思维超越法律的概括性,以增加说理讲法的深度。"把法律作为修辞"虽关注案件的枝梢末叶,主张寻找能被接受的最优说辞对当事人进行劝导,但其解决问题的方式仍是法律性的。在劝导过程中,各种法律规定和诉讼程序都不能被忽视,而且解决问题的方案应被置于更为宏大的法治思维之中,把各种看似矛盾的判断放在一起进行优化选择,以克服根据法律思维的简单化倾向。

一、具体的法律修辞方法

"把法律作为修辞"理论构造的具体修辞方法可以置换为西方法律修辞学中的论辩前提或论辩起点理论,并以此获得相应的证成。在法律修辞中,论辩前提决定着修辞图式的选择和修辞过程的走向,如果没有修辞者与其听众达成共同的论辩前提,具体的论辩将是不可能的。因此,论辩前提首先必须是听众能够接受、无异议的。同时,它的内容及其产生的一切也必须是有效的。只有满足这样的条件,论辩前提才

[①] 参见陈金钊:《解决"疑难"案件的法律修辞方法——以交通肇事连环案为研究对象的诠释》,《现代法学》2013年第5期。

能成为法律修辞中更大范围内可接受性的"源泉"。[1] 佩雷尔曼指出，论辩者为了获得听众对自己主张的认同，需要使用法律共同体一般接受的观点作为论辩前提，这些前提包括法律规则、一般法律原则以及特定法律共同体所接受的原则。[2] 加斯特认为，法律修辞中，不同类别和性质的前提都在被使用，例如有内容的前提/无内容的前提、客观前提/可操作的前提、形式自由的前提/形式化的前提、规定性的前提/价值性的前提。他认为，法律概念是一种完全性的前提，法可以成为一种超法规的前提。同时，法教义学也是一种特殊的可操作的前提。[3]

法律概念、法律术语、法律语词、法律规范（包括法律规则和法律原则）是"正式法律渊源"的内在构成要素，具有当然的法律效力和听众不得反驳的法律权威，因此是法律修辞的客观前提或完全性前提。构成要件等法学原理、法律知识、法理、法律关系等作为有效法的法律学说，具有根本的教义学属性，能够生产和提供关于法律和法律体系的相关信息。[4] 因此，它们也属于法律修辞的论辩前提，而且是特殊的可操作前提。

至于"把法律作为修辞"理论为何将法律知识、法学原理、法律解释和法律论证等作为法律修辞的前见性基础，以及为何"把法律方法、技术当成说服的基本工具"？首先，根据其他法律方法与法律修辞的内在关系，法律解释等作为法律修辞的前见性基础，以及法律方法、技术作为说服的基本工具是毋庸置疑的。其次，法律论证技术，即程序性

---

[1] A. A. Artiukhova, "Das rhetorische Grundmuster der juristischen Kommunikation", *Odessa Linguistic Journal*, Vol. 1, 2013.
[2] 参见〔荷〕伊芙琳·菲特丽丝：《法律论证原理——司法裁决之证立理论概览》，张其山、焦宝乾等译，商务印书馆2005年版，第51—58页。
[3] Wolfgang Gast, *Juristische Rhetorik*, C. F. Müller, 2015, p. 50.
[4] 参见 Aulis Aarnio, *Essays on the Doctrinal Study of Law*, Springer, 2011, p. 11.

法律论证,为所有具体法律方法的适用以及其间的有序衔接设定了相应的论证规则和论证负担规则,法律修辞作为法律论辩也理应遵守程序性法律论证设定的论证规则和论证负担规则。所以,将所谓的"法律论证技术"作为法律修辞的前见性基础也是成立的。最后,由于法律知识、法学原理本身就是法律修辞的论辩前提,所以它们作为法律修辞的前见性基础也当然成立。根据法教义学的方法论意义和功能[1],这一论点能够得到更加深入的证成。

法教义学是对各种法律材料,如立法、法院判决的解释和体系化,它能将法律之下的规范性结构和概念性结构呈现出来。[2] 同时,法教义学能以法学内部组织的观点将跨学科研究和社会科学的知识整合其中,它在规范解释和体系构建上多以案例分析为辅助。因此,法教义学能够形成一套比法律条文更加细致、实用的解释规则和法律学说。它是最广泛意义上的法律的一部分。[3] 它对法律文本的规范性意义的担保使其具有如下功能:促进法律的精确性、融贯性和对法律的信任,并为法律提供一个透明的结构。更重要的是,它能够使法律在政治动态中保持自身的稳定性和权威性。[4] 在法律修辞中,具体案件中的决定、法律商谈的结构和论辩前提的选择很大程度上都会受到法教义学的影

---

[1] 在"把法律作为修辞"含义和价值立场的证成论述中,已经多次提及法教义学与法律修辞的关系,本书以下论述主要从法教义学的方法论意义和功能的角度展开论证。

[2] 参见 Kaarlo Tuori, "Self-Description and External Description of the Law", *No Foundations: Journal of Extreme Legal Positivism*, Vol. 2, 2006。

[3] 参见 Aleksander Peczenik, *Scientia Juris: Legal Doctrine as Knowledge of Law and as a Source of Law*, Springer, 2005, p. 6。

[4] 参见 Aleksander Peczenik, *Scientia Juris: Legal Doctrine as Knowledge of Law and as a Source of Law*, Springer, 2005, p. 6。

响。① 法教义学知识虽然具有一定的可辩驳性,但其在证立上的规范性以及体系上的融贯性使在其基础之上所构建的论辩前提可以获得真正的、可证立的信仰②、认同和可接受性。

二、法律修辞的谋篇布局

"把法律作为修辞"理论之所以主张,要在法律修辞中进行各种谋篇布局,主要在于以下原因和目标:

(一) 寻求论辩参与人的理解和认同

作为一种雄辩术、演说术或说服艺术的修辞学具有证成决定、确立认同和实现认同的多重功能。它既可以被解释为艺术、科学,也可以被界定为某种手艺或行业。法律修辞作为法律适用过程中专业性的沟通和交流技术,③尤其是法官的自我认同应该强调和凸显法律说服的科学面相。它必须通过科学地考虑法律体系和法律结果来寻求相对人的合作性赞成以及对其异议的预防。在"把法律作为修辞"中,尽管可以根据法律词语体系、不同论辩前提以"内部证成"的形式直接证立各种论题,这符合其合法性的基本立场。但作为说服艺术,"把法律作为修

---

① 参见 João Maurício Adeodato, "The Rhetorical Syllogism in Judicial Argumentation", *International Journal for the Semiotics of Law*, Vol. 12, 1999; Dieter Leipold, "Die Rolle der Rechtswissenschaft in der gegenwärtigen Gesellschaft", *Ritsumeikan Law Review*, No. 30, 2013。

② 参见 Matti Ilmari Niemi, "A Conventionalist Analysis of the Preconditions of Knowledge in Legal Dogmatics and the Foundations of Legal Orders", in Peter Wahlgren (ed.), *Legal Theory*, Stockholm Institute for Scandinavian Law, 2000, p. 102。

③ Artiukhova A. A., "Das rhetorische Grundmuster der juristischen Kommunikation", *Odessa Linguistic Journal*, Vol. 1, 2013。

辞"必须尽可能构造"各方当事人和法律主体都可接受和理解的修辞关键词和修辞表达"[1]。这与其合法性、法治的价值立场并不冲突。因为,"把法律作为修辞"为实现论辩参与人的合作性赞成而设计的"修辞格局"是通过整合当事人的具体诉求、法律体系、法律受众的意见、修辞语境、法律权威等来进行的,而且语境要素的考虑并不会"修正、废止法律或重新立法",反而会真正开启"更加细腻的法律思维","增加说理讲法的深度"。

从"把法律作为修辞"理论的内部构成可以看出,尽管它在价值立场、概念界定和具体方法的建构上走的是一条不同于西方法律修辞学的道路,但它仍然遵循了修辞发明与修辞论证的基本框架[2]:修辞论证与修辞发明具有不同的方法任务,它并不要求对修辞结论的真实产生过程进行纪录片式的描述,也不探究评价主体的个人感情或动机,它阐述的仅是价值和决定中的回旋余地,它要求为达成的决定提供听众可以接受的理由。只有在法律修辞的论证过程中,才可能产生理性的或客观上可以认识的法律理解。[3]

"把法律作为修辞"理论尽管可以根据法律词语体系、各种论辩前提或广义的法律确立相应的修辞前提、修辞方法和修辞结论,但若想获得"法律判断的说服力"或听众的认定、理解和接受,还必须寻找和使

---

[1] 陈金钊:《解决"疑难"案件的法律修辞方法——以交通肇事连环案为研究对象的诠释》,《现代法学》2013年第5期。

[2] 参见 Agnes Launhardt, *Topik und Rhetorische Rechtstheorie: Eine Untersuchung zu Rezeption und Relevanz der Rechtstheorie Theodor Viehwegs*, Dissertation zur Erlangung des Doktorgrades der Juristischen Fakultät der Heinrich-Heine-Universität Düsseldorf, 2005, p. 162。

[3] 参见 Agnes Launhardt, *Topik und Rhetorische Rechtstheorie: Eine Untersuchung zu Rezeption und Relevanz der Rechtstheorie Theodor Viehwegs*, Dissertation zur Erlangung des Doktorgrades der Juristischen Fakultät der Heinrich-Heine-Universität Düsseldorf, 2005, p. 165。

用各种可行的"修辞关键词和修辞表达",以将"修辞发明"转向"修辞论证"。

(二) 体系性思维和问题性思维的实质交错

"把法律作为修辞"之所以主张谋篇布局,也源于体系性思维和问题性思维之间的交错关系或法律修辞的语用学特点。菲韦格认为,在问题和体系之间存在一种实质交错关系,法学的总体结构只能由问题来确定,法学的概念和命题必须以特殊的方式与问题保持联系。它们只能从问题出发来加以理解,也只能被赋予与问题保持关联的含义。① 在法律修辞中,如果我们把问题或争议点视为允许有不止一个答案的提问,我们就会根据问题解答的需要寻找体系。在这种情况下,问题的每次投放都会引致体系的选择,而且通常会带来体系的多元化。② 尽管菲韦格将体系和体系思维直接等同于"公理体系"或"演绎推导体系",对其真正的构造方式和适用范围而言显得过于"武断和鲁莽",但是,体系性思维和问题性思维之间确实存在着法律理解上的沟通和交流关系。③

"把法律作为修辞"理论,一方面主张,"必须从案件所涉法律规则、法律原则等所处的'内部体系'和'外部体系'出发,而不能仅将某一法律规则、法律原则作为法律修辞的唯一或最终依据、理由",另一方面又主张,"人们不可能完全根据概念和规范解释法律的意义",而

---

① 〔德〕特奥多尔·菲韦格:《论题学与法学——论法学的基础研究》,舒国滢译,法律出版社2012年版,第104—105页。
② 参见〔德〕特奥多尔·菲韦格:《论题学与法学——论法学的基础研究》,舒国滢译,法律出版社2012年版,第29页。
③ 参见 Agnes Launhardt, *Topik und Rhetorische Rechtstheorie Eine Untersuchung zu Rezeption und Relevanz der Rechtstheorie Theodor Viehwegs*, Dissertation zur Erlangung des Doktorgrades der Juristischen Fakultät der Heinrich-Heine-Universität Düsseldorf, 2005, p. 81。

应该"关心案件的枝梢末叶",在解决问题的过程中,"甄别各种观点的争辩,找出最能解决问题的关键环节和关键词",并对"整个解决问题的思路"和"根据法律解释、法律推理、利益衡量、法律关系分析等方法得出的判断"进行统筹考虑和合理协调。[1] 这是作者将他所构造的"法律词语系统"或"泛义的法律"与修辞语境,如"案件所处的政治、社会、经济和道德语境"进行兼容或融合的尝试,其背后的论述逻辑是体系性思维和问题性思维的实质交错关系或论辩上的互补关系。[2] "把法律作为修辞"理论在对法律词语体系与修辞语境进行融贯的过程中,为了与其合法性的价值立场保持一致,反复强调,问题性的思考或修辞语境的关注不能否定、修正、废止法律,重新立法或违反法治的精神。这种更加"细腻的法律思维"不能改变法律思维的走向,而只能用"更准确的法律词语"和"更加细腻的思维"超越法律的概括性,"增加说理讲法的深度"。

(三) 法律论辩的相干性

在法律修辞中进行谋篇布局,还有论辩相干性上的考量。修辞学的相关性是论证内容与修辞语境之间的语用关系,它的主要构成是听众相关性,即一个论证所陈述的内容或假定的信息内容和信念结构与

---

[1] 参见陈金钊:《把法律作为修辞——认真对待法律话语》,《山东大学学报(哲学社会科学版)》2012年第1期;陈金钊:《把法律作为修辞——法治时代的思维特征》,《求是学刊》2012年第3期;陈金钊:《把法律作为修辞——讲法说理的意义及其艺术》,《扬州大学学报(人文社会科学版)》2012年第2期。

[2] 体系性思维和问题性思维的关系是所有的部门法教义学、一般法教义学和各种法律方法尤其是法律修辞学的永恒主题。参见〔德〕克劳斯·罗可辛:《德国刑法总论——犯罪原理的基础构造》,王世洲译,法律出版社2005年版,第113—139页;〔德〕莱茵荷德·齐佩利乌斯:《法哲学》,金振豹译,北京大学出版社2013年版,第295—296页。

听众可能拥有的承诺之间的关系。① 在非形式逻辑中,论辩的相干性并不涉及听众相关性。按照沃尔顿的观点,论辩相关性可以分为全局相关性和局部相关性。其中,前者涉及论辩的整体指向和趋向,后者关涉论证中一对命题之间的关系。在全局相关性和局部相关性中,前提和结论相关的方式有两种:(1)主题相关性,即前提和结论间是否共享某个主题内容;(2)证据相关性,即前提是否在赞成或反对结论方面起作用。② 法律论辩的相关性更加复杂,不少国家都有关于法律相关性的制度性程序规则,在法律庭审中,往往由法官按照证据规则决定特殊论证的相关性。③ "把法律作为修辞"理论主张,"在对当事人说服的过程中,法律人应该抓住有说服力的关键修辞",在解决问题的过程中,应该"找出最能解决问题的关键环节和关键词"。在法律修辞过程中,"各种法律规定和诉讼程序都不能被忽视"。这些理论主张可转换为一种朴素的法律论辩相关性理论,同时,它们也重视法律规定和诉讼程序对法律相干性的规制作用。

(四) 论辩前提的开放性和可辩驳性

"把法律作为修辞"理论强调,要以法律概念、法律规则、法学原理、法律方法等证立所有的判决。这些论辩前提自身无法克服的开放性和可辩驳性以及其间的冲突注定了"把法律作为修辞"需要进行谋

---

① 参见 Joseph W. Wenzel, "Relevance and other Norms of Argument: A Rhetorical Exploration", in Robert Maier (ed.), *Norms in Argumentation*, De Gruyter Mouton De, 1989, pp. 85-95; Christopie W. Tindale, *Acts of Arguing: A Rhetorical Model of Argument*, State University of New York Press, 1999, p. 101。

② 参见 Douglas N. Walton, *Informal of Logic: A Handbook for Critical Argumentation*, Cambrige University Press, pp. 60-66。

③ 参见 Douglas N. Walton, *Relevance in Argumentation*, Lawrence Eribaum Associates, 2004, pp. 19-20。

篇布局。首先,法律概念具有不同的形式,如抽象概念、分类概念、类型概念①、价值开放的法律概念②、法律原型范畴③和功能性概念。除了抽象概念和分类概念,其余几种概念形式尽管在其"概念核心"上具有完全的语义界限,但在其"概念边缘"或"中立语义域"上只具有部分的语义界限。④ 因此,将类型概念、价值开放的概念或法律原型范畴作为论辩前提势必导致无法直接建立前提与结论之间的语义相关性或语用相干性。其次,法律规则按规范法学的现有分类,可分为不完全性规则、说明性规则、限制性规则、强制性规则、禁止性规则、允许性规则、授权性规则、评价性规则、一般性规则、例外性规则和定义性规则等,它们具有不同的逻辑结构和法律效果。⑤ 它们在法律论辩中往往会产生各种形式的冲突和竞合,而这会增强法律论辩在整体上的可辩驳性。再次,法律解释规则间的排序尽管有一定的可能性和必要性,但法律解释规则的运用存在各种限度和问题。⑥ 同时,由于预设了不同的法概念论,有些法律方法根本无法形成约束性的适用关系,诸如主观解释与客观解释、结果导向的裁判与法律解释、正面解释与反面解释。因此,各种

---

① 〔德〕英格博格·普珀:《法学思维小学堂》,蔡圣伟译,北京大学出版社2011年版,第22—23页。
② 参见 Aleksander Peczenik, *Scientia Juris: Legal Doctrine as Knowledge of Law and as a Source of Law*, Springer, 2005, p. 158。
③ 参见 Giovanni Sartor, *Legal Reasoning: A Cognitive Approach to the Law*, Springer, 2005, p. 191。
④ 克拉特通过借用科赫(Hans-Joavhim Koch)和吕斯曼(Helmut Rüßmann)对模糊性术语或法律规则之语义分析的三领域模式(three-sphere model),将类型概念和价值开放的概念的语义划分为三个层面:肯定语义域,它对其对象 x 的涵摄具有必然性;否定语义域,它对其对象 x 的涵摄是禁止的;中立语义域,它对其对象 x 的涵摄既不是必然的也不是禁止的。参见 Matthias Klatt, *Making the Law Explicit: The Normativity of Legal Argumentation*, Bloomsbury Publishing, 2008, p. 274。
⑤ 参见 Karl Larenz, *Methodenlehre der Rechtswissenschaft*, Springer, 1995, pp. 250-276。
⑥ 参见 Hans-Joavhim Koch, Helmut Rüßmann, *Juristische Begründungslehre: Eine Einführung in Grundprobleme der Rechtswissenschaft*, Verlag C. H. Beck, 1982, pp. 176-209。

法律方法作为论辩前提和论辩工具有时也难以达成论辩上的共识。最后,法教义学的各种产品,如犯罪论体系、请求权体系、法律关系分析法、法学原理以及内部体系和外部体系,尽管属于广义法律的范畴,某种程度上甚至可以形成融贯性的体系,具有相当的规范性和科学性,但这种融贯性由于法教义学体系本身的可辩驳性而只能在局部意义上成立。[1] 因此,将法学原理、法律知识、犯罪论体系、法律关系分析法等法教义学元素作为论辩前提也无法根除法律修辞固有的可辩驳性。

"把法律作为修辞"理论为法律修辞所构筑的论辩前提和修辞方法具有一定的开放性和可辩驳性,这会导致和加剧法律修辞整体上的可辩驳性。不过,这也正是"把法律作为修辞"之所以必要和重要的原因。为了应对法律修辞潜在的可辩驳性,"把法律作为修辞"理论提出,"把法律作为修辞"不是简单地根据法律进行思考,也不是基于概念和规范的简单推理,而是一个连贯性的体系构造。同时,主张不能仅将某一法律规则、法律原则作为法律修辞的唯一或最终依据,而是应注意法律的规范性功能、法律判断的说服力以及法律调整的目的,并对各种方法得出的不同判断予以合理协调。这再次印证了,"把法律作为修辞"理论的构造本身具有相当的完整性和体系性。

相较于西方法律修辞学理论,"把法律作为修辞"理论具有自己独特的含义界定、价值立场和修辞方法。不过,这些内容和主张又能从法治理论、教义学、法律话语、分析修辞学、西方法律修辞学等理论中获得相应的理论支援。这些理论之间并不存在体系上的冲突和矛盾,反而

---

[1] 参见 Aleksander Peczenik, *Scientia Juris: Legal Doctrine as Knowledge of Law and as a Source of Law*, Springer, 2005, pp. 13-14; Aleksander Peczenik, "A Theory of Legal Doctrine", *Ratio Juris*, Vol. 14, 2001。

形成了环环相扣的理论体系。但是,"把法律作为修辞"理论所构造的修辞方法并不能直接重构或转换为相应的修辞图式或论辩型式。尽管合法性作为法律修辞的价值立场,以及法律概念、法律规范、法律方法和法学原理、法律知识作为法律修辞的论辩前提和修辞工具可以由法治理论和法律修辞学完全证成,但由于这些论辩前提和修辞工具在语义上的开放性和语用上的可辩驳性,"把法律作为修辞"理论在修辞方法上只能反复强调要进行谋篇布局。法律修辞上的谋篇布局虽然确有必要和意义,但其在应对法律开放性和可辩驳性上存在分析性缺陷,这种"辩证法"式的方案根本无法发挥真正的"布局"效用和功能。这就意味着,"把法律作为修辞"是一项未竟的理论课题,需要更多的人来进行跟进性研究和拓展。

第三章
"把法律作为修辞"理论的重构

"把法律作为修辞"理论通过勾连以听众认同为取向的法律修辞理论与法教义学为法律修辞学赋予了统一的科学范式,法律修辞与程序性法律论证和法教义学的紧张关系也得以消解或缓和,但该理论并不完美,它缺乏"修辞发明"这一基本的修辞要素,它对自身理论进路的选择和界定也相当混乱。为了避免卷入复杂的理论争议,该理论对合法性、合理性和可接受性进行了模糊化处理,但它们之间潜隐着难以厘清的冲突和矛盾。"把法律作为修辞"理论主张,要根据法律概念、法律规则、法律原则、法学原理、法律学说、法律价值、法律解释、法律推理这些法律要素进行法律论辩,但是这些要素究竟是作为论辩前提还是作为修辞方法该理论未予置评。法律修辞的前提和方法属于法律修辞的不同环节,具有不同的任务和功能,也具有不同的作业程序。不仅如此,"把法律作为修辞"理论对修辞谋篇布局的论述也相当抽象和粗糙,缺乏应有的精致性。"把法律作为修辞"理论尽管为规范性法律修辞理论的创建提供了相当多的创见和洞见,但自身也存在不少缺陷和不足,我们必须对它进行相应的理论重构和发展。

第一节 "把法律作为修辞理论"的限度

"把法律作为修辞"理论不仅构成了对新法律修辞学独特的学术改造,更是形成了我国目前该如何建构法治方式和法治思维的一种规范主义思考。它不仅为法律修辞学提供了合法性的科学范式,使法治与法律的可辩驳性得以协调,而且还为法律修辞学建构了规范性的论辩方法。然而,"把法律作为修辞"理论也具有自己无法克服的内在缺陷和限制。

一、混乱和模糊的理论进路

陈文/著在构筑"把法律作为修辞"理论时并未遵守理论进路的一致性,对"把法律作为修辞"的界定经常游弋在"法律话语"[①]和法律论辩之间,导致该理论始终没有形成清晰的研究脉络和融贯的理论框架。

在法律话语意义上,"把法律作为修辞"致力于研究法律词语、概念或术语的运用规则和技巧,旨在确立一种维护法律权威、恰当使用法律的思维方式,实现"权力修辞向法律话语的转变"。"把法律作为修

---

① 在陈文语境中,法律话语特指一种把法律作为法律思维关键要素的思维方式,与道德话语、政治话语相对,但与古德里奇意义上的法律话语不同。参见陈金钊:《权力修辞向法律话语的转变——展开法治思维与实施法治方式的前提》,《法律科学(西北政法大学学报)》2013年第5期;〔美〕彼特·古德里奇:《法律话语》,赵洪芳、毛凤凡译,法律出版社2007年版,第168—196页。

辞"不是在重述法律条文的规定,而是准确地、灵活地运用法律语词表达法律思维。法律不仅是规范体系、原理体系,而且还是语言概念体系。其中,法律概念、法律规则、法律原则、法学原理、法律方法等都属于法律词语体系的要素。"把法律作为修辞"并不研究这些法律词语的意义,而是研究它们在法律思维中的运用。在法律话语上,"把法律作为修辞"要求,法律人站在法治的立场通过释放法律体系的隐含能量从而把各种法律词语作为法律思维的关键词,证立所有的判决,并建构、证成、描述所需的各种法律命题。同时,法律人也必须根据相应的法律词语来定性、评价、描述各种案件事实。① 根据修辞学的分类,该种意义上的"把法律作为修辞"属于实质性修辞,②实质修辞意味着语言事实本身,即事件的可理解的描述以及人类以言达义的条件。

"把法律作为修辞"理论认为,法律词语的运用本身即为法律修辞,同时它还选取了一种分析修辞学的研究进路。分析修辞学区别于其他修辞学之处在于,它致力于分析具有修辞特征的复杂语言体系,并试图通过自我批评的预问获取修辞学的知识论基础。③ 奥特马尔·巴尔韦格认为,实用法学兼具实践智慧的慎思特征和法律科学的科学特征,它作为一种控制论模式可以为法律决定和法律证成提供权威性的教义学意见,同时也具有各种精确区分的教义学语言,这种教义学语言能够协调外部体系的严格性和内部体系的灵活性。法官在裁决上的法律约束和论证负担,要求他们必须在有限的庭审时间内寻找到听众普遍接受和认同的教义学语言作为修辞论据,而不能进行法哲学和法律

---

① 陈金钊:《把法律作为修辞——认真对待法律话语》,《山东大学学报(哲学社会科学版)》2012年第1期。

② 参见 João Maurício Adeodato, *The Rhetorical Syllogism in Judicial Argumentation*, International Journal for the Semiotics of Law, Vol. 12, 1999。

③ 参见 Ottmar Ballweg, *Analytische Rhetorik: Rhetorik, Recht und Philosophie*, Peter Lang, 2009, p. XIV。

科学的反思和认知。① 在分析性修辞学中,法教义学语言对法律裁判的证立不涉及认知,而只具有达致理解的功能,但可以确保法律的本质主义和本体论以及法律制度化的可讨论性。这主要是因为,法教义学作为一种不受质疑的、体系化的观点组织,它本身的语言即是一种本体化的言说方式,它能够储存并调换"主体对符号的关系"和"主体对事物的关系"对法律体系的各种影响,并能够通过"观点思维"的理解和解释功能使法律裁判保持对修辞情景变化的敏感性。②

在"把法律作为修辞"理论的视域中,法律概念、法律规范、专业术语、法学原理、法律方法等构成的法律语言是一种典型的法教义学语言。这些教义学语言可为法律修辞提供权威的修辞性意见,促进当事人之间产生信任,还能使人们掌握、熟悉一种真正的裁判语言。③ 尽管这些法律话语并不拒斥对修辞语境、个案正义和法律价值以及社会关系等进行关注和考量,但它们的教义学属性和一般性特征要求,在法律修辞中必须重新弥合法律在个案中的"碎片化",对修辞语境等的考量只是为了开启它们在案件事实评价上的理解和描述功能。

作为法律论辩的"把法律作为修辞"意味着,"在其他法律方法的基础上,依照法律体系的规范性和案件的具体语境对当事人等进行的劝导和论辩"④。因此,它对解决疑难案件具有特别重要的意义。它不仅要求考虑个案的情景因素,而且要求在个案分析的基础上把法律之

---

① 参见 Ottmar Ballweg, *Analytische Rhetorik: Rhetorik, Recht und Philosophie*, Peter Lang, 2009, pp. XVI-XIX。
② [德]乌尔弗里德·诺伊曼:《法律论证学》,张青波译,法律出版社2014年版,第66—67页。
③ 参见 Ottmar Ballweg, *Analytische Rhetorik: Rhetorik, Recht und Philosophie*, Peter Lang, 2009, p. XX。
④ 陈金钊:《把法律作为修辞——法治时代的思维特征》,《求是学刊》2012年第3期。

理讲清楚。在与其他法律方法的关系上,法律修辞本身就是法律解释的一种方式。在法律适用关系上,"把法律作为修辞"必须以其他法律方法的运用为基础和前提。根据"把法律作为修辞"的谋篇布局,法律修辞只有实现与其他法律方法的整体性协调或综合性运用,才能满足法律裁判的融贯性要求。为了解决法律论辩的可废止性和多解问题,"把法律作为修辞"不能简单地根据概念、规范进行推理,而必须根据个案的语境选择使用相应的修辞论辩方法。因此,它的多种适用形式都包含着创造性因素。① 在修辞学的理论进路上,作为法律论辩的"把法律作为修辞"属于典型的实践性修辞,实践性修辞事关我们在实质性修辞之前如何根据各种修辞技巧和论辩经验进行有效的说服、理解、争论和决定。②

继承自古典修辞学和新修辞学的当代法律修辞学属于实践性修辞学的范畴,在其压倒性的理念史传统中,它们追求的并不是对法律事务尽可能客观的理解,而是试图通过法律修辞论证的实践技术操作性地影响法律听众。作为实践性修辞的法律修辞,只能发生在法律主体之间的论辩关系中,它所关注的也是与既定的事理结构毫无关涉的法律论辩者之间在个案中的法律言谈和争辩。除了追求法律听众对论辩过程和修辞结论的赞同和合意,别无所予也别无所求。因此,这引发了法律修辞学与法教义学之间的内在张力。③ 不过,新法律修辞学并非就不能解决法律约束的问题,法律修辞作为法律人的修辞艺术必须回溯到法教义学的规范性框架内发明论题、寻找论据和建构图式。当代法

---

① 陈金钊:《解决"疑难"案件的法律修辞方法——以交通肇事连环案为研究对象的诠释》,《现代法学》2013 年第 5 期。
② 参见 João Maurício Adeodato, "The Rhetorical Syllogism in Judicial Argumentation", *International Journal for the Semiotics of Law*, Vol. 12, 1999。
③ 〔德〕乌尔弗里德·诺伊曼:《法律论证学》,张青波译,法律出版社 2014 年版,第 75 页。

律修辞学为了缓和"符合事理"、客观性、法教义学、法治与法律修辞之间的张力,对传统法律修辞学进行了各种重构性改造。这些新法律修辞学具有一个共同特点,那就是它们都不约而同地降低了听众或听众的合意在法律论辩中的重要性,后者不再是修辞正确性的唯一标准。同时,它们尝试通过法律修辞学与法教义学的合作对法律修辞进行规范化改造,[1]更加重视法律制度和法律权威对论辩正确性或合理性的知识论意义。

为了给法律修辞学提供更加坚实的效力基础,当代法律修辞学尝试对法律修辞的前提或起点进行各种分类,如有内容的前提/无内容的前提、客观前提/可操作性前提、非形式化的前提/形式化的前提,以及描述性前提/评价性前提,并认为,制定法是法律修辞的超级前提,法教义学是法律修辞的可操作性前提。[2] 在法律修辞的论证上,这些理论不但将传统的法律解释方法和解释规则作为法律修辞的基本手段,而且还构造了实现修辞"逻各斯"的各种逻辑工具,如修辞论证的合理"布局"、定义、三段论、矛盾律、命题演算法、类比推论、反面推论和正面推论以及其他理性化方式,法律概念和法律知识本身也变成了法律修辞方法或法律修辞图式。[3] 当代法律修辞学还从反面论述了一些在法律修辞中易犯的本体论谬误,如前提短缺、前提间的自相矛盾、语义性错误、语用性错误。[4] 与法律修辞学的这些最新发展不谋而合的是,"把法律作为修辞"理论也强调法律体系本身的要素在法律修辞中的重要性,反对以法律外要素否定法律在论辩中的有效性。尽管该理论承认具体的修辞语境对法律修辞的重要性,但认为,法律修辞并非"具

---

[1] 参见 Fritjof Haft, *Juristische Rhetorik*, Alber, 1978, p. 9。
[2] 参见 Wolfgang Gast, *Juristische Rhetorik*, C. F. Müller, 2015, pp. 47-77。
[3] 参见 Wolfgang Gast, *Juristische Rhetorik*, C. F. Müller, 2015, pp. 238-410。
[4] 参见 Fritjof Haft, *Juristische Rhetorik*, Alber, 1978, pp. 130-152。

体问题的具体分析",在对案件的思考中修辞者必须坚守维护捍卫法治的立场。在司法过程中,法律修辞必须以讲法说理的方式承认法律的效力,在法律思维过程中恰当运用法律。① 同时,该理论对法律修辞与其他法律方法关系的处理也反映了法律修辞学在理性化和合理化上的探索和努力。②

尽管"把法律作为修辞"理论对这两种不同的法律修辞的界分与分析性修辞学和实质性修辞学的观点颇为契合,但是,"把法律作为修辞"理论始终没有澄清和区分这两种法律修辞学进路。它一方面将法律修辞作为构造法律话语的法律词语的运用规则,另一方面又将法律修辞视为面对疑难案件时法律论辩主体之间的言谈。因此,它忽视了分析性法律修辞学与实践性法律修辞学在本体论、法律认知、正确性标准和法教义学等诸多方面的差异。在一个理论体系中,若不对这些对立性的理论立场和知识论进行分析性的处理和离析是很难形成融贯的理论体系的。更为致命的是,各种类型的法律词语③并不具备法律修辞前提或法律修辞方法的论辩功能,即使依照正确的方法用尽所有的法律词语也难以有效解决法律修辞的争辩点和论辩难题。这也许是陈文在修辞学进路上的混乱所必然付出的理论代价。

---

① 陈金钊:《解决"疑难"案件的法律修辞方法——以交通肇事连环案为研究对象的诠释》,《现代法学》2013 年第 5 期。
② 参见 Carolin Weirauch, *Juristische Rhetorik*, Logos Berlin, 2004, pp. 64-120。
③ 在法律论辩意义上,陈文仍认为,法律修辞的目的不在于修正、废止法律,主要在于准确地运用法律构建法律思维方式。陈金钊:《解决"疑难"案件的法律修辞方法——以交通肇事连环案为研究对象的诠释》,《现代法学》2013 年第 5 期。

二、价值立场之间存在矛盾

"把法律作为修辞"理论的价值立场可以析分为合法性、可接受性和合理性三种原则。作者认为,在这三种价值立场之间可以做一种融贯主义的调和,并为它们之间的关系设定一种规范性的价值顺位。然而,"把法律作为修辞"理论对这三种价值立场所做的融贯主义处理以及所设定的价值顺位并不能避免或消解它们之间的冲突。它对这三种价值立场的模糊界定尤其是对它们之间关系的"粗糙化处理"反而可能引发它们之间发生更大范围的冲撞。

合法性是"把法律作为修辞"主要的价值立场。在修辞学的属性上,"把法律作为修辞"属于典型的"规范修辞学",它旨在确立一种维护法律权威、恰当使用法律的法治思维和法治方式。在法律修辞中,道德、政治、人情等因素不能轻易突破法的一般性,相反修辞者必须"增大法律本身作为修辞的说服力",以法律的名义维护正义,捍卫法律意义的安全性。[①] 法律作为规范体系、原理体系和语言概念体系对法律修辞必须展现出"整体性魅力",无论是明确的和整体的法律,还是含糊的和局部的法律都可以作为法律修辞的论据。[②] 除了通过挖掘法律体系的可能意义以担保法律修辞的合法性,若想实现法律要素对法律修辞最大程度的约束,法律修辞还需要遵守基本的逻辑规则。

合法性是一个极为模糊的概念,在类型学上,合法性具有两种截然

[①] 陈金钊:《把法律作为修辞——讲法说理的意义及其艺术》,《扬州大学学报(人文社会科学版)》2012 年第 2 期。

[②] 陈金钊:《把法律作为修辞——认真对待法律话语》,《山东大学学报(哲学社会科学版)》2012 年第 1 期。

不同的含义,即正当性或正统性和合法律性,前者属于政治哲学、法哲学和政治法理学上的概念,侧重于根据内在的价值体系评判、谋划事物的应然状态。① 后者属于典型的法律实证主义概念,意指行为或事物合乎法律规定的性质和状态。根据形式法治与实质法治的界分,合法性又可以划分为形式合法性和实质合法性。② 在商谈理论看来,内在于法律事实性和有效性之间的张力根本无法通过既有的合法性方案获得解决,而只有借助理想言谈情景下的商谈程序才能实现真正的合法性。于是,程序合法性或沟通合法性又成了合法性另一重要的维度。③ 透过作者关于合法性的前后论述及其内在脉络可知,"把法律作为修辞"理论意义上的合法性属于实质合法性。④ 在法律思维模式上,作者力倡"超越自然法和法律实证主义的第三条道路",从"形式主义和实质主义相结合的角度理解、解释和运用法律",并认为"法律不仅是法律概念体系、原理体系,还包括法律价值体系"。

法律命题的可接受性是"把法律作为修辞"的另一价值目标。可接受性同样也是一个多义的概念,它具有经验主义和规范主义两种不同的含义。在经验主义层面上,可接受性是指作为个体的特别听众对判决在心理上的认同,而在规范主义层面上,可接受性是指理想听众或普遍听众基于正当化的理由对判决最终结果的信服。⑤ 在"把法律作

---

① 参见 Alex L. Wang, "The Search for Sustainable Legitimacy: Environmental Law and Bureaucracy in China", *Harvard Environmental Law Review*, Vol. 37, 2013。
② 杨利敏:《寻找法治体系的合法性》,载姜明安主编:《行政法论丛》(第13卷),法律出版社2011年版。
③ 参见 Eder Klaus, "Prozedurale Legitimität: moderne Rechtsentwicklung jenseits von formaler Rationalisierung", *Zeitschrift für Rechtssoziologie*, Vol. 7, 1986。
④ 如德沃金的法律理论便属于典型的实质合法性理论。参见 Mark van Hoecke, *Law as Communication*, Hart Publishing, Bloomsbury Publishing, 2002, pp. 195-197。
⑤ 参见 Aulis Aarnio, *Essays on the Doctrinal Study of Law*, Springer, 2011, pp. 170-171。

为修辞"理论的语境中,可接受性主要是规范主义意义上的。作者认为,只要满足法律修辞的合法性,便可在一定程度上实现法律修辞的可接受性。所以,法律修辞要用更准确的法律语词构建法律,排除不可接受的结论。但是,这只对那些"讲道理懂法律的人"才有效。[1] 可接受性在更大范围内的实现依赖于法律修辞对于司法公正尤其是个案正义的实现程度。"法律修辞是以听众为核心的实践论辩与论证",这决定了法律修辞者必须努力说服或劝服案件当事人和"更为广义的听众"。他们只有在日常思维和法律思维之间进行转换,用自然语言进行论辩,并以论证和论辩的方式获取法律判断,才能增强法律修辞的可接受性。不过,"把法律作为修辞"作为修辞者"有意识、有目的的思维建构",它的听众主要是"专门学科的解释共同体"。[2]

"把法律作为修辞"不仅追求法律修辞的合法性,而且也追求法律修辞的合理性。无独有偶,合理性同样是一个充满歧义的概念。根据与语境的关联程度,合理性可以分为普遍意义上的合理性和语境意义上的合理性。前者要求的理由具有普遍性,与规范性的和超越性的理性相连,是一个具有规范内容的概念。而后者不要求具有超越情境的普遍性,仅要求在一定的语境中被接受。同时,依据达致合理性的路径,合理性可以分为个体主义路径的合理性和交互主义路径的合理性。前者表现为实践推理,通过从个体层面分析理由的普遍性和语境依赖的差异来实现合理性。后者强调参与主体之间的互动,将合理性的判断标准、理由的普遍性和语境依赖的差异建立在主体间的交

---

[1] 陈金钊:《把法律作为修辞——讲法说理的意义及其艺术》,《扬州大学学报(人文社会科学版)》2012年第2期。
[2] 参见陈金钊:《解决"疑难"案件的法律修辞方法——以交通肇事连环案为研究对象的诠释》,《现代法学》2013年第5期。

往行为之上。①

"把法律作为修辞"理论认为,"根据法律的思考"与"案件正义"之间充斥着张力,在法律修辞中必须适当地融入价值、道德、政治、经济、文化、社会等实质性内容,"追寻法律效果与社会效果的统一"。"把法律作为修辞"本身负载着很多实质主义的说理成分。② 我们不能仅根据法律概念和法律规范的分析来获取法律与案件的协调,我们需要在案件语境中重新思考法律概念和法律规范。③ 法律的可废止性以及法律语词意义的多种可能性决定了,在法律修辞中必须对各种相关的情景要素保持足够的敏感性,而且"一切适合推动对现实调整问题与裁判问题的论辩的,换言之适合引导对其具体问题的正反论证的实质观点或者修辞论辩"④都应该进入法律修辞的言谈之中。因此,"把法律作为修辞"所秉持的合理性立场属于语境意义上的合理性。

在这三种价值立场的关系上,"把法律作为修辞"理论持有的是一种融贯主义的调和方案,并为它们设定了一种规范性的价值顺位。作者认为,合法性、可接受性和合理性都并非法律修辞的唯一考量因素,"法官的决策不仅仅是法律的,而且应该是正义的和可接受的"。⑤ 在法律修辞中,一般而言,合法性、可接受性和合理性并不会构成冲突关系,"合法和合理在多数场景下是重合的"。法律修辞的可接受性可以

---

① 参见蔡琳:《裁判的合理性:语境主义还是普遍主义?》,载陈金钊、谢晖主编:《法律方法》(第9卷),山东人民出版社2009年版,第92—95页。
② 参见陈金钊:《把法律作为修辞——讲法说理的意义及其艺术》,《扬州大学学报(人文社会科学版)》2012年第2期。
③ 参见陈金钊:《解决"疑难"案件的法律修辞方法——以交通肇事连环案为研究对象的诠释》,《现代法学》2013年第5期。
④ 〔德〕伯恩·魏德士:《法理学》,丁小春、吴越译,法律出版社2003年版,第277页。
⑤ 陈金钊:《把法律作为修辞——讲法说理的意义及其艺术》,《扬州大学学报(人文社会科学版)》2012年第2期。

通过其合法性实现。不过,"把法律作为修辞"理论还是为它们之间的可能冲突设定了应对方案:第一,若合法性与合理性发生冲突,司法裁判首先应根据法律进行说服,"道德的、政治的、人情的因素等不能轻易干扰法律的安全性",为了更全面地把法律和道理的一致性说清楚,我们才需要对合理性进一步证成。法律论辩的关键词和最终落脚点都是法律语词,道德、政治、人情等只应在法律修辞的过程中出现。第二,作者一开始认为,法律修辞的可接受性可以通过合法性和司法论辩的公平性来实现,但后来又认为,在法律可废止的情况下只有把实质合法性和合理性结合起来,才能实现法律修辞的恰当性与可接受性。[1]

但是,这三种价值立场在"把法律作为修辞"理论中难以获得所期待和设想的协调性。首先,只有在法律商谈或法律论辩的前提下,合法性、可接受性和合理性才有可能实现结合,因为它们都诉诸商谈程序或论辩规则,追求论辩层面上的法律真理。[2] 只有程序合法性或沟通合法性、合理的可接受性或规范主义进路的合理性、普遍意义的合理性或交互主义路径的合理性才属于同一维度上的价值立场。实质合法性与语境意义上的合理性都是脱离法律论辩的价值立场,一个属于法律的"有效性",另一个属于法律的"事实性",它们之间存在着某种不可调和、甚至必要的张力。[3]

其次,"把法律作为修辞"理论中的合法性是为了扩大法律体系内的要素在法律修辞中的论据效力和说理功能,而合理性是为了保证法律体系外的实质要素能够进入法律修辞,使法律修辞对修辞语境保持

---

[1] 参见陈金钊:《把法律作为修辞——讲法说理的意义及其艺术》,《扬州大学学报(人文社会科学版)》2012年第2期。

[2] 参见 Eveline T. Feteris, "The Rationality of Legal Discourse in Habermas's Discourse Theory", *Informal Logic*, Vol. 23, No. 2, 2003。

[3] 参见 Mark van Hoecke, *Law as Communication*, Bloomsbury Publishing, 2002, pp. 195-197。

足够的开放性和敏感性。但是,两者之间的边界是模糊的,某种意义上甚至是交叉的。根据"把法律作为修辞"理论,构筑合法性的法律要素不但包括法律概念、法律规范、法学原理,也包括法律原则和法律价值,即外部体系和内部体系。根据合理性的标准,进入法律修辞的实质性论据既包括伦理性的论据,如价值、道德和文化要素,也包括功利性的论据,如政治、经济和社会要素。其中,若不诉诸规则或相应的论辩规则就很难厘清伦理性论据与内部体系的关系。这在很大程度上消解了"把法律作为修辞"理论为合法性和合理性所设定的价值顺位的意义。

不仅如此,内部体系的法律要素并不能被发现,它们的多解状态、更强的可废止性以及其间频繁的冲突决定了,它们只能被创造性地诠释、建构、具体化或权衡。在进入法律论辩之前,它们并不能自动形成可被参照和遵守的闭合体系。这也决定了在法律修辞的开始和中间过程中,合法性立场本身的弱化以及合法性初步先于合理性的客观不能。

再次,在商谈的分类上,"把法律作为修辞"属于运用性商谈(Anwendungsdiskurse),[1]在运用性商谈中规范的情景相关性无法预见,而只有将论辩的语境与可运用的规范联系起来,才能有效地判定规范的情景恰当性。合法性与合理性的价值位序明显属于论证性商谈层面的原则,它是从修辞的具体情景依赖性中抽象出来的。它也因此只对非常典型的标准情形具有指导和规范意义,而对于未来非典型的情形难以提供确定性的指引。[2]

最后,可接受性与合法性和合理性也经常发生某种程度的冲撞。

---

[1] 参见 Agnes Launhardt, *Topik und Rhetorische Rechtstheorie: Eine Untersuchung zu Rezeption und Relevanz der Rechtstheorie Theodor Viehwegs*, Dissertation zur Erlangung des Doktorgrades der Juristischen Fakultät der Heinrich-Heine-Universität Düsseldorf, 2005, pp. 186-187.

[2] 参见[德]哈贝马斯:《在事实与规范之间——关于法律和民主法治国的商谈理论》,童世骏译,生活·读书·新知三联书店2003年,第266—269页。

不同于合法性与合理性的是,可接受性主要是通过作为专业听众的"法律解释共同体"来实现的,而且也可以通过判决的合法性和个案正义等"正当化理由"来实现。因此,"把法律作为修辞"理论中的可接受性是一种基于法律论辩的合理的可接受性(the rational acceptability)。[1] 因此,可接受性与独白性质的实质合法性具有完全不同的理论路径。尽管法律体系的各种要素都有助于法律修辞可接受性的达成,但它们不可能在法律商谈的层面上相互转化或支持。同样,可接受性与合理性也无法在法律论辩的过程中直接"沟通",更为致命的是,可接受性会因为合理性的语境性、经验主义特征与其产生不可回避的冲突。因此,可接受性既无法通过法律修辞的实质合法性来实现,也不能通过法律修辞语境性的合理性来落实,而只有在理性的商谈程序中才有机会达成。

三、略显粗糙的法律修辞方法

法律修辞的关键在于为争议点的解决和法律论辩的进行提供规范性的修辞方法或修辞图式。与合法性、合理性的价值立场以及自身的理论进路相适应,"把法律作为修辞"理论构造了各种所谓的"修辞方法"。经过相应的体系化梳理,这些"法律修辞方法"可以归纳为如下几种:

1. 法律人的修辞须用法律词语或"法言法语"作为关键词,所有判决的证立、案件事实和法律行为的描述、定性和评价,以及事实与法律之间关系的确立都需要根据法律词语或"法言法语"进行。除了遵循

---

[1] 参见 Eveline T. Feteris, "The Rationality of Legal Discourse in Habermas's Discourse Theory", *Informal Logic*, Vol. 23, 2003。

语法的基本规律,法律词语的运用还应该遵循修辞的一般规律和法律思维的基本规则。①

2. 法律修辞不是法律思维中的遣词造句,而是讲法说理的思维方式。法律修辞的重点并非司法裁判中所有的语言运用,而在于根据修辞规则、解释规则与逻辑规则恰当地运用法律术语或概念,法律词语运用的背后往往包含着论证、论辩以及与各种关系的平衡。②

3. "把法律作为修辞"需要把法律作为论据,用法律进行说服,在论辩中通过规则和程序形成判断,具体而言包括:把法律概念作为关键词;把合法、违法当成基本的说服手段;把具体的法律规范当成说服论辩的论据。③

4. "把法律作为修辞"需要释放法律的隐含能量,法律知识、构成要件、法律关系等法学原理是"把法律作为修辞"的前见性基础和论证工具。④

5. 法律方法、技术是法律修辞的基本说服工具,法律修辞的进行需要法律逻辑、法律修辞、法律论证和法律解释等法律方法的综合运用和相互配合,单一的法律方法难以决定案件的命运,而且需对法律方法

---

① 参见陈金钊:《把法律作为修辞——认真对待法律话语》,《山东大学学报(哲学社会科学版)》2012年第1期。

② 参见陈金钊:《法律修辞方法与司法公正实现》,《中山大学学报(社会科学版)》2011年第5期;陈金钊:《把法律作为修辞——讲法说理的意义及其艺术》,《扬州大学学报(人文社会科学版)》2012年第2期。

③ 参见陈金钊:《把法律作为修辞——讲法说理的意义及其艺术》,《扬州大学学报(人文社会科学版)》2012年第2期;陈金钊:《把法律作为修辞——法治时代的思维特征》,《求是学刊》2012年第3期;陈金钊:《把法律作为修辞——我要给你讲法治》,《深圳大学学报(人文社会科学版)》2013年第6期。

④ 参见陈金钊:《把法律作为修辞——认真对待法律话语》,《山东大学学报(哲学社会科学版)》2012年第1期;陈金钊:《把法律作为修辞——法治时代的思维特征》,《求是学刊》2012年第3期。

论进行划界,准确地适用法律方法。①

6. 法律修辞还需考虑待决案件所处的政治、经济、文化、社会等语境因素,法律修辞的进行需要语言学、法学、逻辑学和修辞学以及社会学等知识的综合或协同运用。法律修辞绝非法律的机械运用,道德、价值、社会关系等实质内容经常被融入法律论辩的过程中,法律人也不能拒斥它们进入法律论辩。②

7. "把法律作为修辞"需要平抑政治话语和道德言辞对法律修辞的过度影响,政治话语和道德言辞只有经过认真的论证或论辩才能进入法律判断而不能被绝对化,它们在法律修辞中仅能发挥矫正作用。③

8. 把法律作为修辞,要注意法治区隔的意义,在理顺法治与民主的关系基础上讲法说理。④

"把法律作为修辞"理论虽然提出了这些法律修辞方法,这些方法本身也有助于纠正法律修辞学对修辞语境和听众要素的过度依赖,不过,这些法律修辞方法却难以直接作为或转化为真正的法律修辞图式。首先,不管是以法律词语证立判决、描述、定性和评价案件事实和法律行为,还是以法言法语判断事实与法律之间的关系,都是对法律实证主义、规范法学或法教义学的重复和强调。即使如该理论随后所补充的

---

① 参见陈金钊:《把法律作为修辞——法治时代的思维特征》,《求是学刊》2012年第3期;陈金钊:《用法治思维抑制权力的傲慢》,《河南财经政法大学学报》2013年第2期。

② 参见陈金钊:《把法律作为修辞——讲法说理的意义及其艺术》,《扬州大学学报(人文社会科学版)》2012年第2期;陈金钊:《把法律作为修辞——法治时代的思维特征》,《求是学刊》2012年第3期。

③ 参见陈金钊:《把法律作为修辞——法治时代的思维特征》,《求是学刊》2012年第3期;陈金钊:《用法治思维抑制权力的傲慢》,《河南财经政法大学学报》2013年第2期;陈金钊:《把法律作为修辞——我要给你讲法治》,《深圳大学学报(人文社会科学版)》2013年第6期。

④ 陈金钊:《用法治思维抑制权力的傲慢》,《河南财经政法大学学报》2013年第2期。

那样,法律词语的运用需要遵循法律修辞的一般规律,法律修辞更主要的是一种讲法说理的思维方式,但究竟何为法律修辞的一般规律和讲法说理的思维方式,该理论始终没有给予交代。

其次,要释放法律在法律修辞过程中的隐含能量,把法律概念、法律规范、法学原理、法律知识等作为法律修辞的论据、前见性基础和说理工具,尽管这些方法可以转化为法律修辞的论辩前提或论辩起点,但充其量只能作为修辞前提和修辞方法的指导原则,并不能直接作为法律修辞方法使用。在修辞前提的分类上,法律概念是一种完全性的前提,法学原理、法律知识作为关于有效法的法律学说和教义学知识,可以构成一种特殊的可操作前提。[①] 但是,法律概念并非皆为分类概念,类型概念、价值开放的法律概念、法律原型范畴或功能性概念在其概念边缘或中立语义域只具有部分的语义界限,它们的适用会带来或导致法律的不确定性或可废止性。若不按照相应的词义推论规则对它们进行"语言分析性商谈",这些法律概念便不能作为论辩前提或修辞论据径直适用。否则,前提与结论之间的语义相关性或语用相干性便无法完全确立。

同时,构成要件、法律关系、犯罪论体系和请求权体系等法学原理、法律知识尽管作为"广义的法律"具有相当的融贯性、确定性、明确性和可预测性,但是鉴于法教义学本身的可辩驳性,这些教义学功能只能在部分意义上被维护。[②] 法律知识和法学原理作为修辞论据或修辞前提并不能完全确定法律论辩的争议点,有时甚至会引发更大的法律可辩驳性。因此,在法律修辞方法上,法律概念、法律规范、法学原理、法

[①] 参见 Wolfgang Gast, *Juristische Rhetorik*, C. F. Müller, 2015, p. 50。
[②] 参见 Aleksander Peczenik, "A Theory of Legal Doctrine", *Ratio Juris*, Vol. 14, 2001。

律知识作为法律修辞的论据具有自己固有的局限性,"把法律作为修辞"理论既没有正视这些潜在问题,也未厘清它们作为修辞论据的性质差别和顺位关系。

再次,尽管文义解释、体系解释、目的解释、历史解释、反面推论、类比推论和正面推论这些经典方法可以作为法律修辞的"基本工具"[①]或修辞图式,但由于传统法律方法在理论上的"独白性",法律解释学凭一己之力根本无法解决各方法间的效力冲突[②]或者方法间的选择和排序问题。法律续造自身的证立问题若不运用法律论证理论同样无法解决。[③] 这些传统的法律方法只有根据法律修辞的语境和法律听众的反应转化或重构为法律修辞学特殊的推论图式[④]和相应的法律修辞图式,如历史论证、目的论证、体系论证、矛盾论证、相似性论证、心理学论证、经济论证等,[⑤]在法律修辞中才能具有真正的方法论意义。在法律修辞中,"单一的法律方法难以决定案件的命运",法律修辞方法须与法律逻辑、法律论证和法律解释等方法相互配合或协同运用,这本身就是法律论证之融贯性或"整体协调性"的要求,而并非法律修辞自身的方法论原则。

最后,关注和考量个案所处的政治、经济、文化、社会等语境因素,并将道德、价值、社会关系等实质内容融入法律修辞之中,这只不过是对法律修辞之"问题性思维"或"情景关联性"的一种强调。几乎所有

---

① 参见 Wolfgang Gast, *Juristische Rhetorik: Auslegung, Begründung*, R. v. Decker's Verlag, 1997, pp. 101-232。

② 参见 Carolin Weirauch, *Juristische Rhetorik*, Logos Berlin, 2004, pp. 21-27。

③ 参见 Hans-Joachim Koch, Helmut Rüßmann, *Juristische Begründungslehre: Eine Einführung in Grundprobleme der Rechtswissenschaft*, C. H. Beck, 1982, pp. 257-261。

④ 参见 Wolfgang Gast, *Juristische Rhetorik: Auslegung, Begründung, Subsumtion*, R. v. Decker's Verlag, 1997, pp. 222-232。

⑤ 参见 Eveline T. Feteris, *Fundamentals of Legal Argumentation: A Survey of Theories on the Justification of Judicial Decisions*, Springer, 1999, pp. 54-55。

的法律决定都无法由制定法完全支配而必须借助某些预先存在的实质性内容才能获得证成。在法律修辞的论辩中，体系性思维和问题性思维之间同样处于实质交错关系，但如何在维持两者胶着状态的前提下寻求二者之间的"反思性均衡"，并理性地证立修辞结论，这是法律修辞学最为棘手的问题，也是其最大的理论难题。政治言辞和道德言辞等作为法律外要素进入法律修辞必须经过认真的论证或论辩，这确实是一种正确的理性化道路，但这种所谓的论证或论辩究竟具有怎样的性质，具有哪些规则和程序，才是法律修辞方法上最关键的问题。法律修辞学作为一种"有根据的言谈"理论，只有遵守规范性论证理论在外部证成或证立性商谈上所设定的各种论证规则并在外部语境要素和法律体系要素间进行某种融贯性商谈，才能有效地解决外部语境要素介入修辞的适当性问题。①

尽管法治与民主的区别以及法治理论中的各种区隔，如合法与非法、胜诉方与败诉方、人格与财产、公共性与隐私性、主权与人权、国内法与国际法、市民社会与政治国家、权力与权利以及公法与私法，对某些法律修辞图式的运用具有相应的指引意义。但是，这些抽象的、哲学性的"一般法律学说"作为法律修辞方法的意义相当有限。它们根本无力矫正各种实质性内容在法律修辞中的过度影响。至于实质法治的方法（如价值衡量、利益衡量、外部证成、实质推理和社会学解释）与形式法治的方法（如文义解释、三段论推理、体系解释、语法解释和内部证成）的划界，虽说对法律方法的界分和体系化具有相当的参照性，但在法律论辩的过程中，它几乎不可能发挥任何修辞方法的功能。实质

---

① 参见 Agnes Launhardt, *Topik und Rhetorische Rechtstheorie: Eine Untersuchung zu Rezeption und Relevanz der Rechtstheorie Theodor Viehwegs*, Dissertation zur Erlangung des Doktorgrades der Juristischen Fakultät der Heinrich-Heine-Universität Düsseldorf, 2005, pp. 184-187。

法治与形式法治的紧张关系,在法律修辞中可以更具体地转化为问题性思维和体系性思维或者法教义学与修辞语境的冲突,依据程序性法律论证理论,它们麾下各种法律方法的竞合关系和适用顺位结合个案语境可以得到更为细致的处理。因此,实质法治的方法与形式法治的方法的对立与权衡在法律修辞中并不具有独立的价值,它们的方法论意义完全可以由其他修辞方法所取代。

四、残缺的修辞布局

"把法律作为修辞"理论虽然主张根据法律进行论辩,但反对简单地根据法律进行修辞。这一理论认为,"把法律作为修辞"作为系统的修辞行为应当注重谋篇布局。"把法律作为修辞"提出的谋篇布局虽然可以归入修辞布局的范畴,但是无法构成修辞布局的完整形态,而只是一种残缺的修辞布局。法律修辞完整的谋篇布局由引言、陈述、论证和结语四个部分构成。根据现代的修辞布局理论,"把法律作为修辞"提出的谋篇布局并非完整的修辞布局,它仅属于修辞论证阶段的布局,忽视了其余的三种修辞布局要素,"引言""陈述"和"结语"都是完整的修辞布局不可忽略的步骤。"把法律作为修辞"理论的谋篇布局只是一种残缺的修辞布局,它无法充分挖掘和发挥修辞布局的论辩功能。不仅如此,"把法律作为修辞"理论为修辞论证勾勒的谋篇布局也无法真正发挥"论证"布局的功效。

尽管作者特别强调,要通过"甄别各种观点的争辩"、结合案件的修辞语境"衡量当事人的具体诉求、法律体系的融贯性要求、法律受众的社会心理、法律权威等"以及对各种法律方法的合理协调来找出最能解决问题的、最具说服力的修辞起点、关键论证和关键词。但是,这仅仅提出了修辞布局的目标和理想,至于通过什么方法构造修辞起点、找出最具说服力的修辞方法,或者以什么样的顺序安排和组织各种论证方法才能最有效地说服、打动法律听众,对此该理论并没有论述。在法律修辞中,事实争议点和法律争议点会使论辩参与者提出多种相互支持或相互对抗的论证图式。但是,案件的核心争议点、修辞者的修辞策略、修辞计划以及最终对听众的说服目的将会指引修辞者选择线性的论证结构或辩证的论证结构。① 这些因素也会影响修辞者究竟选择何种论证顺序,即逐渐增强的顺序、逐渐减弱的论证顺序还是基督教派的顺序。法律修辞的对话或商谈结构决定了,"把法律作为修辞"根本无法进行概念和规范的简单推理或法律概念和规范的机械适用。

法律修辞的语境性及其与体系性思维、法教义学的纷杂纠葛关系也注定了,法律修辞必须在"具体的修辞语境中运用更加细腻的思维超越法律的概括性",单一的法律规则或法律原则难以成为"法律修辞的唯一或最终依据、理由"。这些要求也许对中国当下的判决文书说理而言具有针对性的纠偏或诊断功效,但是此类布局只是法律修辞的"题中之意"或直接引申,并不具备方法论层面的正向的规范性价值。②

法律修辞的对话或商谈结构意味着所有的法律论辩都会有一个明确的相对人或者隐性的对立面。这些相对人作为法律听众不会仅站在接受者的立场上消极地任凭修辞者展示或表述自己的论证。在法律修

---

① 参见 Fritjof Haft, *Juristische Rhetorik*, Alber, 1978, pp. 102–109。
② 参见陈金钊:《把法律作为修辞——法治时代的思维特征》,《求是学刊》2012年第3期;陈金钊:《把法律作为修辞——讲法说理的意义及其艺术》,《扬州大学学报(人文社会科学版)》2012年第2期;陈金钊:《把法律作为修辞——认真对待法律话语》,《山东大学学报(哲学社会科学版)》2012年第1期。

辞的论证布局上,修辞者不能"只顾树立自己的观点"而对相对人的相反主张或潜在的对立论据完全置之不理。如果论辩相对人已经通过相应的修辞行为对自己的论辩进行了回应,修辞者在这种情况下就必须先对相对人的反对论证进行反驳,然后才能继续论证自己的论点,否则,修辞者的论证不管正确与否,听众对其的信服都会大打折扣。在"把法律作为修辞"理论的谋篇布局中,反驳是完全缺席的,这导致它所努力建构的修辞布局不仅是不完整的、残缺的,而且存在内在的缺陷和瑕疵。

第二节 重构之前的理论交代

在对"把法律作为修辞"理论进行重构之前,我们需要进行如下的理论准备:第一,指出并论证法律修辞学与法教义学并不存在必然的紧张关系,法律修辞学只有援引和基于法教义学才能有效展开;第二,分析和阐述法教义学和法律方法论对法律修辞学的重构可能具有的方法论意义。

一、法律修辞本身就蕴含对法教义学的需求

修辞学不但可以理解为促成认同、达成合意的手段,而且还可以定义为这样的学说或技艺:(1)有效设计或安排演说的雄辩术;(2)实现出色、有效和优美演讲或说服的技艺或科学;(3)在公共场合证成自己的观点或诱使听众采取行动的卓越演讲或书写技艺;(4)形成认同的

技术。[①] 广义的修辞学不但包括作为演讲术或雄辩术的修辞学,而且包括作为对话程序的辩证法和作为前提寻求技术的论题学。尽管修辞学是建构法律知识和法律体系的重要工具,[②]但随着法律体系化和教义化程度的不断提升尤其是法典化法律的剧增,大约250年前,主流的法哲学和法教义学观点便开始断定,在法律确定性、一致性和客观性的追求中应该摒弃传统的修辞学而按照形式逻辑的范式构造法律体系、适用法律。但20世纪以来,由于庞大的司法系统问题日益增多,对法典的信任虽未破灭但也被动摇,很多法律领域如社会保险法或税法重新陷入决疑论之中,[③]人们对修辞理论和修辞分析的兴趣和激情再次被唤醒。在这一席卷整个西方知识界的修辞学、论题学复兴运动中,学者们纷纷对法律的"公理体系之梦"、体系性思维、确定性、司法三段论予以批判,认为"形式逻辑"的方法在人文学科的"价值判断"领域有其根本的局限性。形式逻辑无法理解现实生活所实际进行的论证,反而会隐蔽论证的复杂性和语境性。在肯定法律可辩驳性的基础上,新修辞学认为,司法过程是一个不同于证明的论辩过程,它应该注重论辩的内容及其有效性、合理性或可接受性对修辞语境和听众的特殊要求,论辩的根本目的在于实现对各种听众的说服或信服。不过,法律修辞作为法律适用中专业性的沟通技术,在法律科学中也被视为一种理性的

[①] 参见 Artiukhova A. A., "Das rhetorische Grundmuster der juristischen Kommunikation", *Odessa Linguistic Journal*, Vol. 1, 2013。

[②] Derek Van der Merwe, "A Rhetorical-dialectical Conception of the Common Law-Aristotle's Topics", *TSAR*, Vol. 4, 2002; "A Rhetorical-dialectical Conception of the Common Law-Aristotelian Influence on the Genesis of Roman Legal Science", *TSAR*, Vol. 1, 2002.

[③] [德]阿图尔·考夫曼、温弗里德·哈斯默尔主编:《当代法哲学和法律理论导论》,郑永流译,法律出版社2002年版,第310页。

论辩理论,[①]因此,具体的法律修辞不可能脱离法律的规范性要素而实现可接受性和合理性。

在压倒性的修辞学理念史中,学者们一直笼罩在这种担心和疑虑之中:修辞学追求的不是对事情尽可能客观的理解,而是操作性地影响对话伙伴。"符合事理"、客观性与法律修辞论证之间的关系究竟如何确定,这是法律修辞研究中的根本难题。[②] 这是由于,修辞学追求的是和"关涉事物"之论证模式不同的语言和言谈维度。在后者,言谈总是关于某些东西的言谈,相关的沟通和论证被定位为就一个既定的事物所进行的相互理解。在理想情况下,这种相互理解可经由理解对象的结构获得完全确定。不过,在修辞学领域,言谈总是发生在两个主体之间,修辞学追求赞同和合意,而非关于对象的认识,这就产生了修辞学与视自己为认知的法教义学之间的紧张关系。法律实践中的问题是,修辞所促成的合意,在多大程度上能够并且必须适合于对象。[③] 只要修辞学追求的不是针对特定听众的说服(persuade)和论辩的实效性(efficace),而是针对普遍听众的信服(convince)和论辩的有效性(valable),那么它就必须以关涉事理之论证的可能性为前提。[④] 普遍听众的认同可以构成修辞论证的合理性和客观性的标准,普遍听众的认同就是"一切理性的人"或"所有人"的认同。因此,在法律修辞的实践中,普遍听众的认同不是一个事实问题,而是一个法律问题。这就从论

[①] Artiukhova A. A., "Das rhetorische Grundmuster der juristischen Kommunikation", *Odessa Linguistic Journal*, Vol. 1, 2013.

[②] 〔德〕乌尔弗里德·诺伊曼:《法律论证学》,张青波译,法律出版社2014年版,第74页。

[③] 〔德〕乌尔弗里德·诺伊曼:《法律论证学》,张青波译,法律出版社2014年版,第75页。

[④] 参见 Chaim Perelman, Lucie Olbrechts-Tyteca, *The New Rhetoric: A Treatise on Argumentation*, University of Notre Dame Press, 1969, pp. 36, 613-614。

辩的合理性和可接受性的目标上确保了法律修辞须以法律事理本身的内在结构为前提。

新修辞学的惯性原理也保证和规定了法律修辞的展开需要援引相应的先例案件和法教义学知识。根据惯性原理,过去一度被承认或接受的事实、常识、共识、意见应被直接用作论辩的前提或起点,若无合理或足够的理由不得任意改变。① 惯性原理决定了法律修辞不得任意偏离既定的法律规则、先例案件和法律教义,从而可以确保法律修辞在"法律约束"的范围内运行。法律修辞学与"符合事理"、法教义学之间的对立可以通过将"符合事理"改造为"法律人的修辞艺术"从而被超越和缓和。② 为了确保法律论辩不至于背离"法律约束",佩雷尔曼将法律规则、一般法律原则和特定法律共同体接受的原则和法律价值构造为法律修辞的起点,并认为,法官在选择修辞论辩方法时,必须参照被接受的法律解释方法和法律推论。③

法律修辞的争议点也从论辩的任务上决定了法律修辞不能仅围绕修辞者与听众之间纯粹的意见分歧和合意关系进行。赫玛戈拉斯(Hermagoras of Temnos)认为,修辞者应该围绕争议点展开论辩,人们在搜寻争议点时应按照事实—定义—品质—程序这样的程序依次进行。在赫玛戈拉斯四大争议点的基础上,赫摩根尼(Hermogenes of Tarsus)确认了13个基本争议点。他认为,"品质争议点"进一步分为"逻辑争议点"和"法律争议点"。其中,跟事件相关的逻辑争议点包括:正当争议点(issue of justification)、抗辩争议点(issue of counter-

---

① 参见 Chaim Perelman, Lucie Olbrechts-Tyteca, *The New Rhetoric: A Treatise on Argumentation*, University of Notre Dame Press, 1969, p. 142。

② 〔德〕乌尔弗里德·诺伊曼:《法律论证学》,张青波译,法律出版社2014年版,第75页。

③ 参见 Eveline T. Feteris, *Fundamentals of Legal Argumentation*, Springer, 1999, p. 61。

plea)、反控争议点(issue of counteraccusation)、转移罪责争议点(transfer of blame)和请求宽恕争议点(plea for leniency)。跟文书相关的法律争议点包括:条文与精神争议点(letter versus spirit of law)、法律冲突争议点(conflicts of law)、歧义争议点(ambiguity of law)和同化争议点(issue of assimilation)。① 除了事实争议点、定义争议点以及包括逻辑争议点和法律争议点的品质争议点之外,还存在一个与程序问题相关的争议点,即围绕案件是否应提交审判而展开的异议争议点(issue of objection)。② 这些争议点尤其是法律争议点决定了法律修辞需要围绕案件争议和诉讼标的进行。在当代法律体系中,案件争议和诉讼标的不可能表现为赤裸的或事实性的当事人之间的意见分歧和利益冲突,它们的具体形态和结果注定要接受法律渊源、法律竞合、法律发现、冲突规则等法教义学理论和法律方法论的剪裁和加工。

因此,法律修辞不仅是针对特定听众或普遍听众的言谈,而且也是关于特定法律问题的论辩。尽管法律修辞学的复兴凸显了在既往的法律方法论中遭到忽视的语用维度和沟通视角,而且这一新的维度和视角说明了,法律论证的过程、结构、形式以及论证参与人之间的立场和关系一直在相互影响和相互作用,但是,法律修辞学必须具备法律论辩之客观说服力,即摆脱听众的偏好、利益和价值观对法律论辩的客观正确性的干扰。否则,法官之间、法律实践和法律科学之间以及检察官和刑事辩护人之间的论证性联系将不可想象。③ 法律修辞需要根据,也必然会根据和围绕法律本身进行。菲韦格所代表的那种激进的修辞学

---

① 参见 Hanns Hohmann,"The Dynamics of Stasis: Classical Rhetorical Theory and Modern Legal Argumentation", *Am. J. Juris.*, Vol.34, 1989。
② 参见舒国滢:《"争点论"探赜》,《政法论坛》2012 年第 2 期。
③ 参见 Kent D. Lerch (eds.), *Recht verhandeln: Argumentieren, Begründen und Entscheiden im Diskurs des Rechts*, Walter de Gruyter, 2005, p.374。

观点,[①]虽然可以在本体论上揭示法律体系和法律适用的论题学面向,但在知识论和方法论层面,并不能为具体的法律修辞提供或构造与法律科学相适配的论证图式。法律修辞学必须合理地、适当地协调传统的法律方法和法学专业知识,它需要在根本上同时关注法庭过程或法庭论辩的开题-论题学、论证性、结构性和解释学特征。[②]麦考密克甚至认为,法律修辞学可以用来协调或平衡法律的可辩驳性与法律的确定性或安全性之间的紧张关系。[③]

二、法教义学和法律方法论是法律修辞的基本要素

法律方法论和法教义学虽然具有重叠的研究对象和相近的研究立场,但二者的研究方法、理论形态并不相同。因此,它们与法律修辞学的关系并不统一,它们在法律修辞学的构造中具有不同的功能和意义。虽然法律方法论和法教义学是构筑和践行"法律约束"和法律确定性、体系性基本的认识论和方法论工具,但它们自身也具有相应的开放性和可辩驳性。它们在对法律修辞进行规范性控制或构造具体的论辩型式时,并不会破坏或侵蚀其原有的修辞性和论辩性。

教义(dogma)概念代表着固定的意思,即有约束力的原理。在神学、哲学和法学中,教义学表示应具有或多或少明显约束力的原理的体

[①] 菲韦格认为,法律本身即是修辞,法律是通过修辞形成的,不但法庭论辩本身具有修辞性(Rhetorizität),而且法教义学的理念和体系以及法律哲学、法律方法论都具有根本的修辞性。参见 Kent D. Lerch (eds.), *Recht verhandeln: Argumentieren, Begründen und Entscheiden im Diskurs des Rechts*, Walter de Gruyter, 2005, pp. 323-324。

[②] 参见 Kent D. Lerch (eds.), *Recht verhandeln: Argumentieren, Begründen und Entscheiden im Diskurs des Rechts*, Walter de Gruyter, 2005, p. 324。

[③] 参见 Neil MacCormick, *Rhetoric and the Rule of Law: A Theory of Legal Reasoning*, Oxford University Press, 2005, p. 14。

系化表述。尽管法教义学具有悠久的历史,它最初的意义产生于医学之中,但其今天特定的意义和内涵却是以贯穿于19世纪历史法学派的德国法学为基础的。时至今日,在法教义学的概念中仍流露着萨维尼和普赫塔理论方案的影响,即法律通过科学可形成一个稳固的体系。例如,民法教义学的目标在于透过科学性的思考尤其是体系性思维为现行私法提供一个稳定和有序的重构。[1] 教义学对具体案件解决的减负功能伴随着体系学的精致化而跃升为法律金字塔的基础,在金字塔的顶层可以发现原理性的基本原则。法教义学不是法律科学的专属性活动,相反,法律实践也进行法教义学研究。据此,法教义学可以分为应用性教义学(Gebrauchsdogmatik)和科学性教义学(Wissenschaftliche Dogmatik)。[2]

科学性的法教义学对法律金字塔的整体领域进行全方位的考虑,它将精密体系学中的个别问题归入金字塔的底层,但为了确保这种结构,它以位于法律金字塔顶层的一般基本规则和一般基本原则对之进行衡量。这种由实践者或理论者选择的作业方式会带来比较高的思维消耗,它在最后需要某种形式的科学性帮助。应用性的法教义学自觉将法律思考限定在法律金字塔的下层,如请求权和抗辩权规范、答辩和抗辩规范以及绝对人格和相对人格等分类理论,具有一定的记忆和减负功能,能够导向恰当的结果,并且在法律秩序的基本规则和基本原则面前能够维持法律的合理性控制。不过,应用性的法教义学只能应对常规性案例。特殊案件通过科学性教义学才能解决,除了位于金字塔底层的精细体系学及其隐喻性的法律教义外,还需要援引基本规则和

---

[1] Nils Jansen, "Rechtsdogmatik im Zivilrecht", *Enzyklopädie zur Rechtsphilosophie*, IVR (Deutsche Sektion) und Deutsche Gesellschaft für Philosophie, 2011.

[2] 参见 Rolf Stürner, "Das Zivilrecht der Moderne und die Bedeutung der Rechtsdogmatik", *JZ*, Vol. 1, 2012。

原则。最高法院、法律科学以及立法者的作业通常都要遵守科学性法教义学的规则。只有科学性法教义学才能形成教义学大厦完整的思维"预算"(gedanklichen Haushalt),也只有科学性法教义学才能将细节的连贯性与总法律秩序的协调性联结起来。[1]

在德国,法教义学一方面指对有效法的体系性-科学性的加工活动,另一方面指这种活动的产品。迄今为止,虽然还没有一种法教义学定义获得普遍认可,但人们对教义学被定义为一种"语句体系"是相对无异议的,"为了控制自己的适用,通过这种语句体系实在法能够得到概念性—体系性的规整,并能追溯到一种更加抽象的制度"。[2] 这正好印证了法教义性法学(dogmatischen Rechtswissenschaft)的自我理解的倾向。法教义学作业的自我描述和工作成果使法教义学呈现为一种特殊的理性实践论证。法教义学的自我描述倾向于掩盖法律的非理性或者无法理性证立的部分。但必须注意的是,只有通过外部视角,法教义学的主要功能才能变得清晰:对法律复杂性进行必要的独断性简化,并在概念性或体系性知识的模式中促成法律的稳定化。法教义学的理性化和结构化功能的核心就在于此。如果法律问题只有在例外情况下才能找到明确答案,而另一种解决方案似乎也有道理,那么法教义学就必须被视为具有充分理由的解决方案的表达。通过建立有约束力的基础概念、意义模式特别是法律论证的标准,法教义学可以为法律论证提供实现特定的概念性、体系性或其他一般性所需的前提条件。从功能上而言,法教义学和法律方法论存在相当的亲缘关系,二者之间并不存在泾渭分明的界限。法教义学中的方法性和制度性机制包括有约束力的

---

[1] 参见 Rolf Stürner, "Das Zivilrecht der Moderne und die Bedeutung der Rechtsdogmatik", JZ, Vol. 1, 2012.

[2] 参见〔德〕尼尔斯·扬森:《民法中的教义学》,吕玉赞译,载陈金钊、谢晖主编:《法律方法》(第18卷),山东人民出版社2015年版,第2页。

解释性规范或论证方法、司法判例的拘束力,以及诸如法律评论特定非法律文本的授权。[1]

总之,法教义学允许作为一个学科被描述,其意欲渗透并整理实定法,同时旨在指引和推动法律实践提出的每一个问题的解决。它致力于整理和确保关于法律的想法和认识。为此,它塑造概念、建构图式或原则并整理材料。法教义学探究既存的想法,着手研究创新并检验由此产生的变化需求。通过这种方式法教义学为实践提供了一个知识宝库,助力实践性法律工作的可习得性,并可对法律的理性化和合法化作出贡献。[2] 因此,法教义学已经构成了法学研究的基本范式,它本身就是一种狭义上的法学。不仅其他法学研究诸如比较法学、法社会学、法哲学或法学理论只有在法教义学提供的知识和理论图式的基础上才能展开,而且立法、法律适用、法学教育、法律培训等也要遵循和援引法教义学供给的体系性知识。法教义学不但具有秩序、体系化、减轻负担、储存知识、禁止违背以及对社会和政治的稳定功能,而且具有一定的法律续造、体系检验和体系批判功能。[3] 法教义学本身虽然不是法律,但由于法律的庞杂性和复杂性,法律自身又不可能直接呈现为对法律适用者的规范性约束,它自身的冗余性只有通过法教义学才能展现出清晰的体系性。法官等在法律思维中的"前理解"或"法律感"所要接受的传统和语言方面的影响便主要来自法教义学。

法律修辞作为法律适用的一种形式,同样必须援引法教义学所供给的法学知识和法律教义。德莱尔(Ralf Dreier)根据客体与功能的差

---

[1] Nils Jansen, "Rechtsdogmatik im Zivilrecht", *Enzyklopädie zur Rechtsphilosophie*, IVR (Deutsche Sektion) und Deutsche Gesellschaft für Philosophie, 2011.

[2] Christian Bumke, "Rechtsdogmatik: Überlegungen zur Entwicklung und zu den Formen einer Denk-und Arbeitsweise der deutschen Rechtswissenschaft", *JZ*, Vol. 13, 2014.

[3] 参见 Bernd Rüthers, "Rechtsdogmatik und Rechtspolitik unter dem Einfluß des Richterrechts", IRP-Rechtspolitisches Forum, Nr. 15, 2011, pp. 27-29。

别,将法教义学分为如下理论形式:(1)解释性理论;(2)规范建议性理论;(3)建构性或定性的理论;(4)制度理论;(5)原则理论;(6)基本概念理论;(7)法律领域理论。[①] 其中,解释性理论旨在针对较为具体的规范要素即各种概念的内涵、外延或文义,提出定义性的解释建议或假设,揭示各个法律概念解释的可能性。它涉及的是对较为具体规范要素的解释,这是解释性理论与基本概念理论的区别所在。规范建议性理论系透过漏洞填补、类推或诉诸法律原则等方法论技术,为现行法所未曾预见之法律问题的解决提供建议的理论。例如,法学史上著名的情势变更理论、积极的合同侵害以及缔约过失理论等。

建构性或定性理论主要的工作旨在确认某一社会现象或法律现象的法律性质,例如究竟属于公法关系或私法关系,物权关系或债权关系,并将之纳入法律的整体概念体系中。制度理论中的"制度"系指在社会上早已成为典型生活关系的特定的规范集合,如买卖、互易、租赁、所有权、抵押权、婚姻、家庭、遗嘱等。制度理论由许多彼此协调的命题组成,法学借此可以表达具有更大实质关联的规范集合。因此,制度理论必须说明该制度或类似机制具有何种共通性、何种下位类型,以及在整体法律秩序中具有何种相关性等。所以,此理论中所包含的主要是关于各个法律制度之结构与功能的特定陈述。原则理论即我们熟知的法律原则理论,它致力于解说概念之内涵、进一步填充规则,再将诸多规则或规则集合上溯地搭建起与主导性命题或原则之间的关系的活动。基本概念理论所处理的基本概念系指明确地或隐晦地存在于诸多个别规范中的抽象规范要素,诸如人、法人、权利、权利主体、权利客体、法律行为、意思表示等。基本概念理论具有如下特征:(1)基本概念系

[①] 刘台强:《法律知识论的建构——以法律教义学的探讨为基础》,辅仁大学法律学研究所2008年博士论文,第161页。

经由法学所特有之抽象思维及体系构造过程所产生;(2)基本概念理论与解释性理论的区别在于具体性的程度,有时基本概念理论相对于个别的规范亦可发挥解释性的功能;(3)基本概念理论是整个法律领域或某一法律秩序中关于基础性建构要素的诸命题;(4)基本概念理论不能自外于社会期待,它为吾人提供了法律知识的基础。法律领域理论是关于某一规范部门领域的理论,即关于民法、刑法、宪法以及行政法等部门法理论的各部分法教义学,也包括抽象程度较低的,诸如债法、亲属法、税法或警察法之理论的教义学。[1]

这些法教义学具体理论是法教义学的产品或产物,其中既包括应用教义学的成分,也含有科学性教义学的要素。它们可以为法律的实践适用提供相应的抽象概念、论证图式和超越法律领域的结构模式。[2] 耶施泰特甚至认为,在一定程度上法律语言就是通过法教义学形成的。[3] 在法律修辞中,论辩前提的寻找和发现以及修辞图式的选择和建构,都需要结合修辞语境援引这些法教义学理论提供的知识体系和教义学语句。法教义学对法律修辞学的前置性或前提性,除了法教义学本身具有的规范性和知识论功能外,还缘于法教义学本身并不是运作上完全闭合的"演绎-概念"体系,它的各种理论形式及其基本构成要素(法律概念)都具有相应的语义流动性和开放性。这种可争辩性可以确保法教义学在对法律修辞进行规范性控制时不会破坏法律修辞本身的修辞性和论辩结构。法教义学的开放性和争议性也可以通过个案法律论辩的论辩型式、修辞语境以及论辩参与人间的合意等获得缓解。

---

[1] 刘台强:《法律知识论的建构——以法律教义学的探讨为基础》,辅仁大学法律学研究所2008年博士论文,第164—174页。

[2] 参见Josef Franz Lindner, "Rechtswissenschaft als Gerechtigkeitswissenschaft", Rw, Vol. 1, 2011。

[3] Matthias Jestaedt, "Wissenschaft im Recht: Rechtsdogmatik im Wissenschaftsvergleich", JZ, Vol. 1, 2014.

如果说法教义学自身的规范性和可争辩性决定了,法律修辞必须也需要从法教义学的各种理论形式尤其是应用性法教义学的知识体系出发去发现和建构论辩前提,那么传统的法律方法论经过修辞学改造便可以直接转化为相应的法律修辞方法。法律方法论与法教义学尽管具有相似的中心任务和相同的实证主义立场,但是"二战"后法律方法论逐渐成为一门与法教义学分离的独立法学学科。[1] 两者分割开来的原因在于:(1)法律方法论并不致力于法教义学,反而主要致力于制定法的解释、适用和续造。法律方法论有时也研究法律论证问题。法律方法论最多在边缘意义上才会涉及法教义学的概念-体系化作业。法律方法不可能成为法教义学的主要作业方式,法律方法也不具有法教义学的特征和功能。法教义学的作业方式只是以隐性知识的形式在法律方法论中发挥作用。[2] (2)法律方法论核心的工作方式是解释,而法教义学的主要工作方式是分析、建构和体系化。在知识论和方法论上,解释和建构具有明显的区别。[3] (3)根据法律理解的反射性,法教义学是对法律规定和法律适用中的法律实践的反射,而法律方法论是对法律实践和法教义学的反射。[4] (4)对法教义学而言,某一特定的制定法极其重要,因为法教义学的任务即在于对制定法的内容进行体系化加工。与之相反,对法律方法论而言,除了个别的细节,某一特定的制定

---

[1] 卜元石:《法教义学:建立司法、学术与法学教育良性互动的途径》,载田士永等主编:《中德私法研究》(第6卷),北京大学出版社2010年版,第8页。
[2] Christian Bumke, "Rechtsdogmatik: Überlegungen zur Entwicklung und zu den Formen einer Denk-und Arbeitsweise der deutschen Rechtswissenschaft", *JZ*, Vol. 13, 2014.
[3] 参见 Lawrence B. Solum, "The Interpretation-Construction Distinction", *Const. Comment.*, Vol. 95, No. 27, 2010。
[4] Mastronardi, Philippe, "Juristische Methode und Rechtstheorie als Reflexionen des Rechtsverständnisses", *SVRSP-Tagungsband "Rechtswissenschaft und Hermeneutik"*, 2009, pp. 1-17.

法只具有典范的、辩证的价值。① 因此,在与法律修辞学的关系上,法律方法论并不能直接照搬法教义学的模式。

在研究范式上,法律修辞学与传统法律方法论存在根本区别。法律修辞是针对特定听众或普遍听众的论辩,它否定法律论证存在以客观性为基础的正确性标准,尤其是怀疑案件裁判和论证以规则为导向的可能性。② 法律修辞学充分揭示了法律论证的语用维度,相对于法律的语义和语法特征,修辞学的情景思维方式与论辩参与人之间的合意和沟通过程对法律适用具有决定性的影响。传统的法律方法论仅关注"事实与规范之间的目光往返",它处理和应对的仅是独白性的法律适用,它主要根据法律规范裁剪事实。因此,它的思维方式主要是非情景性的体系性思维。法律论证的语用维度和沟通视角在长期的法律方法研究中一直是被忽视的。③ 但是,传统法律方法论中的各种解释方法和推论是可以转换为相应的法律修辞方法的。

法律解释的各种方法可作为各种方法性的论点或论题直接进入法律论证,发展为相应的法律论证型式。④ 例如,文义解释、体系解释、目的解释和历史解释作为法律解释的元素可转换为法律修辞的传统方法,反面推论、正面推论和类比推论也可以重构为法律修辞的特殊推论图式。⑤ 司法三段论可以转化为修辞三段论的形式,发展成法律修辞

---

① 参见 Gregor Kirchhof, Stefan Magen, Karsten Schneider(eds.), *Was weiß Dogmatik?: Was leistet und wie steuert die Dogmatik des Öffentlichen Rechts?*, Mohr Siebeck, 2012, p. 8。
② 参见 Fritjof Haft, *Juristische Rhetorik*, Freiburg, 1995, p. 11。
③ 参见 Kent D. Lerch (eds.), *Recht verhandeln: Argumentieren, Begründen und Entscheiden im Diskurs des Rechts*, Walter de Gruyter, 2005, p. 374。
④ 参见 Neil MacCormick, Roberst Summers, *Interpreting Statutes: A Comparative Study*, Dartmouth, 1991, pp. 73-122。
⑤ 参见 Wolfgang Gast, *Juristische Rhetorik: Auslegung, Begründung, Subsumtion*, R. v. Decker's Verlag, 1992, pp. 132-178, pp. 222-232。

中概念适用的基本技术。[1] 概言之,几乎所有的法律方法经过改造都可以作为修辞图式进入法律修辞论辩,"修辞发明"和"修辞论证"的每一环节都需要运用相应的法律方法。传统的法律方法经过修辞学的重构,法律适用的语用因素和论辩性得以强调和凸显。因此,经由传统法律方法发展而来的法律修辞图式并不会破坏法律修辞的可争辩性和论辩程序,相反,法律方法论构成了法律修辞的理论来源和方法基础。

第三节 "把法律作为修辞"概念和立场的厘定

在具体重构"把法律作为修辞"方法之前,首先需要重新厘定"把法律作为修辞"的概念和价值立场。在法律修辞的概念和研究进路上,我们必须在法律论辩的意义上理解和使用法律修辞,如此方能使修辞语言转化为听众接受或信服的共识和修辞结论。为了协调合法性、合理性和可接受性之间的矛盾,法律修辞的价值立场应该厘定为:"修辞发明"上的实质合法性、"修辞论证"上的程序合法性以及修辞结论上的"唯一正解"。

一、"把法律作为修辞"的概念与理论进路

在"把法律作为修辞"理论中,法律修辞的表达具有两种不同的涵

---

[1] Fritjof Haft, *Juristische Rhetorik*, Alber, 1978, pp. 92–93.

义,即法律话语意义上的法律修辞和法律论辩意义上的法律修辞。在修辞学的分类上,法律话语意义上的法律修辞属于实质性修辞,这种法律修辞概念契合分析修辞学的理论进路。法律论辩意义上的"把法律作为修辞"属于实践性修辞,这种法律修辞遵循的是古典修辞学和新修辞学的进路。法律修辞学研究不仅可以在分析修辞学和实践性修辞学的意义上进行,也可以借助语用学、符号学、社会理论以及诠释学等理论工具展开。[1] 但是,根据法律修辞学的最初含义以及不同进路的修辞学对法律论辩的描述性/规范性意义,同时也为了理论进路的一致性和融贯性,本书对"把法律作为修辞"理论的重构仅针对作为法律论辩的法律修辞。这种法律修辞也是"把法律作为修辞"理论的主要进路,其主要的理论目标在于建构"根据法律"进行修辞的前提、方法和布局。

法律论辩意义上的"把法律作为修辞"在本质上是一种科学性修辞学和规范性修辞学。[2] 它不仅描述实践中所运用的修辞学,而且更主要的是,它根据法教义学的知识体系提出法律修辞的一般原则、论辩前提和论辩型式。因此,这种修辞学主要关注的是修辞学中的逻辑和理性部分。修辞论辩是"演讲人在不确定条件下对论题、主张进行合理维护的一种语言实践,旨在说服听众,赢得他们的认同,促使其采取行动"[3]。因此,它强调论辩的语言外因素,认为论辩不仅仅是一种理性的说服过程,而且要考虑论辩者和听众的非理性因素、论辩环境、论辩题材和体裁等对论辩效果的影响。[4] 道德、情感和逻辑是法律修辞

---

[1] 〔德〕乌尔弗里德·诺伊曼:《法律论证学》,张青波译,法律出版社2014年版,第65—73页。
[2] 参见 Martin Thelen, "Stets gebraucht, aber kaum gelehrt: Rhetorik für Juristen", BRJ, Vol. 2, 2012。
[3] 樊明明:《修辞论辩与非形式逻辑》,《解放军外国语学院学报》2005年第3期。
[4] 樊明明:《修辞论辩的机制》,北京外国语大学2001年博士论文,第62页。

的三种基本要素,它们不仅在法律论证而且在立法文本中也有所体现。① 亚里士多德认为,在修辞中需要同时诉诸人品、情感和理性进行论辩。根据修辞论辩的这三种要素,现代论辩理论认为,修辞论辩可由三部分组成:理性论辩(逻辑理性论辩和修辞理性论辩)、信誉论辩和情感论辩。在逻辑传统上,后两者通常被视为"关联谬误"或"本体论上的错误推论",②但它们并非都是非理性的,它们所进行的实用推理论辩也能为人们提供正确的行动指南。

　　加斯特论述了法律修辞学中诸如隐喻、本体论上的表面论证、法律行话以及反驳等情感论辩的工具。③ "把法律作为修辞"理论虽然并不排斥情感论辩和信誉论辩或情感诉诸和人品诉诸在法律修辞中的作用,但强调它们在论辩的实质内容上不能与理性论辩相冲突。鉴于法教义学本身的体系性和延展性,在认知论和方法论上无须用情感论辩和信誉论辩来填补法律论辩中的"漏洞"。它们的主要功能在于通过诉诸流行的价值观、公共意见、听众的怜悯、修辞者本人的信誉、第三者的信誉,以及通过反复、比较和比喻等修辞格或言语表达,将法教义学和法律方法论所提供的论辩起点和修辞图式转化为论辩相对人和听众更易接受或信服的共识和修辞结论。

---

　　① 参见 Günther Kreuzbauer, Silvia Augeneder (Hrsg.), *Der Juristische Streit: Recht zwischen Rhetorik*, Franz Steiner Verlag, 2004, pp. 26-35。
　　② 哈夫特将其称为法律修辞中的思维错误,如语法错误、语义错误和语用错误。参见 Fritjof Haft, *Juristische Rhetorik*, Freiburg, 1978, pp. 130-152。
　　③ 参见 Wolfgang Gast, *Juristische Rhetorik: Auslegung, Begründung, Subsumtion*, R. v. Decker's Verlag, 2006, pp. 416-465。

二、"把法律作为修辞"的价值立场

"把法律作为修辞"理论共有三种价值立场:合法性、可接受性和合理性。实质合法性是"把法律作为修辞"理论首要的价值立场。在法律修辞中,无论是明确的和整体的法律还是含糊的和局部的法律,都应成为法律修辞的论据。法律不仅是一种规范体系、语言概念体系,而且是一种原理体系,体系化的法律可以使法律修辞展现出"整体性的魅力"。可接受性是"把法律作为修辞"的另一个基本目标。在"把法律作为修辞"理论的语境中,可接受性主要采取的是规范主义的进路。只要满足法律修辞的合法性,便可在一定程度上实现法律修辞的可接受性。"把法律作为修辞"还追求法律修辞语境意义上的合理性。在"把法律作为修辞"理论的重构中,本书将法律修辞的价值立场定位为"修辞发明"上的实质合法性、"修辞论证"上的程序合法性以及修辞结论上的"唯一正解"。

形式合法性关切的是法律规则或法院裁判的渊源,而不关注其内容。卢曼提出了一种完全实质化的形式合法化理论,把"合法性"定义为"在可忍受的限度内接受实质上未确定的决定的一般性意愿"。显而易见,形式合法性只能在被迫接受的层面上达致一种弱势的合法性。[①] 这是以法的确定性原则与人的行为在法律上的后果的可预见性原则为基础的。[②] 只有法律体系和法教义学体系才能在某种程度上满足这种形式合法性。实质合法性主要是对具体规则和裁判的要求,它

[①] 参见 Mark Van Hoecke, *Law as Communication*, Hart Publishing, 2002, pp. 192-195。
[②] 〔意〕布斯奈里:《意大利私法体系之概观》,薛军译,《中外法学》2004 年第 6 期。

试图为法律的道德可接受性提供实质性的最低标准:是否符合法律体系的基本原则和价值以及社会的主流意识形态。①

但是,纯粹的形式合法性和实质合法性都不可能存在。形式合法性不可避免地会以某种方式建立在实质性的原则和价值之上,即使在强调形式合法性的法律体系中个别正义的需求也会通过实质性的思考渗透到其中。事实上,在各个时代的法律体系中,人们总是在试图调和形式合法性与个别正义。② 法律文本中的"一般条款"、不确定性法律概念和法律原则从根本上决定了法律体系无法坚守"排他性实证主义"立场,目的解释、体系解释、法律续造以及法教义学也一直通过各种方式对法律体系进行持续不断的修正。在这一修正过程中,各种实质性理由将通过法律知识和法律思维导入法律体系。正如拉德布鲁赫公式所显示的,实质合法性原则也必须接受,在法律适用中法律规则等形式理由相对于法律原则、政策等实质理由具有初步优先性。同时,关于法律创制和法律适用的程序标准和形式要求需要承认实质合法性。在现实的法律体系中,形式合法性和实质合法性作为两种要素始终是共存的。

在法律"修辞发明"中,论辩前提的发现和选择需要综合运用开题学、论题学、法律发现、法律渊源以及法教义学理论进行。"问题性思维"与"体系性思维"、法律概念、法律规则、法律原则以及某些流行性意见③都可能进入这一修辞环节。即使基于法教义学对法律修辞进行规范性控制,"论题学"这种情景性思维不可能主导论辩前提的发现,但是法教义学的非实证主义立场也决定了"修辞发明"不能由形式合

---

① 参见 Mark Van Hoecke, *Law as Communication*, Hart Publishing, 2002, p. 200。
② 参见〔意〕布斯奈里:《意大利私法体系之概观》,薛军译,《中外法学》2004 年第 6 期。
③ 参见 Christian Djeffal, "Die herrschende Meinung als Argument: Ein didaktischer Beitrag in historischer und theoretischer Perspektive", *ZJS*, Vol. 5, 2013。

法性完全主导。法教义学似乎包含了法律实证主义的基本立场,但是,法教义学绝非实证主义意义下价值中立的体系性解释,法学者实际所从事的法教义学活动与其明白主张的实证主义立场存在明显的落差。[①] 法教义学不但具有自己的外部体系,而且具有自己的内部体系。因此,即使法教义学实现了对论辩前提的渗透和规范性控制,"修辞发明"也只能按照实质合法性的标准进行。只是在这一修辞操作中,法律规则、法律概念以及各种法律教义应该优先成为论辩的起点。

经由法教义学的体系化作业,实质合法性能将各种形式要素和实质要素进行内在整合,并进而以融贯论形态展现法律体系的规范性力量。但是,实质合法性毕竟无法祛除自身的"独断性"和"独白性"缺陷。在修辞论证中,修辞者选择论辩前提和修辞方法必须针对特定的听众,切合个案的修辞情景。论辩相对人不但从"听众"的立场对具体论辩的说服力作出接受与否的反应,而且还从案件当事人的立场运用自己的抗辩权对修辞论辩的实质正确性作出反驳。在修辞论辩环节,形式合法性要素和实质合法性要素都要进入修辞并接受论辩参与人的辩论和检验,但为了规范和控制这些争论对案件争点或法律教义的偏离,必须为此设置相应的论辩程序。因此,法律修辞论辩还需要以程序合法性为导向。

程序合法性本身是一种社会建构,在这种建构中,形式要素和实质要素彼此互为前提作为一个联合体出现,而且所有人都平等地参与其中。为了给论辩和沟通创造最佳的可能条件,首先修辞中提出的论证应满足特定的逻辑要求;其次论辩过程的参与人应该遵守特定的论辩

---

① Aleksander Peczenik, "Can Philosophy Help Legal Doctrine", *Ratio Juris*, Vol. 17, 2004.

规则;最后论辩过程应该满足理想言谈情景的要求。[1] 法律修辞作为专业性的交往和论辩过程,为了防止其中出现非理性主义和决断论的因素,可以主张的修辞起点、修辞方法或论辩型式以及其间的相继顺序、结构关系、法官等在论辩中的权限等程序性要素都需要在法律修辞学上作出分析和界定。法律的"修辞论证"这种"理想的沟通"需要广泛和正确的信息以及合理和融贯的论证。[2]

虽然"唯一正解"在德沃金本体论-客观性的意义上或者哈贝马斯非本体-客观性的意义上都不可能成立,而只能在一种主观意义上成立,即只有在法官的个人立场上,裁判结论才是唯一正确的。[3] 同样,"把法律作为修辞"所基于的法教义学立场,也无法确保法律修辞在本体论和知识论上存在"唯一正解"。但若在法官所主导的论辩程序上,论辩参与人之间的合意或多数意见认为修辞结论是正确的,那么在语用学的维度上,"把法律作为修辞"也应该坚持这种主体间性的"唯一正解"。[4]

普遍意义的合理性与普遍听众的预设是联系在一起的。"把法律作为修辞"理论中普遍听众或听众的本体论意义被严重弱化,普遍意义的合理性并非该理论的价值立场。本书虽然主张在法律论辩的意义上来理解"把法律作为修辞",但由于程序合法性很大程度上已经吸收了"交互主义路径的合理性",因此,这种合理性也不可能成为"把法律

---

[1] 参见 Eveline T. Feteris, *Fundamentals of Legal Argumentation*, Springer, 1999, p. 66。

[2] 参见 Mark Van Hoecke, *Law as Communication*, Hart Publishing, 2002, p. 200。

[3] Tobias Herbst, "Die These der einzig richtigen Entscheidung: Überlegungen zu ihrer Überzeugungskraft insbesondere in den Theorien von Ronald Dworkin und Jürgen Habermas", *JZ*, Vol. 18, 2012.

[4] 尤其是在规范语用学上"唯一正解"是成立的。参见 Lorenz Schulz, "Wahrheit im Recht: Neues zur Pragmatik der einzig richtigen Entscheidung", *ZJS*, Vol. 9, 2007。

作为修辞"的价值立场。同时,语境意义上的合理性立场也可能被该理论主张的实质合法性吸收。因此,在"把法律作为修辞"理论的重构中,合理性不再作为一种独立的价值立场。在法律修辞的理论脉络中,可接受性与合理性具有大致相同的理论主张。"把法律作为修辞"理论主张的可接受性主要是规范性的可接受性,它可以融入其提出的合法性。因此,在"把法律作为修辞"理论的重构中,可接受性也不再作为独立的价值立场。

虽然合理性和可接受性不再作为"把法律作为修辞"独立或主导的价值立场,但是需要在合法性的立场上吸收它们对法律修辞的构成性意义。"把法律作为修辞"必须在保持对修辞语境开放性的基础上,从法教义学和法律方法论中发现和建构论辩的手段。它所主张的合法性和"唯一正解"必须是特殊听众尤其是当事人能够理解、认同和接受的合法性和"唯一正解"。在符合修辞程序的前提下,即使修辞者主张的修辞结论和修辞方法满足法律体系和法教义学的要求,但若未被相对人、听众理解或认同,也要继续进行法律修辞论证。在必要的情况下,修辞者也可以诉诸情感、道德、伦理或修辞格进行法律修辞的"情感说服"。

第四节 法律修辞方法的重构

法律修辞方法的运用并非简单地根据法律思考,也不是基于概念和规范的简单推理,而是具有复杂的方法体系和运用规则。法律修辞方法的重构目标是建构根据法律进行修辞的方法体系,完成对修辞前提、运用、布局和表达的规范化设计。借鉴国外法律修辞理论,完整的修辞方法应该包括修辞方法的选择、运用以及修辞方法的布局和表达等。法律修辞方法的选择属于修辞发明，而修辞论证则涵盖法律修辞方法的运用及其谋篇布局和修辞表达。

一、修辞发明：法律修辞的起点

修辞发明即修辞五艺或修辞法则中的开题术，它是修辞学首要的组成部分，也是修辞开始的地方。修辞发明的主要功能在于为法律修辞提供论辩前提或论辩起点。古典修辞学和新修辞学过于重视问题性思维或情景性思维，为了强化法教义学和法律方法论对法律修辞的指引功能，我们需要重构"把法律作为修辞"的论辩前提理论。法律修辞论辩前提的发现和选择，不但需要针对法律争议点，而且需要进行法教义学的补充和评价。修辞开题主要涉及两个方面的主题：一是对所争议的问题或演说的争议点进行甄别和分类，建立案件的争议点体系；二是在整理争议点的基础上寻找可以说服听众的可资利用的手段或论辩前提。[1]

所有法律话语的使用都围绕着合法性这一主旨，而合法性伴随着争议存在，并随着争议的演变而呈现出一种流动性的状态，也即追求合法性的途中总会发生争议和冲突。[2] 回应争议和解决冲突的办法就是开展论辩。正如亚里士多德所言："说服性的演说目的在于使人下判断。已经判断的事情，用不着争辩。"[3]也就是说，在以达成合意为目的

---

[1] 参见George Kennedy, *A New History of Classical Rhetoric*, Princeton University Press, 2009, p.4。

[2] 参见刘涛：《元框架：话语实践中的修辞发明与争议宣认》，《新闻大学》2017年第2期。

[3] 〔古希腊〕亚里士多德：《修辞学》，罗念生译，上海人民出版社2006年版，第119页。

的说服性论辩中,经过言语互动,最终的论辩走向必然是对核心争论的审视与讨论,其中也必然涉及围绕争议点的修辞方法的使用。争议点的意义在于限定论辩的范围并创设特定的修辞情景,在这一前提之下,修辞者可以通过修辞发明和修辞论证追求其中蕴含的说服效果。因而,某种意义上可以说,争议点是修辞发明的核心过程。[①] 亚里士多德、赫玛戈拉斯、西塞罗及昆体良等人的修辞学理论都涉及或论述过争议点理论。但直到当代,争议点的含义才获得了一个科学而直接的界定:"因两个相互冲突论点的相遇而形成的论辩焦点以及由此决定的论辩特点。"[②]

在修辞论辩中,修辞者需要首先明确论辩双方的争议焦点,然后才能借此形成自己的论证思路,组织论据和进行论证。同时,法律修辞自身的论辩性和情景性思维也决定了,修辞发明和修辞论证必须在案件争议点的确认和分类的基础上进行。论辩前提或论辩起点的"发现"作为修辞论证的前置程序,其实并不是法律修辞的首要步骤,仍需要以案件争议点的分析为前提。争点论是一种独特的开题术,它首要的任务不是搜寻、发现与体裁、情境相适配的常规论题,而是确定内在于相关修辞情势的核心争点。在此基础上,修辞者才能运用与修辞情境相适应的论据作出回应,进而针对性地发现或者发明适用的说服手段。[③]

任何修辞情境都是由事实上的意见冲突造成的。争议点理论从事实出发搜寻和整理争议点的主张为法律修辞提供了可靠的论辩基础,它的论辩性和情景性将修辞者的关注点引向修辞活动产生的原始动

[①] 参见 Hanns Hohmann, "The Dynamics of Stasis: Classical Rhetorical Theory and Modern Legal Argumentation", *The American Journal of Jurisprudence*, Vol. 34, 1989。

[②] Harry Caplan (trans.), *Rhetorica ad Herennium*, Harvard University Press, 1954, p. 18.

[③] 舒国滢:《"争点论"探赜》,《政法论坛》2012 年第 2 期。

力,并为修辞者的后续论辩提供了方向和顺序上的指引。[①]

在争议点的基础上寻找和建构法律修辞的论辩前提需要调动特定的法律思维技术。论题学是一种"寻找前提的程序",也是重要的论辩前提发现和建构技术,以至于在古典修辞学和新修辞学中开题术就是论题术。但是法教义学对法律修辞学在认知论上的规范性控制决定了,论辩前提不可能仅由论题学决定,它还需要接受法律渊源、法律发现(法的发现)、请求权体系以及犯罪论体系等法教义学理论的指引和规范。除此之外,决疑术作为与论题学具有亲缘关系的"基于案例的推理",也可用来发现和建构法律修辞的论辩前提,它与论题学同属于建构论辩前提的问题性思维。

论题学和决疑术虽以问题思维和情景思维为导向,但并非事实和案例自身。"在问题与体系之间存在着实质交错关系",问题性思维不能完全放弃固定联系,它对某些固定的东西也具有独特的兴趣。[②] 法律修辞论辩前提的发现和建构不但需要论题学、决疑术等思维方式,而且也离不开法教义学理论。除了概念法学和形式主义法学,法教义学体系在几乎所有的法学流派中都并非菲韦格所谓的"公理体系""概念体系"或"演绎推理关联结构"。法教义学虽然是围绕实在法或有效法进行的解释、分析、建构和体系化,具有明显的法律实证主义和体系化倾向,但它本身是超越实在法的。它不但具有自身的外部体系,而且具有特定的内部体系和认知性体系。法教义学虽然维护法律的确定性、可普遍性和体系性,但同时具有面向实践、回应实践的开放性和灵活

---

① 参见沈寨:《争议点理论在当代司法裁判中的功能及其限度》,载陈金钊、谢晖主编:《法律方法》(第22卷),中国法制出版社2017年版,第259页。
② 〔德〕特奥多尔·菲韦格:《论题学与法学——论法学的基础研究》,舒国滢译,法律出版社2012年版,第28、38页。

性。法教义学体系既可以维护法律的约束力,也可以兼顾社会发展的动态性。① 论题学和决疑术建构的"论题目录"虽然并非由"公理体系"演绎得出,但某些论题或论点却来自法教义学,甚至它们本身就是法教义学的产物。同时,"法之发现不仅以预先表述的文本为基础,法教义学要给出决定性的尺度作为整合到体系中并重复运用的规则"②。法教义学不仅是论题学和决疑术之"论题目录"和"案件分类法"以及法源理论等形成和建构的知识论基础,而且它的理论形态和体系性思维有助于修辞者对所发现或建构的论辩前提进行矫正和完善。

在法律修辞的过程中,为了寻求相对人和听众的理解和认同,修辞者有时需要将一些法律体系外的道德、政策、价值、生活经验、公理、民间规约、风俗习惯、支配性意见等作为论辩前提。同时,通过论题学和决疑术修辞者也可能发现一些与案件争议点相关的非法律论题。法律修辞的语境性和说服目的决定了,论辩前提的建构需要向这些法律外的价值因素或规范因素敞开,但法治的"内在道德"又要求以理性化的方式对这些要素进行筛选和矫正。否则,法律修辞将因汇入过多的非法律前提而与一般的修辞无异,导致"修辞在法律商谈中的否定"③,并使法律修辞背离法律的客观性。

因此,为了避免或减少在论辩环节争论这些非法律前提,在进入修辞论证之前,就需要依照法教义学的立场和方法对这些论辩前提进行

---

① Agnes Launhardt, *Topik und Rhetorische Rechtstheorie: Eine Untersuchung zu Rezeption und Relevanz der Rechtstheorie Theodor Viehwegs*, Dissertation zur Erlangung des Doktorgrades der Juristischen Fakultät der Heinrich-Heine-Universität Düsseldorf, 2005, pp. 112-115.

② 张青波:《理性实践法律——当代德国的法之适用理论》,法律出版社 2012 年版,第 170 页。

③ Gerald B. Wetlaufer, "Rhetoric And Its Denial legal Discourse", *Virginia Law Review*, Vol. 76, 1990.

排查和筛选。在筛选中,我们需要遵守以下法教义学立场:第一,只要这些法律外因素不会与法律性的论辩前提产生冲突,反而是对其的解释和补充,它们便可进入论辩前提。但是,这些法律外因素不得成为主要的论辩前提。第二,当法律外因素与法律性的论辩前提发生严重冲突,并且在法教义学找不到相应的理论支撑或难以转化为教义学语句时,它们也不能成为论辩前提。第三,当法律外因素与法律性的论辩前提的关系尚不清楚,首先需要分析它们是否可以还原为法教义学上的理论。若可以还原成法教义学理论,只要它们与案件的争议点存在相关性,也可以作为论辩前提。但如果它们与案件的争议点无关,即使可以还原成法教义学上的理论,也不得成为论辩前提。除此之外,修辞者发现或建构的法律性的论辩前提,也可以根据法教义学知识进行相应的加工和处理,分析它们是否与整体的法秩序存在冲突,或思考如何论述和安排它们才能与法律的外部体系和内部体系实现融贯。

二、修辞论证:法律修辞的主体部分

在"把法律作为修辞"理论中,法律修辞方法的含义和具体构成存在一个明显的流变。在该理论的前期,法律修辞方法不仅指对各种法律方法的综合运用,而且也指将法律概念、法律规则、法律原则、法学原理、法律学说以及法律价值等法律体系的要素作为法律说服的手段。[①] 因此,在这一时期,"把法律作为修辞"理论未对论辩前提与修辞方法或修辞图式进行清晰划分,反而把它们共同作为法律修辞的说服方法。后来,《法律修辞方法对构建法治意识形态的意义》一文将论辩

---

① 参见陈金钊:《把法律作为修辞——认真对待法律话语》,《山东大学学报(哲学社会科学版)》2012年第1期。

前提从法律修辞方法中独立出来,并明确指出法律修辞方法是为了说服对传统法律方法的综合运用:法律修辞方法并不反对使用法律发现、法律解释、法律论证、法律论辩、法律推理以及价值衡量,相反它需要运用这些方法进行说服。这在事实上已经将"修辞发明"中的论辩前提建构与运用具体方法的"修辞论证"区分开来,这也是本书对该理论进行重构的基本立场。

为了协调和平衡法律的一般性和个案正义,克服传统涵摄理论中前提不周延、不确定的缺陷,"把法律作为修辞"理论的重构必须做到以下几点:首先,法律修辞方法不是纯粹的逻辑推理。在运用传统法律方法时,需要着眼于法律体系的社会角色,在广阔的寰宇而不是在简单的法律术语中理解法律。其次,在法律修辞中,需要把一般的法律与具体的案件语境、案件事实以及文化语境结合起来,以进行法律意义的再创造。最后,在传统思维方式的利用中,应当树立相应的修辞论证意识,在说服的过程中灵活运用法律方法,并对之进行论证安排上的谋篇布局。因此,法律修辞方法既不是简单的遣词造句,也不是对传统法律方法的机械运用。论证、论辩是法律修辞方法的显著特征。它是一种运用法律推理、解释和论证等方法赋予案件事实以法律意义的思维和言说过程,具有介于传统的规范法学和法律社会学之间的说服功能。[①] 同时,"把法律作为修辞"理论的修辞方法中还包含修辞布局和修辞表达的相关思想。

尽管"把法律作为修辞"的理论明确并发展了法律修辞方法的含义和构成,但仍将法律修辞的论辩型式与法律修辞的布局和表达混合在一起。因而,我们的重构工作必须强调,法律修辞的论辩与修辞的布

---

① 参见陈金钊:《法律修辞方法对构建法治意识形态的意义》,《杭州师范大学学报(社会科学版)》2014年第6期。

局和表达共同构成了"修辞论证"。法律修辞的布局和表达与论辩型式位于法律修辞学不同的层面,具有不同的论辩任务和功能,也具有不同的理论逻辑和内在结构。虽然它们都属于"修辞论证"的范畴,但将它们简单混合将有碍于法律修辞方法的体系划分。在域外法律修辞学中,不管是法律修辞方法,还是法律修辞的布局和表达都是被分割开来论述和处理的。哈夫特在其法律修辞理论就分别论述了法律修辞论证的计划(实质意义上的论证布局)与法律修辞论证的具体技术(论题学图式、语用学图式和修辞学图式)。[1] 在加斯特的法律修辞理论中,作为法律修辞工具之一的论证布局与其他法律修辞工具以及传统法律方法构成的法律修辞方法也是被分别论述的。[2] 因此,在"把法律作为修辞"理论的重构中,我们必须尊重"修辞论证"的内在结构,将同属于"修辞论证"这一环节的修辞方法(修辞的论证型式和论证规则)、修辞布局以及修辞表达分别予以发展和完善。

第一,法律修辞论证型式和论证规则属于"修辞论证"的核心内容。通过论辩前提理论发现的前提或论题只是修辞方法的构成要素或初级形式,它们来自普遍接受的法律概念、法律规则、法律原则、法教义学理论以及流行性意见、生活常理等,提供论证可被发现的位置或场所,并在可被选择的前提与要被辩护的论点之间建立起省略式论证。[3] 然而,通过"修辞发明"发现或建构的论辩前提,在论证阶段难免产生冲突和矛盾。因此,我们需要描述和建构针对论辩前提冲突的修辞型式和修辞规则。法律修辞的论证型式是对从前提到结论之论证过

---

[1] 参见 Fritjof Haft, *Juristische Rhetorik*, Verlag Karl Alber Freiburg, 1978, pp.102–129。

[2] 参见 Wolfgang Gast, *Juristische Rhetorik: Auslegung, Begründung, Subsumtion*, R. v. Decker's Verlag, 2002, pp.180–190。

[3] 参见 J. P. Zompetti, "The Value of Topoi", *Argumentation*, Vol.20, 2006。

程以逻辑化方式重构出的层级性的论证类型。通过法律修辞的论证，发明阶段以法律为导向的或者符合合理性-正确性标准的判断或前提将得以证成和展现。[1]此外，在法律修辞论证规则的约束力之下，论辩型式的选择和论辩结构的安排以及表达才能够规范有序地进行。

第二，法律修辞的谋篇布局肩负"修辞论证"的结构化任务。"把法律作为修辞"理论所谓的"谋篇布局"其实涉及的是论证间的结构、顺序或安排。这属于法律修辞布局中的论证部分。该种理论所主张的谋篇布局是一种残缺的、不完全的布局理论。我们可以根据修辞布局理论为法律修辞建构一种完整的布局理论，搭建一种以"引言—陈述—论证—结语"为结构的修辞布局框架，以此对法律修辞论证的资源和材料进行统筹安排。具体而言，"引言"是整个语篇或话题的引入部分，负责总括性地概括观点和主题；"陈述"带领听众理解基本情况，充分且深入地走入语境；"论证"是谋篇布局中的主体部分，承担着法律修辞最重要的说服使命；"结语"则总结论点，使听众对论点印象更加深刻以便采取行动。四个部分层层递进、相辅相成，共同完成法律修辞的谋篇布局。

法律思维的复杂性决定了，在对当事人说服的过程中，修辞者应该甄别各种观点的争辩，找出最能解决问题的、最具说服力或最具"分量"的关键环节和关键词，统筹考虑解决问题的整体思路，并对根据法律解释、法律推理、利益衡量、法律关系分析等方法得出的判断进行合理协调。法律修辞的谋篇布局要求，不能轻易否认某一判断的正确性，而必须寻找能被听众接受的最优说辞。在法律修辞中，任何规则和程

---

[1] 参见 Agnes Launhardt, *Topik und Rhetorische Rechtstheorie Eine Untersuchung zu Rezeption und Relevanz der Rechtstheorie Theodor Viehwegs*, Dissertation zur Erlangung des Doktorgrades der Juristischen Fakultät der Heinrich-Heine-Universität Düsseldorf, 2005, pp. 163-164。

序都不能被忽视。① 法律修辞的整体结构要求,不能仅通过单调的逻辑分析来阐释事实的法律意义,而要结合案件的修辞语境并通过衡量当事人的具体诉求、法律体系的融贯性要求、法律受众的社会心理、法律权威等来寻求和"发明"相应的修辞起点,设计合理的修辞格局,以构造出各方当事人都接受和理解的修辞关键词和修辞表达。② 法律修辞的谋篇布局还要求我们,摆脱对法律概念和规范的机械适用,在具体的语境中运用更加细腻的思维超越法律的概括性,以增加说理讲法的深度。"把法律作为修辞"虽关注案件的各种细节,寻找能被接受的最优说辞对当事人进行劝导,但其解决问题的方式主要是法律性的。在劝导的过程中,各种法律规定和诉讼程序都不能被忽视,而且要把解决问题的方案置于更为宏大的法治思维之中,把各种看似矛盾的判断放在一起进行优化选择,以克服根据法律思维的简单化倾向。③

第三,修辞表达是法律修辞论证的最终呈现,也是法律修辞论证的载体。修辞表达源于修辞五艺中的表述,④指修辞者选择与安排语言表达中的词句,确定通篇风格等,也是表达问题、参与论辩的技艺。本书重构"把法律作为修辞"理论的重点之一即在于明确修辞表达的任务和要求:法律修辞者在运用修辞方法时,在语言表达上兼具明确性与模糊性,在表达策略上兼顾法律语言和自然语言的使用,在表达技巧上兼备论辩能力和修辞能力。

---

① 参见陈金钊:《法治思维及其法律修辞方法》,法律出版社2013年版,第368、380页。
② 参见陈金钊:《解决"疑难"案件的法律修辞方法——以交通肇事连环案为研究对象的诠释》,《现代法学》2013年第5期。
③ 参见陈金钊:《解决"疑难"案件的法律修辞方法——以交通肇事连环案为研究对象的诠释》,《现代法学》2013年第5期。
④ 西塞罗认为,表达就是选用恰当的语言对发现的事情进行陈述。参见《西塞罗全集·修辞学卷》,王晓朝译,人民出版社2007年版,第147页。

第四章
法律修辞的开题程序

"修辞开题"是修辞学的经典范畴,在当代法律修辞学研究中备受重视。为了使"修辞开题"从模糊的抽象概念发展为可操作的具体程序,有必要将争点论、论题学、决疑术等开题术和法教义学整合纳入法律修辞的开题操作。在方法论的具体操作上,法律修辞开题程序包括三种具体作业:一是综合争点论和争点整理程序对案件争点进行体系归类和特定化;二是围绕所固定的案件争点,运用论题学和决疑术寻找论点论题和案例论题;三是为了将获取的论题转变为相应的裁判论据,对通过问题性思维获取的论辩前提进行法教义学上的处理。

第一节 何谓法律修辞的开题

修辞是通过语言或文字对听众进行说服的一门技艺。法律与修辞学同根同源,在古代人们就已经将法律视为修辞学科。[1] 复兴之后的

---

[1] 参见〔德〕托马斯·维腾贝格尔:《法律方法论之晚近发展》,张青波译,载郑永流主编:《法哲学与法社会学论丛》(第8卷),北京大学出版社2005年版,第18页。

修辞学很快成为描述现实法律论辩的重要工具,从而和逻辑学、商谈理论并列为研究法律论证的三种主要方法。① 20 世纪 80 年代以来,随着论证学者和法官、律师对法律论证的关注日趋明显,法律修辞不再被视为一种主题比较分散的研究领域,而是逐渐发展成了当代法律方法论的一门显学。"修辞发明"为法律修辞学的经典范畴并在当代修辞学中受到广泛重视。

修辞术以普遍接受的意见为基础,涉及实践智慧,体现为一种判断力。作为辩证法的对应物,"修辞术的功能不在于说服,而在于在每一种事情上找出其中的说服方式"②。亚里士多德将修辞术所有的说服方式划分为两类:"非人工"和"人工"。其中,所谓"非人工"说服方式是指不需要说话人的技巧,而是一开始就存在的修辞手段,例如,法定证人、合同文件、嫌疑犯的招供等。"人工"说服方式则并非事先存在,而是需要修辞者凭借特定的修辞法则予以积极建构的修辞手段。修辞学家感兴趣并加以系统研究的主要是"人工说服方式"。按照这种说服方式,修辞者需要首先进行一种论证"构思","构思"并不单单是从记忆中重新找回精熟的论据,还包括对于新情景的分析。然而,修辞开题所涉及的技能并非创造的技能,而是分辨对于某一特定的论辩来说什么是关键性的论据。③ 在修辞学家看来,在具体的裁判说理中,法官首先关注的应是那些用于构思或发现所有可使用的裁判论据的系统方法。④ 在漫长的修辞学史中,修辞开题一直被当作修辞论辩的首要环

---

① 参见〔荷〕伊芙琳·菲特丽丝:《法律论证原理——司法裁判之证立理论概览》,张其山等译,商务印书馆 2005 年版,第 11—17 页。
② 〔古希腊〕亚里士多德:《修辞学》,罗念生译,上海人民出版社 2006 版,第 24 页。
③ 〔英〕迈克尔·毕利希:《论辩与思考》,李康译,中国人民大学出版社 2011 年版,第 68 页。
④ 参见 Michael Frost, "Greco-Roman Legal Analysis: The Topics of Invention", *St. John's L. Rev.*, Vol. 66, 1992 (107)。

节,且经常处于修辞学研究的舞台中心。

论辩的有效性不仅与论证相关,还与论辩的整个结构密切相关。古罗马修辞学家昆体良通过研究法庭论辩,系统而详细地阐述了建构法律论证的五个步骤:开题(inventio)、布局(dispositio)、风格(elocutio)、记忆(memoria)和传递(pronunciatio)。在阿格尼斯·朗哈特博士看来,法律修辞首先在于"寻找论题",尔后是"进行论证",其主要包括两个部分:一是"修辞开题",二是"修辞论证"。[1] 可以说,开题是修辞术的第一个组成部分,也是所有组成部分中最重要的部分。修辞开题"本质上是在先的",旨在"开启"和"构思"修辞论证,帮助修辞者寻找对方和听众所接受的论题。从修辞论证的使命来看,通过"开题"寻找前提是第一位的,而通过"论证"得出结论是第二位的。寻找前提的方式决定着"修辞论证"的方向。"修辞开题"必须首先指明,人们应如何寻找和选择前提,而"修辞论证"只是接受并应用前提。论证者必须首先通过"开题"发现各种论题,然后才可能在论题的基础上搭建修辞图式,展开"修辞论证"。只有通过开题程序,修辞者才能回应争议焦点,并为后续的论辩提供充分的筹备。一旦脱离开题,法律修辞就会表面化,迷失论证的方向和重心,丧失应有的说服功能。[2]

所谓修辞开题,也就是构思论证,即修辞者通过一定的方法发现那些有效的或者似乎有效的论证,以便使一个人的理由变得更加可信。从话语的生成过程而言,修辞活动可以视为一个从思想到语言的完整

---

[1] 参见 Agnes Launhardt, *Topik und Rhetorische Rechtstheorie Eine Untersuchung zu Rezeption und Relevanz der Rechtstheorie Theodor Viehwegs*, Dissertation zur Erlangung des Doktorgrades der Juristischen Fakultät der Heinrich-Heine-Universität Düsseldorf, 2005, p. 162。

[2] 参见 Richard Yong, Alton Becker, "Toward a Modern Theory of Rhetoric", in W. Ross Winterowd (eds.), *Contemporary Rhetoric: A Conceptual Background with Readings*, Harcourt Brace Jovanovich, 1975, p. 127。

的"思想-言语流程",它包含从思路形成到语言表达的各个环节:当演说者确定核心论题后,即需要构思和拟取论据。① 按照玛蒂娜·乔丽的观点,修辞开题在于"寻找话题、论据、场所和与主体或所选择的原因有关系的扩展技巧和说服技巧"②。为了发现可以获得的最佳说服工具,修辞者不仅需要考虑"己方听众、己方证据、说服手段、时效性、论证格式"等因素,而且还需要强调对修辞框架的生产、修辞过程的规划以及修辞行为的设计等等。③ 同时,发现、寻找论据和素材也并非凭自己的某种臆断随便找一些论据来,而是要对所谈论的论题进行详细分析,从事物本身的性质、特征出发拟取可能的说服手段。④ 亚里士多德对开题方法曾进行过这样的描述:围绕相关的演讲主题(论题)收集相关的论据、题材,尽可能多,尽可能充分,尽可能贴近演讲的主题,它要更多地体现个性而不是共性。⑤ "修辞开题"属于典型的"遍及周遭的讨论"方式,对于法律问题从各种不同的方向,将全部由法律本身或是由法律以外的领域所获得对于问题的正当解决有所助益的观点都列入考量。⑥

历史上,修辞开题主要涉及两个方面的任务:一是甄别问题的争议

---

① 宋尧:《西方古典修辞学及其修辞论证的魅力》,《外语学刊(黑龙江大学学报)》1998年第3期。
② 〔法〕玛蒂娜·乔丽:《图像分析》,怀宇译,天津人民出版社2012年版,第81页。
③ 参见刘涛:《元框架:话语实践中的修辞发明与争议宣认》,《新闻大学》2017年第2期。
④ 宋尧:《西方古典修辞学及其修辞论证的魅力》,《外语学刊(黑龙江大学学报)》1998年第3期。
⑤ 参见〔意〕维柯:《维柯论人文教育》,张小勇译,广西师范大学出版社2005年版,第123页。
⑥ 参见〔德〕卡尔·拉伦茨:《法学方法论》,陈爱娥译,商务印书馆2004年版,第25页。

或演说的争点;二是运用听众所接受的论题展开论证。① 西塞罗认为,修辞开题的目标就是为了回应争议点,"发现真实或显然真实的论点,使有争议的说法显得真实"。在修辞过程中,修辞者并不能直接运用一套现成的修辞法则或"恩梯墨玛"论证-说服策略来进行说服活动。毋宁说,论辩的双方首先面对的是包含着某种或一系列的具体争点的问题。② 争议点的发明不仅创设了特定的修辞情景,还决定了不同论题的"出场"方式。因此,修辞活动的首要任务并不局限于对修辞手段的创新,而是要确立修辞情景中的核心争点。自古希腊以来,争议点的发明一直都是修辞开题的核心议题。在通往争议宣认的修辞实践中,修辞开题的重要内容就是争议点的发明,而围绕争议点的修辞争夺,本质上体现为一场框架争夺。③ 总而言之,修辞开题即论证者依靠一定的修辞法则分析修辞情景和修辞任务,确定案件争点,然后围绕案件争点进行构思和立意,从而寻索、发现论题并选择和组织论题的一种过程或程序。

修辞者在根据实际情况和修辞目的确定争议点之后,紧接着要决定的就是修辞发明的总体结构和其他要素。④ 沙伊姆·佩雷尔曼认为,只有在那些论证参与者之间存在某些原初的共同基础,论证才能继续进行下去。论证必须建立在那些为听众所接受或认为合理的前提之上,因为听众的支持是判断前提之有效性的标准。⑤ 在对一项论断进行证成时,法官需要借助开题术这种论证的"构思"方法来布局这些前

---

① 参见 George Kennedy, *A New History of Classical Rhetoric*, Princeton University Press, 2009, p.4。
② 参见舒国滢:《"争点论"探赜》,《政法论丛》2012年第2期。
③ 刘涛:《元框架:话语实践中的修辞发明与争议宣认》,《新闻大学》2017年第2期。
④ 刘亚猛:《西方修辞学史》,外语教学与研究出版社2008年版,第86页。
⑤ 参见 Chaim Perelman, *The Realm of Rhetoric*, William Kluback (trans.), University of Norte Dame Press, 1982, p.21。

提的出场方式,从而将听众的注意力吸引到这些前提上来。在古典修辞学的复归过程中,现代修辞学家对"开题"或发掘论据表现出了浓厚的兴趣,而开题术的系统性也随之得到了提升。例如,肯尼思·伯克发明了一种"生成原理",试图运用一种与构思这一经典论题不同但相呼应的方法来发掘各种可用的论据。① 斯蒂芬·图尔敏的论证规划图包含了一项完整的法律论证应该具有的各种要素,并为法律论证的建构提供了一种非形式的基本框架。佩雷尔曼的新修辞学则为建构法律论证提供了一套启发式的实用论辩工具和论点分类体系。②

但实际上,修辞开题的过程是一个远远比纯粹地在理论上"独白式地"搜索论辩前提更加复杂的"互动"系统。它主张分别从起诉者和辩护者互相对立的角度讨论修辞者应从哪些方面入手发明各自的说辞,应该如何通过言辞和论辩应付对方采用的话语策略。③ 这从根本上决定了,开题势必涉及并扭结众多的学问领域(比如逻辑学、修辞学、辩证法)和众多复杂的概念,需要回答和平衡诸多问题。在古希腊和古罗马时期,就已形成了不同的开题术或开题理论,其中最有代表性的就是论题学和争点理论。④ 纵览古典修辞学以来的开题学说,法律"修辞开题"大概分为三种基本操作:一是开启修辞活动,分析修辞主题、修辞情景,搜集和总结对方意见、观点及理由,从而甄别和锁定双方争议焦点;二是建构论证线索,明确修辞目标,确立可行的开题策略,从而发现与每一争议点类型相适配且为听众所接受的论题,并选择和组

---

① 参见 Michael Frost,"Introduction to Classical Legal Rhetoric: A Lost Heritage", *Southern California Interdisciplinary Law Journal*, Vol. 8, 1999。
② 〔美〕库尔特·M. 桑德斯:《作为修辞之法律,作为论证之修辞》,程朝阳译,载陈金钊、谢晖主编:《法律方法》(第16卷),山东人民出版社2010年版,第34页。
③ 刘亚猛:《西方修辞学史》,外语教学与研究出版社2008年版,第88页。
④ 舒国滢:《西方古代修辞学:辞源、主旨与技术》,《中国政法大学学报》2011年第4期。

织论题;三是搭建从"修辞开题"到"修辞论证"的过渡基础,形成最终判断所需的初步意见,达成新的看法,并评价和修正初始论题,从而最终确立修辞论证图式。

开题术并不是一种远离法律实践,只有修辞学家才去探索和思考的问题。事实上,修辞开题与司法裁判活动密切相关,现实中的很多说理技术都关联着修辞开题。但是,"修辞发明"在当代修辞学中仍然是"一个无结构、难使用的概念"。"修辞发明"能否被描述和系统化,修辞发明的确切性质是什么,修辞发明活动的范围和功能究竟怎样,这些问题一直困扰着我们。[1] 目前的开题研究依然停留在对论题学、争点论、决疑术等不同理论学说单纯的引介,而至于如何安置这些不同的开题术和法教义学在开题操作中的顺序和位置,充分激活和协调修辞开题中的体系性思维和问题性思维,从而形成一种系统化、规范化的"论据发掘方法",尚未引起法律方法论学者的关注和认真思考。这不仅加大了法律共同体对于修辞开题的认知性分歧,影响了修辞开题本身的理论化和体系化,同时也阻碍了法律统一适用和裁判文书释法说理等改革的开展和推进。

"修辞开题"的目标是"找到一条提问的路线,借此我们才能从那些有关摆在我们面前的任何主题的可辩驳的观点中进行推理,并且一旦我们提出一个论证,这条路线又能够帮助我们避免自相矛盾"[2]。这从根本上决定了,修辞开题必须首先以开放包容的姿态尽可能地吸纳争点论、论题学、决疑术这些"问题性思考"技术。只有借助于此类开题术,修辞者才能开放地搜索各领域内不同层次的"论题",并根据面

---

[1] 参见 Jasinski James, *Sourcebook on Rhetoric: Key Concepts in Contemporary Rhetorical Studies*, Sage Publications, 2001, p. 327。

[2] 〔美〕W. 科尔·达勒姆:《西方两大法系比较视野下的论题学》,张青波译,载郑永流主编:《法哲学与法社会学论丛》(第 14 卷),北京大学出版社 2009 年版,第 264 页。

对的情景和说服对象灵活地加以组合、发挥和应用;[1]才能矫正法教义学对法律材料不同结构的忽视和歪曲,调整或补充从法律秩序中获得的常规论题,[2]从而将开题活动带入到更复杂、更可靠、更贴近人类社会生活现实的思考结构之中。[3] 同时,为了避免修辞开题陷入与法律适用和法源理论尖锐对立的窘境,降低从数量巨大、体系杂乱的法律材料中搜索论题的随意性和复杂性,"修辞开题"还需要主动拥抱"法律与法"的规范性约束,将法教义学看作平等地和有区别地"构思论证"的基本要件。在语言学和逻辑学的支撑下,法教义学为修辞开题创设了一套体系性的推导机制和可以检索的法律知识库,因此,可以很好地维护开题程序的简洁性、精确性、融贯性以及可检验性。然而,法教义学"运作上的闭合性"有可能阻断对更好的开题方案或重要的非法律论题的探察,从而影响修辞开题对争议焦点、修辞语境和听众认同的敏感性,甚至破坏个案正义。因此,必须以综合的思考方式协调这两种不同的思维方式,使传统开题术和法教义学能各守其畛域,各自发挥其独特的开题功能。[4]

为了使修辞开题得以结构化或形式化,使之由一个模糊的抽象概念发展为一个可操作的具体概念,必须在科学整合争点论、论题学、决疑术以及法教义学的基础上,重构一种既足够开放但又具有一定规范性和闭合性的法律修辞开题程序。一方面,这种新的开题程序以"事

---

[1] 刘亚猛:《西方修辞学史》,外语教学与研究出版社2008年版,第62页。
[2] 参见〔德〕克劳斯·罗可辛:《德国刑法学总论——犯罪原理的基础构造》,王世洲译,法律出版社2005年版,第132页。
[3] 舒国滢:《走近论题学法学》,《现代法学》2011年第4期。
[4] 参见温登平:《论刑法上的体系性思维与问题性思维》,《司法改革论评》第18辑,第274页。

物"本身作为考量的出发点,①从修辞情景和争议焦点出发,运用论题学、决疑术尽可能多地寻找"不须依凭法律"的各种论题;另一方面,为了正当地开展"修辞证明",修辞者还需要引入法教义学的批判功能,将获得的法律外论题置入法教义学框架进行检验。因此,法律修辞的开题程序可以分解为三种具体操作:首先,通过争点论对案件争点进行归类和特定化,明确开题的任务和重点;然后,围绕特定的案件争点,运用论题学和决疑术获取"观点论题"和"案例论题";最后,对初步获取的论题进行法教义学的加工、补充和评价,从而形成教义性的论辩前提。

第二节 案件争点之整理:争点论的诉讼调适

在修辞学上,问题争点的鉴别显然与开题活动相关。在修辞开题过程中,人们有时并不是可以直接运用一套现成的论题法则或"恩梯墨玛"论证-说服策略来进行说服活动的。毋宁说,论辩的双方首先面对的是包含某种或一系列的具体争点的问题。② 在此情形下,修辞开题的首要任务并不能局限于对修辞手段的创新,而是要确立修辞情景中的核心争议点。自古希腊时期以来,争议点一直都是西方修辞学中有关内容策略的一个核心范畴,一直被视为永恒的修辞命题。如果说早期的修辞发明主要围绕"话题"展开,后来则逐渐发展为以"争议"为

---

① 参见〔德〕卡尔·拉伦茨:《法学方法论》,陈爱娥译,商务印书馆2004年版,第25页。
② 舒国滢:《"争点论"探赜》,《政法论丛》2012年第2期。

导向的"话题修辞模式"。① 争议点是修辞者觅取材料、展开论证全过程的出发点,②可谓修辞开题之真正动力。每一个论证框架都存在一个普遍而深刻的"争议之维"或"争议之所"。只有进入具体的争议实践,才能发现不同论题的逻辑体系,才能围绕争议点来组织、探寻、构筑自己的"论证框架"。古希腊修辞学家赫尔玛格拉斯把修辞者根据面临的具体修辞情境确定中心争议点,并围绕这一争议点寻求、构筑自己的论点论据,定为修辞发明的中心任务。③ 正是基于对争点之搜寻,修辞者才能够运用与修辞情境相适配的论据作出回应,建立合理的修辞策略,进而有针对性地发现或者发明相应的说服手段。

所谓争议点,就是当事人对其存在与否、应当适用与否争执不下且影响案件裁判结论的问题点或争辩焦点。在开题程序中,我们首先需要明确双方的争点,辨识双方论辩的真正问题所在,进而以问题为导向寻找相关修辞策略。"争议点"源于古希腊法庭论辩,本义为双方存在的分歧点,希腊人也称之为"问题中的关键点"。因此,它能够建立以问题为导向的修辞策略,"直接从被提出的问题着手,并且直接以解答这个问题为目标"④。当某个争点出现时,它一般采取"争议问题"的形式,并被用来作为控辩双方对立看法的焦点。⑤ 因此,我们可以将"争议点"归结为一项探究原则,即通过提问绕过僵局,找到解决问题的

---

① 参见刘涛:《元框架:话语实践中的修辞发明与争议宣认》,《新闻大学》2017 年第 2 期。
② 参见 George Kennedy, *The Art of Persuasion in Greece*, Princeton University Press, 1963, pp. 304-306。
③ 刘涛:《元框架:话语实践中的修辞发明与争议宣认》,《新闻大学》2017 年第 2 期。
④ 〔德〕英格博格·普珀:《法学思维小学堂》,蔡圣伟译,北京大学出版社 2011 年版,第 180 页。
⑤ 舒国滢:《"争点论"探赜》,《政法论丛》2012 年第 2 期。

途径。①

争议点是"论辩的所在或中心","两种彼此冲突的观点的遭遇,形成了论辩的中心并决定了论辩的特点"。争议点可以是实际存在的,也可以是"可能引发认知分歧或冲突的典型论题"。虽然如此,争议点的范围也不可能没有任何限制,它必须是"论辩各方都认同的分歧点"②。只有进入具体的争议实践中,才能发现不同论题的逻辑体系,从而揭开论题深层的论证框架。③ 同时,"争议点"还是一种关于争点问题的分类系统。只有对"争议点"系统中下属争议点进行划分或归类,才能帮助修辞者辨别相应的论辩策略。这种争点分类技术不仅构成了修辞学中争点论的主体内容,而且也受到了诉讼理论的关注和重视,并发展出一种制度化的审前争点整理程序。"争点既是当事人攻击和防御的重点,也是案件审理成功与否的重要前提,故争点整理是民事审判中的一项基本技能,也被认为是民事案件审理的'主线'或'脊梁'。"④在复杂案件的审理中,争点归纳是一项很重要的庭审技术,它可被喻为"定轴"的工作,凭借争议焦点这一轴线的贯穿,法官指导当事人理顺繁杂、凌乱的诉讼资料,划清审判脉络,从而保障庭审的有序与高效。⑤

那么,究竟该如何寻找案件的争点? 这并不是一个特别容易言说

---

① Carter Michael, "'Stasis' and 'Kairos': Principles of Social Construction in Classical Rhetoric", *Rhetoric Review*, Vol. 7, 1988.
② Crowley Sharon, Debra Hawhee, *Ancient Rhetorics for Contemporary Students*, Allyn and Bacon, 1999, p. 45.
③ 参见刘涛:《元框架:话语实践中的修辞发明与争议宣认》,《新闻大学》2017 年第 2 期。
④ 邹碧华:《要件审判九步法》,法律出版社 2010 年版,第 116 页。
⑤ 黄湧:《民事庭审中争点归纳环节的问题样态与对策》,《人民司法》2013 年第 5 期。

的话题。"争点论"和诉讼法学者对此给出了两种不同的方案。英国修辞学家马尔科姆·希思认为,完整的争点论应该包括两个步骤:第一步,鉴别案件的争点;第二步,对争点进行区分,即将争点划分为各种标准的"题头"。[①] 诉讼法学者认为,法官在案件争点的整理中,应在如下争点之间进行"来回穿梭的观察":一方面,法官须依案件的法律争点去探寻事实与证据争点;另一方面,他们又要从展现出来的事实与证据争点出发重新去检讨已归纳出来的法律争点,做一些扩充与限缩,之后再反过来对事实与证据争点进行补充分析。每一争点的整理都按照固定—排序—列示这种程序进行。[②] 本书认为,这两种方案都不能直接用于修辞开题中的争点整理。"争点论"方案虽为争议点的划分提供了更灵活的动态性框架,但这种划分本身并不能对争点进行系统的排序和特定化。诉讼法学者提出的方案尽管可以将争点分类与诉讼程序进行无缝对接,但可能忽略法律修辞中的问题情境,将一些非诉讼程序的争点整理排除在外。因此,在法律修辞的开题过程中,案件争点的整理必须在吸收、整合两种方案的基础上进行。这种争点整理可由案件争点的分类和特定化两种操作合作完成。

一、案件争点的归类

争点的分类是案件争点整理的第一步,其主要任务是对个案争点进行体系性的甄别和归类。亚里士多德可能是最早涉足争议点分类的

[①] 参见 Malcolm Heath, *Hermogenes on Issues: Strategies of Argument in Later Greek Rhetoric*, Clarendon Press, 1995, p. 21。
[②] 黄湧:《固定、排序、列示——争点整理在民事案件审理中的作用例析》,载奚晓明主编:《民事审判指导与参考》第54辑,人民法院出版社2013年版,第105页。

修辞学者之一,但真正使这一理论系统化并对后世产生深远影响的是希腊修辞学家赫玛戈拉斯。争议点分类几乎构成了他"修辞发明"的全部内容。为了实际解决"个案"或"确定的问题",以区别于对"命题"或"不确定的问题"的纯粹思考,[①]赫玛戈拉斯将争点划分为"一般非法律争点"和"特殊的法律争点"两种基本类型。其中,按照法庭中是否需要进行辩论的顺序,他将"一般非法律争点"又细化为四种下属争点:(1)事实争点,涉及对特定事实的"推测";(2)定义争点,即所承认的行为是否属于某个犯罪的法律"定义";(3)性质争点,系指因行为的"类别"或"性质"所形成的争议;(4)程序争点,涉及的是法律程序上的争议。所谓"特殊的法律争点"来自有关法律条文的文义或其中蕴含的意图争议,它也被相应地划分为四类下属争点:(1)"条文与意图"争点;(2)"法律冲突"争点;(3)"模糊争点";(4)"基于类比推理"的争点。[②]

赫摩根尼斯也讨论了与司法演说和审议性演说相关的争点,并且接受和修订了公元 2 世纪成熟阶段的 13 争点体系:(1)事实争点;(2)定义争点;(3)性质争点;(4)辩护争点,因行为"是否正当和合法"而形成的争议;(5)反驳争点,当事人承认做了错事,但强调其不法行为的实践后果有益于公众;(6)反控争点,被告人虽承认做过某种错事,但指控受害人理应遭受其所作出的行为之损害;(7)转嫁罪责争点,被告人把责任推给被认为应负责任的其他人身上;(8)请求减免罪责争点,被告人以各种客观理由或个人的内在状况作为不承担责任的借口;(9)条文与意图争点;(10)同化争点,指一方将成文法中明确规

---

① 舒国滢:《"争点论"探赜》,《政法论丛》2012 年第 2 期。
② 参见 Hanns Hohmann, "The Dynamics of Stasis: Classical Rhetorical Theory and Modern Legal Argumentation", *The American Journal of Jurisprudence*, Vol. 34, 1989。

定的行为和法律未明确规定的另一行为相互类比和等同;(11)法律冲突争点;(12)歧义争点;(13)立案争点,即一方认定某事根本就不值得或不应该成为争辩的事由。[①]

　　从比较的角度来看,赫摩根尼斯的争点体系尽管来自赫玛戈拉斯,但比后者更为完备细致、清晰具体,因而具有更为切实的操作性。[②] 然而,传统修辞学对于争议焦点的分类,大多聚焦于特定的议题领域,[③]而且延续了亚里士多德以来的司法论辩传统,体现出了明显的时代性。因此,如何克服传统争点分类的局限性,重塑各类争点之间的种属关系和逻辑结构,从而确立一种契合"争点中心型"庭审模式的争点分类框架,成为法律修辞开题研究的理论命题。对此,我们可以借鉴争点整理准备程序中的争点分类方法,将上述争点体系调整为诉讼标的争点、事实与证据争点和法律争点这三种类型。

　　所谓诉讼标的争点,是指法律论辩的各方围绕诉讼标的所形成的争议。"正当化争点""反驳争点""反控争点""转嫁罪责争点"以及"请求减免罪责争点"就属于典型的诉讼标的争点。诉讼标的是当事人请求法院予以保护的实体法律关系或者实体法上的请求权,也是当事人辩论和法院裁判的最基本和最小的单位。[④] 诉讼标的是双方当事人之间最大、最上位的争点。如果诉讼标的没有特定,争点整理也就难以有效展开。[⑤] 诉讼标的由诉讼请求和原因事实加以确定,其中任一要素为多数时,则诉讼标的便为多数。诉有不同的类型,在不同类型的

[①] 参见刘亚猛:《西方修辞学史》,外语教学与研究出版社2008年版,第141—142页。
[②] 参见舒国滢:《"争点论"探赜》,《政法论丛》2012年第2期。
[③] 在古典修辞传统中,争点分类大多围绕特定的议题领域,例如亚里士多德主要关注演说议题,赫玛戈拉斯主要关注法律议题,而赫摩根尼斯主要关注审议议题。
[④] 张卫平:《论诉讼标的及识别标准》,《法学研究》1997年第4期。
[⑤] 邱联恭:《争点整理方法论序(上)》,《月旦法学》2000年第61期。

诉中,诉讼标的也有所不同。因此,相应地,诉讼标的争点可以划分为给付之诉标的争点、确认之诉标的争点和变更之诉标的争点。在这三种诉讼标的争点之下,每一诉讼标的争点还可以再次划分。例如,给付之诉标的争点可以细分为特定物给付之诉争点、种类物给付之诉争点和特定行为给付之诉争点。

法律争点系指当事人之间或者当事人与法院之间因法律见解不同而产生的争议。诉讼标的争点一经特定,若无变动,蕴含其中的法律争点便浮出水面。为防止诉讼突袭和充分保障当事人的辩论权,正确、迅速地适用法律和作出慎重和经济的裁决,有必要通过整理法律争点,在法院和当事人之间进行讨论和对话形成适用法律的共识。① 按照不同的标准和框架,法律争点可以进行不同形式的划分。例如,按照引起争点的主体,法律争点可以划分为当事人之间的法律争点、法官之间的法律争点以及当事人与法官之间的法律争点;根据法律争议的对象,法律争点可以划分为发现型争点和解释型争点。发现型争点涉及的是何种法律规定、法律规范或法律渊源可在个案中适用,而解释型争点涉及的是法律规范的解释或续造。其中,发现型争点可以划分为法律冲突、法律竞合以及法律漏洞三种争点。按照法律冲突的类型,法律冲突争点可以划分为逻辑性冲突争点和评价性冲突争点。② 根据法律漏洞的分类,③法律漏洞争点可以分为法律漏洞与法漏洞、自始漏洞与嗣后漏洞、明显的漏洞与隐藏的漏洞以及公法漏洞与私法漏洞等争点。同时,按照法律解释与法律续造的划分,解释型争点进一步分为"模糊词语

---

① 赵泽君:《民事争点整理程序的合理性基础及其建构》,《现代法学》2008 年第 2 期。

② 参见 Giovanni Sartor, *Legal Reasoning: A Cognitive Approach to the Law*, Springer, 2005, pp. 206-211。

③ 黄茂荣:《法学方法与现代民法》,法律出版社 2007 年版,第 428—433 页。

意义的确定和法律空白的补充等争点"。① 其中,根据解释进路的不同,"模糊词语意义的确定"争点划分为文义解释、目的解释、体系解释、历史解释、合宪性解释以及后果导向的解释等争点。根据解释幅度的大小,解释型争点划分为扩大解释与限缩解释、目的性扩展与目的性限缩、当然解释、反面解释与类推解释等争点。根据漏洞填补的方法,②"法律空白的补充争点"划分为价值补充和漏洞填补争点。其中,漏洞填补争点划分为法律类推、正面类型、反面类推,以及基于一般条款、不确定法律概念、法律原则、习惯法或比较法的漏洞填补等争点。

所谓事实争点,是指"当事人双方围绕其真伪或存在与否持有完全相左的主张,处于争执不下的状态"③。事实争点可以分解为主要事实、间接事实和辅助事实三种具体争点。"所谓主要事实,是指判断法律关系之发生、变更或消灭等效果所直接必要之事实;所谓间接事实,是指用以推认主要事实是否存在之事实;所谓辅助事实,是指用以证明证据之可信性之事实。"④其中,主要事实是事实与法律之间目光往返的沟通纽带,在事实争点的整理中具有重要意义。根据对应的具体法律关系,主要事实争点可以划分为请求原因事实、抗辩事实和再抗辩事实等争点。证据争点指的是法律论辩的各方围绕证据的交换所形成的争议焦点。证据争点包括证据能力争点和证明力争点,在某些疑难案件中举证责任也可能成为证据争点。

有学者认为,案件争点还包括攻击与防御方法争点以及诉讼程序争点等。本书认为,并非任何双方当事人有争议的事项都能被称为争

---

① 冯文生:《争点整理程序研究》,《法律适用》2005年第2期。
② 王利明:《法律解释学》,中国人民大学出版社2016年版,第353—421页。
③ 齐树洁:《构建我国民事审前程序的思考》,《厦门大学学报(哲学社会科学版)》2003年第1期。
④ 吕太郎:《民事诉讼之基本理论》,中国政法大学出版社2003年版,第278页。

点,修辞学上的争点必须是论辩双方争执不下、影响案件论证框架的事项,我们需要依其逻辑体系、问题层次予以识别归纳。攻击与防御方法争点实为诉讼标的争点的具体化或衍生物,不应单列为一种证据争点。诉讼程序争点是指当事人就某个程序问题发生的争执,但以法律允许当事人处分者为限,非属当事人可以处分的,即非此所指之争点。① 所以,也不宜作为一种独立的争点。诉讼标的、事实与证据和法律这三类争点,基本上涵括了法律修辞中所有的争点形态,透过它们内部下属争点的再分类,每个案件都可以相应地建立自己结构明晰、逻辑井然的争点分类体系。

二、案件争点的特定化

争点的分类体系只是为案件争点的整理提供了一幅备用的"元素周期表"和"方位图"。案件争点整理的最终完成还需要进行争点的特定化。争点的特定化是指依据争点的分类体系以及当事人的诉讼请求和诉辩意见等,尝试确定该案存在哪些具体争点,并对获得确认的争点进行排序和图表化。争点的特定化首先涉及的是,究竟应从哪种争点开始启动特定化? 对于这一问题,学界的争议比较大。

赫玛戈拉斯认为,案件的每一争点都是同等的、独立的,应按照争点的重要性对各种争点进行甄别和特定化。② 只有当上一争点已无发明潜力可挖掘时,修辞者才能进行下一争点的整理。与赫玛戈拉斯不同,赫摩根尼斯为各种争点引入了一个派生体系。在这种派生体系中,

---

① 冯文生:《争点整理程序研究》,《法律适用》2005 年第 2 期。
② 参见刘亚猛:《追求象征的力量——关于西方修辞思想的思考》,生活·读书·新知三联书店 2004 年版,第 62—63 页。

所有的其他争点都"来源于"第一个争点,而它们各自又相应地派生于前一个争点。对于每一个争点,他一律采取"二元判定"的形式,即在问题争点的每个阶段上,人们应作出一个"是"或"否"的判定,并引导出另外一个争点的判定。[1] 在特定化的逻辑顺位上,诉讼标的争点分别优先于法律、事实与证据争点,而法律争点又优先于事实与证据争点。所以,在案件争点的整理中,修辞者应首先固定诉讼标的争点,然后进行法律争点的特定化,最后再进行事实和证据争点的特定化。[2]

在处分权主义的诉讼架构下,法官不得超越原告起诉的诉讼标的而为裁判,这是诉讼法的一项基本原则。法律修辞的开题同样也需要遵守这一诉讼原则。诉讼标的是论辩各方之间最上位的争点。如果诉讼标的没有特定,其他争点整理也就难以进行。在简单案件中,可通过归纳原告和被告提交的起诉状或答辩状特定其诉讼标的争点,而对于疑难案件,则需要法官履行阐明义务并借助诉讼标的理论协助当事人完成诉讼标的争点的特定化。[3] 由于诉讼标的争点之特定化主要适用于以债权为请求权基础的诉讼案件,因此,为了固定案件诉讼标的,法官需要探明原告据以提出诉求的原因事实。在诉讼争点的特定化中,还应该注意案件的诉讼标的之下是否还寄生有子诉讼标的。一旦出现存在子诉讼标的情形,可以依据法律竞合理论,由原告选择其具体请求权,从而确定诉讼标的争点。而在原告未作选择的情况下,可经由法官行使释明权来特定。

诉讼标的争点一经特定便会牵引出其背后隐藏的法律争点。法律

---

[1] 舒国滢:《"争点论"探赜》,《政法论坛》2012年第2期。
[2] 参见黄湧:《固定、排序、列示——争点整理在民事案件审理中的作用例析》,载奚晓明主编:《民事审判指导与参考》第54辑,人民法院出版社2003年版,第104—105页。
[3] 参见赵泽君:《民事争点整理程序研究——以我国审前准备程序的现状和改革为背景》,中国检察出版社2010年版,第165页。

争点在争点体系中最为复杂,诉讼当事人经常会通过诉辩意见提出各类与案件有关或无关的法律见解。因此,修辞者需要仔细辨认案件究竟存在哪些法律争点,明确当事人所主张的法律观点的根据。对于法律争点的特定化而言,法官既要依"法官知法"原则,独断地确立案件争点,又要保障当事人的听审权、辩论权,将案件涉及的法律观点向当事人进行必要的释明,并允许当事人发表自己的法律见解并展开讨论。①

在对法律争点进行特定化之后,修辞者即应着手进行事实与证据争点的特定化。"原告于起诉时应就其权利主张,自行列明该当于权利发生所依据之事实即诸要件事实及相关证据(必要时提出事实主张一览表,并就主要事实与相关联之间接事实、证据,予以分别逐一列明)。"②事实争点的整理过程,即法官判断当事人的主张是否具备有理性,也是对当事人事实主张进行法律适用的逻辑判断过程。③ 事实争点的特定化,应结合实体法规范以及合同条款,以法律关系和特定的诉讼标的为指引,将其依次分解为请求原因事实、抗辩事实和再抗辩事实,然后再一一查明当事人对这些主要事实是否进行了相应的事实主张,从而判断已主张的事实是否与实体法上的构成要件相对应。④ 法院不得将当事人之间不争执的事实作为整理对象,亦不得超越当事人已经确认的争点的范围认定当事人尚未主张的事实。⑤ 同时,法院还

---

① 赵泽君:《民事争点整理程序的合理性基础及其建构》,《现代法学》2008 年第 2 期。
② 邱联恭:《争点整理方法论》,林雅英发行 2001 年版,第 31 页。
③ 段文波:《庭审中心视域下的民事审前准备程序研究》,《中国法学》2017 年第 6 期。
④ 邱联恭:《争点整理方法论》,《月旦法学杂志》2000 年第 62 期。
⑤ 参见熊跃敏:《我国民事诉讼准备程序改革:模式及其评析》,《刑事司法论坛》2005 年第 1 期。

应当行使释明权等诉讼指挥权,剔除当事人所主张的法律上或案件审理上非属必要之事实,[①]确保当事人的事实主张及否认具体化,并尽可能防止事实争点过于分散和零碎。证据争点的特定化一般在证据交换的过程中完成,通常与事实争点的特定化合并在一起进行。

案件争点的特定化并非一种单向度的逻辑演绎,而"进行的是一种相互阐明的思考过程"。一方面,修辞者需要依据案件的法律争点去探寻事实争点与证据争点。事实争点的特定化需要以法律关系为指引,不能脱离实体法规范和相关司法解释。在事实争点与法律争点之外,还存在一种混杂事实问题和法律问题的法律事实争点。有时,在事实争点的特定化中,也有可能会出现新的事实争点或法律争点。[②] 因此,在整理法律争点时可能发现事实争点,而在整理事实争点时也可能发现法律争点。另一方面,修辞者也需要依据确定的事实与证据争点去重新探讨已经整理出来的法律争点,并做一些扩充与限缩,之后再返回事实与证据争点进行补充分析。[③] 在通过争点分类体系对个案争议点逐步进行特定化之后,为了更好地展现案件的争点分布状况,修辞者还需要根据设定的重要性指标对所固定的案件争点进行排序。

"修辞发明"中争议点的取舍和主次安排不仅要考虑"修辞情景"中的诸要素,尤其是场合和受众方,同时还要考虑争议点在具体语篇中的取舍情况及其可能的动机。为了尽可能提高案件争点排序的实用性,个案争点的排序既可以根据双方当事人对争点的争辩程度进行,也可以依据各种争点对裁判结果的相关性和重要性进行。在争点排序最

[①] 韩海滨:《论民事诉讼事实争点整理的方法》,《广西大学学报(哲学社会科学版)》2016年第3期。

[②] 邱联恭:《争点整理方法论》,林雅英发行2001年版,第55页。

[③] 黄湧:《固定、排序、列示——争点整理在民事案件审理中的作用例析》,载奚晓明主编:《民事审判指导与参考》第54辑,人民法院出版社2003年版,第105页。

终确立之后,修辞者还可以依靠互联网技术编辑争点的"思维导图"。这种思维导图不仅可以减轻修辞者在开题中的记忆负担,防止遗漏案件争点,还可以形象地展示争点整理的最终结果,从而帮助论辩各方准确地预测案件的说理方向和裁判结果。不过,这种争点图并不能完全保证案件争点归纳的理性化和体系化,如同其他司法技艺一样,争点整理主要还是靠法官对整个案情进行全盘把握和对问题的高度直觉和敏感,即高度的问题意识。①

第三节 论辩前提之寻找

修辞开题的主要目的是发现并确立法律修辞的论辩前提,案件争点的整理虽然为论辩前提的发现提供了明确的目标和方向,但这种整理本身并不能揭示具有动机性的修辞策略。② 不同论题并不会从争点中自动地呈现出来,法律修辞只有借助后续的开题活动才能找到相关的论辩前提。法律、司法解释、法学通说、法律方法、指导性案例以及法律之外的政策精神、民间习惯、伦理道德和流行性意见等都可以成为法律修辞的论辩前提。不过,法学的概念和命题,必须通过特定的方式与问题相联系,只有这样才能获得一种与问题相联系的含义。法教义学体系的内部关联也需要通过问题关联而产生。同时,在解决现今体系

---

① 李红海:《普通法的司法技艺及其在我国的尝试性运用》,《法商研究》2007年第5期。
② 袁影、崔淑珍:《修辞学"争议点"理论的认知解析与应用》,《外国语言文学》2009年第2期。

未把握的问题时,更有必要诉诸论题。[①] 因此,为了将修辞开题的重心投放在案件争点形成的问题上,修辞者应以案件争点为取向,运用论题学和决疑术寻找客观上适当的、丰富的论题。论题学作为寻找前提的程序可以获取论题型的论辩前提,而决疑术作为基于案例的推理可以获取案件型的论辩前提。

一、运用论题学获取"论题型"前提

"论题"是法律论辩的各方所寻找之论点、事例或资料的所在地或储存、隐藏的地点。在修辞开题起始阶段,修辞者一般无法直接获取论辩前提,而只能寻找储藏论辩前提的论题。论题学是研究如何寻找论辩前提的一种修辞学理论,也是修辞学中最经典的开题术。在论辩前提的获取上,法律论题学可以发挥两个层面的功能:一是法律论题学作为一种以问题为导向的"寻找前提的程序",可用来发现法律修辞的常规论题;二是法律论题作为论辩前提所在之"地点""地方"或"区域",经由过修辞者的记忆或联想可被直接确认为法律修辞的论题。我们下面将分别考察这两种法律论题学,并论述它们在寻找法律论题上的思维优势。

亚里士多德认为,论题学是一种从或然性中寻求命题和结论的工具。论题所储存的论点、事例或资料并非杂乱地堆放在一起的,它们是分类存放或编排的。在相应"述语"的提示下,修辞者可以在"标题"或"名称"之下寻找相关的论点、事例或资料供辩证式论辩双方使

---

① 张青波:《理性实践法律——当代德国的法之适用理论》,法律出版社2012年版,第102—106页。

用。① 论题学的思考要点在于寻找一种方法,依此,我们能够从或然性的原理、知识或普遍接受的意见出发,采纳与此相反的论题作为推理程序,形成对答式的问题解答方法。② 西塞罗把论题学理解为一种"寻找前提"的论辩实践,并将一定程度上已经格式化的论题目录引入了法律实践,从而建构了一种"应用论题学"或"实用论题学"。鲁比内利认为,③论题学是一个动态、语用的概念,它包括"考察的指导"和"逻辑法则"两个部分。"考察的指导"旨在指示修辞者如何从某个抽象的论点出发来处理或应对被考察的命题,以发现某个合适的前提,并运用这个前提来证立或反驳该命题。"逻辑法则"旨在保证通过指导所发现的前提与待确认的结论的逻辑有效性。在古典修辞学的基础上,菲韦格对论题学做了进一步的发展和理论化。他认为,论题学是一种由修辞学发展而来的"寻找前提的程序",展现的是一种与演绎-体系思维不同的"问题思维"或"困局思维"。论题学坚持以问题思维为导向,把问题看作既定的甚至是前导性的存在,认为问题是一种允许表面上看起来不止一个答案的提问。

但是,菲韦格并没有将论题学与体系的方法完全对立起来。他认为,我们不应否认问题和体系之间存在的实质交错关系。论题学仍要以某种可以适用的体系或"融贯性的语境"(coherent context)为前提条件。④ 只不过,我们不能把考察的重心放在体系上,以体系的投放引致问题的选择,相反,应该把考察的重心放在问题上,以问题的投放引致

---

① 舒国滢:《论题学:从亚里士多德到西塞罗》,《研究生法学》2011 年第 6 期。
② 〔德〕特奥多尔·菲韦格:《论题学与法学——论法学的基础研究》,舒国滢译,法律出版社 2012 年版,代译序,第 20—22 页。
③ 参见 Sara Rubinelli, *Ars Topica: The Classical Technique of Constructing Arguments from Aristotle to Cicero*, Springer, 2009, p.14.
④ 〔德〕特奥多尔·菲韦格:《论题学与法学》,舒国滢译,法律出版社 2012 年版,代译序,第 28 页。

体系的选择。在论题学看来,所有的答案和理解都是暂时的回答和理解。当情景变更时,必须为问题的解答寻找新的指引路径。当人们在某个地方遭遇问题时,为了"寻求客观上适当的、丰富的前提,得出多少启发我们明白的结论",通常不会设定固定的推导关联结构,反而会通过试错选择观点。这种思维的方向通常由某些主导性的论题控制。为了做整体的考察,菲韦格将这样的一个程序称为"一阶论题学"(Topik erster Stufe)。① 为了消解这种程序的不确定性,还需要为其提供一个经常备用的观点汇编(目录)作为支撑物,这样,也就产生了论题目录,菲韦格把使用论题目录的这种程序称为"二阶论题学"(Topik zweiter Stufe)。②

尽管学者之间对论题的界定存在各种各样的出入,但他们都尝试罗列各种常用的法律论题。例如,西塞罗总结了"同一词根""属""种""相似""差异""对立"等 19 种可以在法律实践中使用的"修辞论题"。③ 施特鲁克(Gerhard Struck)罗列了 64 个法律论题,譬如:(1)后法优于前法;(2)特别法排除一般法;(3)例外必须被严格解释;(4)既判之事作为真理被接受;(5)裁判官不理小事情;(6)不得做过分的请求;(7)兼听则明;(8)禁止法官审理涉及自己的案件等等。④ 梅瑙特(Gerardo Pereira Menaut)认为,法律论题基本上可以等同于法的原则和拉丁法谚,并且收录了 1031 条法谚。⑤ 施耐德(Egon Schneider)认

---

① 〔德〕特奥多尔·菲韦格:《论题学与法学》,舒国滢译,法律出版社 2012 年版,代译序,第 29 页。
② 舒国滢:《走近论题学法学》,《现代法学》2011 年第 4 期。
③ 舒国滢:《西塞罗的〈论题术〉研究》,《法制与社会发展》2012 年第 4 期。
④ 参见 Gerhard Struck, *Topische Jurisprudenz: Argument und Gemeinplatz in der juristischen Arbeit*, Athenäum Verlag, 1971, pp. 20ff. 。
⑤ 转引自徐国栋:《从"地方论"到"论题目录"——真正的"论题学法学"揭秘》,《甘肃社会科学》2015 年第 4 期。

为,诚信、法律行为的基础、超法律的紧急状态、人的尊严、法律解释的方法以及诸如衡平、正义、可操作性、法的安定性、既定的学说和判例等都可以划归为法律论题。① 克里尔(Martin Kriele)认为,结论性的法律逻辑程序是论题,例如类推、先验的论据等,而法律解释中的元素以及诸如人的尊严、法治、自由、平等等法的原则也属于论题。② 索博列娃(Anita Soboleva)认为,下列法源可以作为法律修辞的一般论题使用:(1)法律原理;(2)制定法文本;(3)先前的解释或先例;(4)立法者的意图;(5)法律的目标;(6)最好的结果;(7)作为解释之变化基础的社会发展;(8)宪法的原则、概念和教义;(9)社会价值;(10)社会数据;(11)社会理论;(12)统计学;(13)共同意识。③

而至于这些法律论题是以学科性规则(disciplinary rules)的身份出现,④还是作为约束性的结构(structure of constraints)⑤,则是一个纯粹的表述问题。虽然它们看似种类繁多、结构松散,但并不是杂乱无序地堆积在一起的,而是存在逻辑上的固定联系。西塞罗将所有的论题划分为两类:一类是附属或内在于当下所讨论的主题本身的论题;另一类是来自主题外部的论题。其中,前一种论题分为"来自整个主题,或主题的组成部分或来自主题的名称"的论题与"与所讨论的主题相关的

---

① 转引自徐国栋:《从"地方论"到"论题目录"——真正的"论题学法学"揭秘》,《甘肃社会科学》2015年第4期。
② 转引自徐国栋:《从"地方论"到"论题目录"——真正的"论题学法学"揭秘》,《甘肃社会科学》2015年第4期。
③ Anita Soboleva, "Topical Jurisprudence: Reconciliation of law and Rhetoric", in A. Wagner et al. (eds.), *Interpretation law and the Construction of Meaning*, Springer, 2007, p.52.
④ Owen M. Fiss, "Objectivity and Interpretation", in Aulis Aarnio and D. Neil MacCormic (ed.), *Legal Reasoning*, Vol. II, Darthmouth Publishing Company, 1992, p.302.
⑤ Stanley Fish, "Working on the Chain Gang: Interpretation in Law and Literature", in Aulis Aarnio and D. Neil MacCormic (ed.), *Legal Reasoning*, *Vol. II*, Darthmouth Publishing Company, 1992, p.290.

事情"的论题。西班牙法学家穆略斯(A. FranciscoPuy Muñoz)用词素粘连法研究了59对法律论题,并将它们从整体上划分为逻辑论题、自然论题、本体论论题、伦理学论题、人类学论题和社会论题。德国法学家奥尔登多尔普(Johann Oldendorp)认为,论题是一些共同的符号,进而将所有的论题划分为事实的论题和法律的论题。前者的对象是事实问题,而后者的对象是法律问题或价值判断问题。① 论题的固化和分类促成了论题目录的形成,这种现象在16世纪的人文主义法学家之后愈发明显。②

菲韦格认为,论题总是以目录的形式出现。可行的论题目录一旦形成,就可以为进一步的思维活动提供逻辑上的固定联系。论题目录对于初次固定和构成一定的前理解具有重要的意义。它们使提问和答案得到有序整理,并且指明究竟什么东西值得进一步的思考。只有这样,一种相互间的协调一致才会持续不断地进行,通行的论题(不仅专用论题,还有通用论题)才会按照这种方式很适合地显示人们每一次进行讨论的活动范围。因此,论题目录可以为前提的寻找提供一种值得期待的支撑点。同时,论题目录作为一种开放的论题体系,具有相对程度的伸缩性,能够通过解释被放大或缩小,因此,能为问题的把握提供某种灵活性和伸展力。③

通过对动态论题学和静态论题学的考察,不难发现,它们对于论题的寻找可以分别发挥如下功能:

第一,动态论题学以问题为导向寻找前提,能够无缝对接争点整理

---

① 转引自徐国栋:《从"地方论"到"论题目录"——真正的"论题学法学"揭秘》,《甘肃社会科学》2015年第4期。
② 转引自徐国栋:《从"地方论"到"论题目录"——真正的"论题学法学"揭秘》,《甘肃社会科学》2015年第4期。
③ 舒国滢:《走近论题学法学》,《现代法学》2011年第4期。

程序。动态论题学运用的是"以问题为取向的思考技术",提倡一种片段式不成体系的认识,对答案也没有限制。① 在争点变化时,可以反复地为前提的寻找确立新的指引路径。因此,动态论题学能够维护争点本身的问题性,确保从案件争点出发寻找论题。法学的概念和命题以及法体系,只有通过动态论题学才能够与案件争点建立联系,从而成为可能的法律论题。同时,在处理现今体系未把握的法律漏洞时,更有必要借助动态论题学形成法律论题。动态论题学不仅为一种前导性的沉思,更是一种寻找前提的修辞学程序。它可以指引修辞者从何处获得可用的论题,而修辞者借助论题就能找到论辩前提。修辞者之所以能够通过动态论题学寻找论题,一方面在于他不仅可以在一阶论题学的层面上,为了寻找合适的论辩前提,任意选择偶然回忆起来的论题,而且还能够在二阶论题学的层面上,将格式化的论题目录作为解决争点的参考,这种目录还能根据问题的需要进行相应的扩充和补充,从而为论题的获取提供灵活实用的定向指引。另一方面,动态论题学还可以理解为一种语言发现和语言使用的相互指示程序,所以,论题的寻找将通过发布和接受语言行为指示而实现。② 动态论题学作为一种诘难案的修辞程序,能够使人们在"敞开的体系"中找到方向。③ 它不仅可以为发现和确定论题提供指示,而且还能提供解决问题的视角。

第二,静态的法律论题经由修辞者之记忆或联想可以转化为与争点相适配的特定论题。除了动态论题学这种通过培训和学习才能掌握的思维技术外,修辞者还可以通过自身的记忆、法律感或联想等,径直

---

① 张青波:《理性实践法律——当代德国的法之适用理论》,法律出版社2012年版,第98页。
② 〔德〕特奥多尔·菲韦格:《论题学与法学——论法学的基础研究》,舒国滢译,法律出版社2012年版,代译序,第123页。
③ 〔德〕考夫曼、哈斯莫尔主编:《当代法哲学和法律理论导论》,郑永流译,法律出版社2002年版,第127—128页。

寻找与每一争点相对应的法律论题。由学者对各种法律论题之总结可以发现，法律格言、法律原理、法律规定、法律原则、解释方法、既定的学说、法治原则以及约定俗成的共同真理、规则等都可以成为法律修辞的论题。以案件争点为参照系，一方面可以把这些法律论题划分为"内在于争点的论题"和"外在于争点的论题"，另一方面还可以将它们划分为"事实论题"和"法律论题"。根据适用的范围，还可以对这些论题进行"通用论题"和"专用论题"的划分。"外在论题"和"通用论题"通常依附于市民社会观念或"法理思维"，所以通过修辞者的法律感或"前理解"很容易进入法律论辩。而"内在论题"以及"事实论题""法律论题"和"专用论题"各自都包含了大量的不同层次的子论题，修辞者一般无法直接通过记忆或法律感来进行寻找，而需要借助这些论题与不同争点的分类对应关系，仔细地寻找与每一争点相适配的法律论题。例如，利用"法律论题"和法律争点的分类匹配，修辞者不仅可以找到与发现型争点对应的法律规定、法的规则、既定的学说、法律原则和法律原理等论题，而且还能找到与解释性争议点对应的文义解释、目的解释和体系解释等论题。

第三，除此之外，动态论题学还可以发挥对不同论题的选择功能。并不是所有的论题都有资格成为法律修辞的论题，动态论题学本身还具有对论题的选择功能，即动态论题学可以帮助修辞者为所倾向的结论提供一个适当的论题。"大多数论题是根据所给予的结论之形式特征来选择的：比如，如果结论维护某个定义，就必须从有关定义的论题表中选择论题。一旦选择了某个适合于所给予的结论的论题，那么这个被选定的论题就可以用来构建所给予的结论由此得出的前提。"[①]只

[①] 舒国滢：《论题学：从亚里士多德到西塞罗》，《研究生法学》2011年第6期。

有当论题与案件争点、所给予的结论存在一定的语义、语用关系或其他论辩关联时,动态论题学才有可能将其确定为法律修辞的论题。不仅如此,动态论题学还可以为论题的筛选设定一套商谈模式。菲韦格认为,论题学所使用的命题只能在不完备的程度上通过辩证逻辑予以检验。论辩依旧是前提唯一的检验法庭(Kontrollinstanz)。[①] 凡在论辩中各方所接受并反复接受的东西,才能被视为正当的、无争议的前提,否则,便不得作为论题使用。在这种商谈模式下,根据听众的具体反应,可以对各种论题进行重要的/不重要的、接受的/可接受的、允许的/不允许的等各种形式的二元判定,从而将重要的、接受的或允许的论题确认为合适的前提。

二、以决疑术获取"案例型"前提

法律修辞不但需要诸如观点、意见、规则和方法等形式的论题,有时还需要案例形式的论题。《最高人民法院关于案例指导工作的规定》第 7 条规定:"最高人民法院发布的指导性案例,各级人民法院审判类似案例时应当参照。"先例、判例或案例不仅为类比推论等修辞型式所必需的论辩起点,同时指导性案例的"准法源"地位[②]还为"案例型"前提在法律修辞中的重要性提供了制度化的担保。尽管早就有学者意识到,已决的案例也是一种重要的修辞论题,[③]但论题学本身仍具

[①] 〔德〕特奥多尔·菲韦格:《论题学与法学——论法学的基础研究》,舒国滢译,法律出版社 2012 年版,第 40、42 页。
[②] 雷磊:《指导性案例法源地位再反思》,《中国法学》2015 年第 1 期。
[③] 参见 Ch. A. L. Kästner, *Topik oder Erfindungswissenschaft*, Kummer, 1816, p. 85.

有轻视甚至忽视判例的固有倾向,①从而影响了"同案同判"原则在开题中的有效贯彻。决疑术(casuistry),又译为决疑论、决疑法,在法律推理上被认为是一种"基于案例的推理"(case-based reasoning),它也坚持从疑难(困局)角度来进行思考,因此,在思维方式上可以无缝衔接论题学。决疑术可以很好地弥补论题学在案例论题开题上的不足,满足法律修辞对案例型前提的需求。

决疑术推理的基点并不是抽象的规则,而是先前法院的决定。它完整具体丰富地保存已决案例,把这些案例用作例证。② 在案件裁决中,决疑术首先诉诸的是一种法律直觉。它通常不是把各种理论作为出发点,也不过分渲染法律上的理论争议,而是从对某个明确的范例的考察开始。它不像"基于原理或规则的推理"那样,借助于原则、规则和其他一般观念架构法律争议,将一般规则用作"公理",从中演绎出特定的法律判断。相反,决疑术关注的是待决案件的特定性质。在这里,一般规则与个案之间的关系是实践性的,法律规则仅被用作"箴规"(maxims)或"格言"(gnomoi),而非"公理"。③ 除了具有案例推理的倾向,决疑术还具有非体系的特点和"案件分类学"的功能。在决疑术看来,面对一个案件,只有在对案情进行分类学分析之后,才能够确定具体的解决方案。④

决疑术通过范例和待决案件之类比来裁决案件,相似的范例被用作这种裁判的参照,这些范例确立初始的"假定",它们在没有"例外"

---

① 参见〔德〕罗伯特·阿列克西:《法律论证理论——作为法律证立理论的理性论辩理论》,舒国滢译,中国法制出版社2002年版,第29页。
② 〔德〕特奥多尔·菲韦格:《论题学与法学——论法学的基础研究》,舒国滢译,法律出版社2012年版,第47页。
③ 参见舒国滢:《决疑术:方法、渊源与盛衰》,《中国政法大学学报》2012年第2期。
④ 参见〔葡〕叶士朋:《欧洲法律史导论》,吕平义、苏健译,中国政法大学出版社1998年版,第2页。

的情形下具有绝对的分量。在决疑术看来,与范例类似的案件应同等对待,与范例不同的案件应分别对待,案件与范例的相似度愈低,按照范例处理的合理性就愈低。在决疑术中,首要的任务是决定何种范例与案件争点具有相关性。基于案情之间的"自然相似性",案件之间的比较形式虽然是从案件到案件,但仍需参照相关的"决疑因素"。决疑术一般不会宣称其实现了确定性,也不会宣称解决了所有的问题。当某些异议无法解决时,它甚至得出结论说,这几种行为过程都具有可行性。[1] 需要注意的是,决疑术尽管反对理论化和体系化,[2]但其本身既非案例法也不是规范在个案中的例证。它主要是用来确认和判断法律概念的效力是否具有特定的边界,或某些个案是否落入了这些边界。[3]

发现范例是决疑术中最重要的一步。范例是人们都可以接受的解决法律难题的参照或蓝本。有了足够的范例,期待的法律决定就能通过待决案件与范例的相似性比较而作出。范例可以提供某种清晰的指导,使法律决定的作出更加公开化。比较范例和待决案件的过程,事实上也是对案件进行归类的过程。其中,比较重要的是将案件编排成具有一定秩序的"案件分类学"。这种方法通过将现有案件放进它的道德语境之中,使人明白:即便待决案件具有唯一性,也应当允许其与范例之间的差别,并指导有关法律适当性的判断。此种判断不是基于某项原则或理论,而是基于案情与箴规在案件形态上以及与其他类似案件相比较之中所显现的方式。在这里存在范例与类似案件之间的道德

---

[1] 参见 Carson Strong, "Specified Principlism: Wat It Is, and Does it Really Resolve Cases Better than *Casuistry*?", *J. Med. & Phil.*, Vol. 25, 2000。
[2] 参见 Paul R. Tremblay, "Shared Norms, Bad Lawyers, and the Virtues of Casuistry", *University of San Francisco Law Review*, Vol. 36。
[3] Baber Johansen, "Casuistry: Between Legal Concept and Social Praxis", *Islamic Law and Society*, Vol. 2, 1995.

判断上的"移动"(shift)。①

由此可见,决疑术也是一种以问题为导向的修辞开题术,②菲韦格甚至在决疑术与论题学之间画上了约等号。决疑术对待决案件的裁决凭借的是一种自然的法律感。它首先从对某个明确的范例的考察开始,试图通过类比在理论与案件裁判之间保持平衡,而类比作为一种特殊的法律推论则来源于论题学。因此,决疑术非常适合在修辞开题中使用,而且还能很好地对接争点整理程序,在论题学进行开题之后紧接着寻找法律修辞的"案件型"前提。决疑术不是从法体系或法律的概念、规则或原理出发进行推理,而是围绕待决案件的问题和争点,积极地搜寻相似案例以裁决案件。塔尔蒙(James M. Tallmon)认为,从相关的争点或论题开始是修辞性的案件推理的第一步。③决疑术绝不会把发现的范例武断地归入某个法体系,而是在节制性、有拘束的慎思中发展出一套特定的寻找前提的风格,该风格在依靠经过检验的观点上具有开题性。④

决疑术反对通过规则对个案之涵摄来裁判案件,而主张通过案件之间的相似性比较引出法律规则后,再将其适用到待决案件,从而得出裁判结论。在具体的操作中,决疑术首先从待决案件出发,整理和分析其蕴含和包括的各种争点。然后,再通过案件之间的"自然统一性"以及语义相似性去寻找与争点相适配的合适范例。这种语义相似性属于语言学的范畴,具有一定的语言发现和提示功能,比较容易被修辞者的

---

① 参见舒国滢:《决疑术:方法、渊源与盛衰》,《中国政法大学学报》2012年第2期。
② 参见 Theodor Viehweg, *Topik und Jurisprudenz*, Verlag C. H. Beck, 1974, p. 49。
③ 参见 James M. Tallmon, "Casuistry and the Role of Rhetorical Reason in Ethical Inquiry", *Philosophy and Rhetoric*, Vol. 28, 1995。
④ 〔德〕特奥多尔·菲韦格:《论题学与法学——论法学的基础研究》,舒国滢译,法律出版社2012年版,第52页。

直觉思维捕捉。但是,经由这种语义相似性,修辞者也会发现与待决案件相似的其他范例。为了协调范例之间的冲突,选取与待决案件最相似的范例,修辞者还需要利用法律原则或法律规则之目的等"决疑因素"去分析和判断,究竟哪一个范例与待决案件最相似。在范例被选定之后,再将其中包含的判决理由、论辩前提和修辞图式等转用于待决案件,从而最终获取待决案件需要的论辩前提。除了利用类比寻找范例之外,决疑术还能借助关于案件编排的"分类学"便捷地寻找所需的案例前提。法官在司法审判中不仅可以根据案件之间的相似性自由地构造用来指引案件说理的原型案例,而且还能通过案件的"裁判要点"归纳整理具有相同争点的案例集合。这两种案例分类机制对范例的寻找都能够发挥类似于"论题目录"的定位和指引功能。

虽然观点性的法律论题一般都隐藏在案例集合中,但也能超越或脱离其所在的具体案例,以"未完全理论化的协议"[①]的形态储存于法官的记忆、经验、法律感和法律知识之中。只不过,案例集合所包含的这些论题并不能像一般的论题那样直接用于论题的寻找,它们只有通过决疑术的中转才可能成为法律修辞的论题。由于我国是成文法国家,除了指导性案例,裁判文书释法说理不能直接援引判例作为裁判理由使用。因此,决疑术所发现的范例一般只能作为引入其他论题的媒介使用,无法直接作为论辩前提使用。由此可见,决疑术在两大法系中具有不同的开题功能。英美法系执行的是遵循先例制度,先例是具有约束力的正式法源,通过决疑术发现的范例可以直接作为论辩前提使用,因此,决疑术在英美法系中是修辞开题的直接和主要程序。而在大

---

① 孙斯坦认为,未完全理论化的协议非常适合某种应当或必须以先例为参照的制度。关于这一概念的介绍,参见〔美〕凯斯·R.孙斯坦:《法律推理与政治冲突》,金朝武等译,法律出版社2004年版,第39—120页。

陆法系，案例只是一种可以援引的非正式法源，通过决疑术所找到的范例一般不宜直接作为前提援引，所以，在大陆法系中决疑术只能作为修辞开题的居间或中转程序。

第四节　论辩前提之教义化

跟其他法律方法一样，法律修辞的开题同样无法脱离体系思维的约束和控制。论题学和决疑术发现的论题和案例前提，都需要在新的概念外表之下被教义化。[①] 这两种开题术尽管能为法律修辞提供众多有用的论辩前提，丰富案件开题的视角和思路，但并不能确定这些论据在个案中的适用范围和作用方式。[②] 它们无法建构选择和确定前提的一般规则，法官只能凭借法律感、直觉、经验或记忆选择适用于个案的论题或范例。虽然论题学本身并不能撼动体系的意义，但仍然难免"轻视法律、教义学和判例的重要意义，不足以深入分析论述的深层结构，不足以使讨论的概念精确化"[③]。因此，它们发现的论题和案例在很多场合下只能用作建构论辩前提的要素，而不能成为可以直接使用的法言法语、裁判理由或裁判依据，它们有时甚至还会漏掉一些极其重要的专用论题。除此之外，论题学的另一个缺陷也屡受诟病："论题学

[①] 张青波：《理性实践法律——当代德国的法之适用理论》，法律出版社2012年版，第81页。

[②] 参见 Gérhard Otte, "Zwanzig Jahre Topik-Diskussion: Ertrag und Aufgaben", *RTh*, Vol. 1, 1970。

[③] 〔德〕罗伯特·阿列克西：《法律论证理论——作为法律证立理论的理性论辩理论》，舒国滢译，中国法制出版社2002年版，第29页。

忽视了法律适用者受法律约束的基本义务"[1],法条和教义是司法裁判的正当化根据,它们是法律修辞确定的论辩出发点。因此,为了消除论题学和决疑术这些潜在的"反理性""反科学""反智"缺陷,开题程序还需要对通过论题学、决疑术获取的前提进行法教义学的处理。法教义学的处理包括加工、补充和评价三个步骤,它们也构成了法律修辞开题程序的最后一环。

一、法教义学的加工

法教义学的加工是指,通过后续的开题程序,将争点论、论题学和决疑术联合作业获取的论题和案例,转换为在法律修辞上可以直接使用的法教义学语句。论题学和决疑术只是建构论辩前提的一种中间步骤。动态论题学只能提示从何处获取论辩前提,静态论题学尽管可以为修辞者提供诸多有用的论题,例如法律中"约定俗成的共同真理、规则和实践理性的谚语、格言或俗话"或"具有可信性的观点"。[2] 不过,论题本身只是论辩各方寻找论辩前提或论点的场所,囿于其自身的表述形态并不能直接作为裁判论据或裁判理由使用。再者,根据裁判文书说理的相关规定,一般的论题和案例也不能直接作为裁判依据。《最高人民法院关于裁判文书引用法律、法规等规范性法律文件的规定》第1条指出:"人民法院的裁判文书应当依法引用相关法律、法规等规范性法律文件作为裁判依据。"实体法和程序法条文以及司法解释才是裁判的正当化根据。甚至在疑难案件中,只有在修辞者将法条

---

[1] 〔德〕伯恩·魏德士:《法理学》,丁晓春、吴越译,法律出版社2013年版,第278页。
[2] 徐国栋:《从"地方论"到"论题目录"——真正的"论题学法学"揭秘》,《甘肃社会科学》2015年第4期。

具体化或者解释之后,才可能得到论辩前提。① 因此,为了将通过论题学和决疑术发现的论题和案例改造为适格的论辩前提,我们需要将它们转换为相应的法教义学语句。

法教义学语句是指这样的一些语句:涉及法律规范和司法裁判,但并不等同于对它们的描述;彼此间形成相互关联和协调的整体;由法官和学者等在制度化推动的法学框架内提出和讨论;具有规范性内涵。纯法律概念的定义、为解释规范而建议或利用的词语使用规则、对事态的描述和称谓、对原则的表达、从实在法中引申出来的规范所表达的语句以及法学家们实际确信为真的语句都可以归属为法教义学语句。② 法教义学语句具有简洁性、精确性、丰富性和可检验性等多种优点和功能。它们不但可以消除法律适用中非理性的成分,而且还能去除法律上无法理性证立的成分。法教义学可以为法律修辞供给特定的概念性、体系性或其他普遍认可的前提,形成具有约束力的基础概念、意义模式,尤其是关于法律论辩标准的秩序意见。

同时,法教义学对法官或律师的法律适用实践还具有一定的减负作用,因为在其严密的定理之网中,它可以提供与整体的法律秩序及其子领域兼容的解决方案。③ 法教义学虽然不能产生行为上的强制力,但可以形成思维上的强制力。④ 它能够将判决的思考和工作流程合理化、体系化,从而减轻重复思考与尝试错误的成本,使法律适用更有效率。⑤ 从

---

① 参见张青波:《理性实践法律——当代德国的法之适用理论》,法律出版社2012年版,第108页。
② 参见[德]罗伯特·阿列克西:《法律论证理论——作为法律证立理论的理性论辩理论》,舒国滢译,中国法制出版社2002年版,第317—321页。
③ Rolf Stürner, "Das Zivilrecht der Moderne und die Bedeutung der Rechtsdogmatik", *JZ*, Vol. 1, 2012.
④ Aïls Jansen, "Rechtsdogmatik im Zivilrecht", *Enzyklopädie zur Rechtsphilosophie*, IVR (Deutsche Sektion) und Deutsche Gesellschaft für Philosophie, 2011.
⑤ 参见 Hans Dölle, "Rechtsdogmatik und Rechtsdogmatik", *RabelsZ*, Vol. 34, 1970。

法教义学发展出的介于法条与判决之间的裁判建议,不仅可以对法官使用的法源体系和解释方法进行限定,而且对违反法教义学的适用者还具有强大的批判功能。另外,法教义学还具有一种重要的体系检验功能,其可以对法教义学语句之间是否具有逻辑上的一致性和普遍实践上的一致性分别进行检验。

体系是整理杂乱材料的工具。经由法教义学的加工,通过论题学和决疑术寻找的前提能够变成专业的"法言法语"和真正的裁判依据,修辞开题也得以以更理性和规范的方式进行。法律修辞者在开题过程中潜在的任意或恣意将得到有效约束和限制,他们在开题方面的思维、表述和证立负担也将得到大幅度的解放。一些非理性的或无法理性证立的论题以及明显违反法教义学的论题将被最终排除在开题之外。论题之间在形式逻辑上和普遍实践中的重复或冲突也将借由法教义学的体系检索得到解决。在法教义学这种转化程序的帮助下,修辞者和相对人得以在共享的修辞场景中以相对一致的话语体系进行修辞开题,修辞者透过个体的记忆、法律感和法律认知获得的一般论题将变成可商谈的法教义学论点,从而也方便相对人和听众的理解和认知,并作出及时反应,准备合理的抗辩理由。

二、法教义学的补充

法教义学的补充是指,通过法教义学的启发功能对论题学和决疑术发现的前提进行扩充,从而使修辞开题形成相对完备的论辩前提。开题程序之所以要进行法教义学补充的主要原因在于:一是论题学和决疑术仅能搜集法律上一些常见的论题、论题目录和范例,在它们获取的论题被转化为法教义学语句后,一些被遗漏的必要论据便能很快被发现;二是论题学在认识论上并不反对法教义学体系,而只是反对那种以为体系能够形成完整的和终局的结论的偏见,它支持开放的体系,因此,可以将论题学与法教义学连接起来,形成更加完整的前提集合;[1]三是法教义学是"实践理性和道德领域"的一种重要的法律发现工具,具有重要的启发功能。它本身就是法律修辞中一种特殊的可操作性前提,包含着大量的解答问题的模式、区分和视角,可以引出似乎是不可能的或存在于视野之外的提问和回答。同时,法教义学体系还能够提供"新的观察和新的连接的有效出发点,因为通过对每次就特定问题所获得的理解层次加以概括并提高其丰富性,它将成为新的知识的启发者,这些新的知识若没有系统反思就根本不会自动地出现在具体的部门之中,因而更谈不上加以实施了"[2]。

法教义学广纳各种法律素材,并予以吸收和消化,从而成为储存法律知识的场所。法教义学不但具有自己的外部体系和内部体系,而且还发展出了诸多特定的认知性体系。认知性体系是法教义学为了描述内部体系、满足概观和法律适用上的方便,透过秩序概念的编排建构的由秩序概念、分类以及讨论的先后顺序等所形成的知识性体系。[3] 例如,民法上的请求权体系、刑法上的犯罪论体系、行政法上的行政行为体系以及宪法上的基本权体系。认知性体系的形成既可以基于实在法,也可以超越具体的制定法。它不是针对某一概念和规范的解释和体系化,而是旨在形成关于某一法律部门的认知、理解和适用的体系化流程。法律修辞需要的论辩前提往往被分散规定在体系杂乱、数量巨

---

[1] Martin Kriele, *Theorie der Rechtsgewinnung*, Duncker und Humblot, 1976, p. 50.
[2] 〔德〕罗伯特·阿列克西:《法律论证理论——作为法律证立理论的理性论辩理论》,舒国滢译,中国法制出版社2002年版,第317—321页。
[3] 吴从周:《概念法学、利益法学和价值法学:探索一部民法方法论的演变史》,中国法制出版社2011年版,第330页。

大的具体条文或判例之中，修辞者仅凭自己的知识记忆和法律感，难以将所有与案件争点相关的前提全部带入修辞开题。同时，一些与争点无关但关涉当事人诉讼请求能否成立或与裁判结果有关的论点，也需要进入法律修辞，而这些论点是争点论、论题学和决疑术所无法获取的。因此，修辞者只有运用法教义学的启发功能和认知性体系的检索功能，才能对论题学和决疑术获取的论题进行"查缺补漏"，并将相关的法律、法律解释、行政法规、地方性法规、自治条例或者单行条例、司法解释以及法律教义等补充到开题程序。因此，可以说，法教义学"既形成体系，同时也在利用体系"。

除此之外，一些具体的法教义学理论也可以对论辩前提施展必要的补充。德莱尔基于客体与功能之不同，认为法教义学存在抽象程度逐渐上升的如下理论形式：(1)解释性理论，系指针对较为具体的概念的含义所进行的定义性解释；(2)建议性理论，系通过漏洞填补等方法，为现行法所未预见之问题的解决提供建议的理论，例如"情势变更理论"和"缔约过失理论"；(3)建构性理论，主要用来确认某一现象的法律性质，例如究竟属于物权关系还是债权关系；(4)制度性理论，指对各法律制度（诸如买卖、所有权、遗嘱等）的结构与功能进行的特定陈述；(5)法律原则理论；(6)基本概念理论，指对存在于诸个别规范中的基本概念（诸如人、法律行为、意思表示等）所做的阐释性论述；(7)法律领域理论，既包括民法、刑法等部门法教义学，也包括债法、亲属法和税法等特定法教义学。[①] 同时，司法立场的法源理论也可以归为一种具体的法教义学理论。这些法教义学理论是法教义学的产品或产物，其中既包括应用性教义学的要素，也具有科学性教义学的成分。

---

① 参见 Ralf Dreier, *Was ist und wozu Allgemeine Rechtstheorie?*, J. C. B. Mohr, 1975, pp. 72, 92。

在认知性体系的引导下,它们能够为法律的适用实践提供更为具体的抽象概念、论证图式以及超越法律领域的结构模式。[1] 疑难案件中,很难直接通过论题学和决疑术寻找到法律上的前提,修辞者就需要运用法教义学的启发和续造功能,将这些具体的法教义学理论导入修辞开题。

三、法教义学的评价

法学体系必须保持开放,它绝不可能是已终结的体系,也不可能为所有问题备妥答案。[2] 为了实现相对人和听众的情感认同,在法律修辞中,修辞者有必要将一些道德、伦理、普遍价值、共同真理、民间惯习、流行性意见等法律之外的要素或论点带入修辞开题。争点论、论题学和决疑术把问题视为"必须认真对待的提问",重视合意、俗成观念以及范例的信服力,主张从具体的问题出发开放性寻找听众接受的前提。但是,这并不意味着修辞者可以摆脱法教义学的控制,论题学和决疑术也不能排斥法律和权威论据(如立法者意志、通说和法律文义)相对优先的地位。通过论题学和决疑术获取的前提必须接受法教义学的评价,否则,就会因汇入过多的法律外论题而导致"修辞在法律商谈中的否定",[3]并致使法律修辞违背可预见性、可普遍化、明确性以及平等性等法治原则。

---

[1] 参见 Josef Franz Lindner, "Rechtswissenschaft als Gerechtigkeitswissenschaft", *RW*, Vol. 1, 2011。

[2] 参见〔德〕卡尔·拉伦茨:《法学方法论》,陈爱娥译,商务印书馆2003年版,第45页。

[3] Gerald B. Wetlaufer, "Rhetoric And Its Denial legal Discoure", *Virginia Law Review*, Vol. 76, 1990.

通过体系性的归类,法教义学有助于批判性地审视现行的解决方案,发现并清理违反既有体系的解决方案,从而保持法律体系的一贯性以及与新规范的体系兼容性。[①]尽管在法教义学的加工环节,论题学和决疑术导入的法律外论题可能因为无法转化为相应的法教义学语句而被排除出去,但该程序的主要任务是进行法教义学语句的转换,不可能专注于论题的法教义学评价。因此,在正式进入法律"修辞论证"之前,有必要设置一种专门的批判性程序,按照法教义学的基本立场对法律外论题开展规范性评价。

在对法律外论题进行法教义学评价时,我们需要遵循如下基本原则:第一,如果法律外论题与法律内前提不存在冲突,且有助于说服听众和相对人,或有助于法律内前提的具体化和证立,那么就可以作为法律修辞的前提,但不能作为关键论据使用;第二,虽然法律外论题与法律内前提存在冲突,但如果能通过表述的转换或相应的解释解决时,且有助于说服听众和相对人,那么也可以成为论辩前提,但需要进行法教义学的加工;第三,当法律外论题与法律内前提存在严重冲突,且通过各种方式无法解决时,不管听众或相对人是否接受,都不得作为论辩前提;第四,当法律外论题与法律内前提的关系模糊不清时,修辞者应首先分析它们与案件争点或可能的裁判结果是否存在相关性,若存在相关性,且具有一定的修辞作用,便可以作为辅助前提使用。但如果与案件争点或裁判结果缺乏关联性,便不得成为论辩前提。

行文至此,可以发现,法律修辞开题程序是一种从问题思维向体系思维逐渐过渡的法律修辞准备程序。在法律修辞的构思流程中,争点论经由争点整理程序之调适首先用来处理案件争点的识别、归类和特

---

① 蒋毅:《在规范与个案之间——法教义学的立场、方法与功用》,载李昊、明辉主编:《北航法律评论》2015年第6辑,法律出版社2016年版。

定化;然后围绕归纳出来的这些争点再由论题学和决疑术以问题思维为取向尽可能多地搜寻论题和案例,最后则由法教义学跳出案件争点之窠臼,对初步选取的论辩前提进行体系性的加工、补充和评价。这种系统化的开题流程既可以帮助修辞者统一修辞开题的尺度和标准,指引其"像律师一样"寻找论辩前提,同时还为裁判文书释法说理提供了一套可操作的开启方法。除此之外,面对来势汹汹的人工智能"革命",这种法律修辞开题程序还有助于研发从司法数据库智能地提取裁判论据的类案推送人工系统。它不仅可以丰富和完善类比推理、回溯推理、假设推理等既有的启发式逻辑工具,并在整合传统开题术和法教义学的基础上,建立"论题智能推送""法条智能推送""类案智能推送""关联案例推送"等智能检索技术,而且还能通过论题学、决疑术的导入及时纠正法律检索系统的单调性和封闭性。当然,这种程序也不是一套固定不变、毫无灵活性和适应性的法律修辞程序。不同法系中的修辞者完全可以根据所处的修辞情景以及听众的可能反应灵活地进行调整。例如,他们可以根据判例的法源地位,改变论题学和决疑术在开题中的运用顺序,也可以根据个体的法律认识习惯,调整法教义学的加工、补充和评价程序的出场时间。

第五章
如何寻找裁判理由：
法律修辞开题的实践运用

为了有效缓和"依法裁判"和"个案正义"之间的张力，裁判理由的获取需要遵循一种从问题性思维向体系性思维逐渐过渡的开题程序。其中，问题性开题负责裁判论据的开放性寻找，体系性开题负责裁判依据的体系化检索以及裁判论据的教义学处理。不管是裁判论据的寻找还是裁判依据的发现，都必须将案件争点作为出发点。因此，裁判理由的寻找可以固定为三种具体操作：一是识别个案的争点形态，并将之划分为各种标准的"题头"；二是围绕案件争点，首先运用决疑术获取案例性论据，然后运用论题学获取论点性论据；三是在法律文件引用规范、法律渊源以及教义性知识的基础上，启动裁判依据的法律发现，并将获取的裁判论据纳入法教义学的框架进行处理。

第一节 裁判理由的获取难题

裁判文书说理必须"建立在充分的法律依据与事实理由的基础之

上,并通过合乎逻辑与情理的方式展现出从法律与事实推导到裁判结论的过程"①。这意味着,法官在裁判说理中必须进行两种开题操作:一是在案件争点的基础上针对性地寻找裁判理由;二是运用听众所接受的裁判理由进行有效论证。法律修辞始终秉持这样一个观点:修辞者应当首先进行"修辞开题",然后才能进行"修辞论证"。②"修辞开题"的主要功能在于"构思"修辞论证,帮助修辞者寻找对方和听众所接受的论题。修辞者只有通过"开题"发现所需的论题,才可能进一步展开"修辞论证"。③ 裁判理由不能"自始既存地显现给裁判者",它的正当性和相干性也"并非总是直截了当和显而易见"。因此,法官只有通过裁判开题才能寻找到恰当的裁判根据。这种裁判根据,也就是所谓的裁判理由。裁判理由系指提出主张的人用来支持或反对某个论点的理由,相当于一种"制度性的事实"。裁判理由是将案件事实和判决结论联系在一起的逻辑纽带,它供给了裁判文书说理的全部"法律论据"。在裁判说理的内部证成中,裁判理由即法律法规和司法解释所构成的"裁判依据",在裁判说理的外部证成中,裁判理由即证立"裁判依据"之正确性的"裁判论据"。

传统法学方法论注意到的,只是法律适用的最后行为,即包摄,而它使得所有在包摄之前的一切程序都陷入迷雾混沌不清。④ 到目前为止,关于裁判文书说理的主要思考都是以法官已找到了"合适"的裁判

---

① 雷磊:《从"看得见的正义"到"说得出的正义"——基于最高人民法院〈关于加强和规范裁判文书释法说理的指导意见〉的解读与反思》,《法学》2019 年第 1 期。

② 参见 Agnes Launhardt, *Topik und Rhetorische Rechtstheorie Eine Untersuchung zu Rezeption und Relevanz der Rechtstheorie Theodor Viehwegs*, Dissertation zur Erlangung des Doktorgrades der Juristischen Fakultät der Heinrich Heine Universität Düsseldorf, 2005, p. 162。

③ 参见 W. Ross Winterowd, *Contemporary Rhetoric: A Conceptual Background with Readings*, Harcourt Brace Jovanovich, 1975, p. 127。

④ 参见〔德〕阿图尔·考夫曼:《法律哲学》,刘幸义等译,法律出版社 2011 年版,第 106 页。

理由为假定。然而,在此之前定然存在着一个多阶段、逐步深入寻找裁判理由的开题过程。裁判文书说理,实际上是一个寻找、界定并最终确定裁判理由的思维过程与裁判论证的表达过程共同作用的结果。裁判文书所呈现出来的裁判说理,只能部分地反映法官裁判的思维过程。① 在裁判文书说理中,发现以及准确地界定裁判说理的各项前提,而不是从推理前提中得出结论,可能是更为困难的任务,也是最易出错的地方。②

裁判文书说理所关心的不仅是法的明确性及安定性,同时也致力于以逐步的工作来实现"更多的正义"。③ 为了提高裁判的正当性和可接受性,《最高人民法院关于加强和规范裁判文书释法说理的指导意见》第 13 条规定,除依据法律法规、司法解释的规定外,法官还可以运用下列论据进行裁判论证:最高人民法院发布的指导性案例;最高人民法院发布的非司法解释类审判业务规范性文件;公理、情理、经验法则、交易惯例、民间规约、职业伦理;立法说明等立法材料;采取历史、体系、比较等法律解释方法时使用的材料;法理及通行学术观点;与法律、司法解释等规范性法律文件不相冲突的其他论据。不难发现,不管是裁判理由的边界还是裁判理由的构成,都呈现出了前所未有的开放性、多元化乃至碎片化的特点。裁判理由不但出现了"裁判依据"和"裁判论据"这样的二元构造,而且"裁判论据"的内部也充斥着"非正式法源"

---

① 凌斌:《"法民关系"影响下的法律思维及其完善》,《法商研究》2015 年第 5 期。
② 参见[德]齐佩利乌斯:《法学方法论》,金振豹译,法律出版社 2009 年版,第 125—126 页。
③ 参见[德]卡尔·拉伦茨:《法学方法论》,陈爱娥译,商务印书馆 2003 年版,第 77 页。

"法律解释论据"以及"法外资源"[1]这些性质迥异的论证要素。

中国式法律议论中的裁判理由好像只是一个我们可以从中随意挑选论证资料的"大杂烩",有的具有强制性约束力,而有的只是实质性的间接理由;有的属于操作性理由,而有的只是辅助性理由;[2]有的具有文本载体,而有的只是不成文的法理思维。因此,可以想象,我们的法官在试图获取应予适用的裁判理由时,势必要面对如何协调不同性质的裁判理由的任务[3],势必要遭遇究竟应以何种方式获取分殊化的裁判理由的实践难题。裁判理由的启发式获取是一个分阶段的、逐步深入的选择过程,大多数情况下,一开始的归入仅仅是大概的、不确定的尝试。[4] 为了把某一案件可能涉及的所有裁判理由全部检索出来,一开始必须引入"以问题解决为导向"的思维技术,打破"裁判依据"和"裁判论据"之间的形式划界,以"案件"本身作裁判之出发点,从说理场景和争议焦点出发,秉持开放性姿态尽可能多地搜寻"不须依凭法律"的裁判理由。只有在接下来的操作中,法官才需要引入体系性思考技术,将这些为裁判提供可能基础的论题在范围上一步步地限缩和排除,并通过法教义学进行查缺补漏,从而形成恰当融贯的裁判理由体系。

对于裁判理由的获取而言,如果说"裁判依据"的发现体现的是体系性思考,那么"裁判论据"的寻找体现的则是问题性思考。为了尽可

---

[1] 指导性案例、立法材料、习惯、法理及通行学术观点等属于非正式法源;"采取历史解释、体系解释、比较解释等法律解释方法时使用的材料"属于法律解释论据,而公理、情理、经验法则、职业伦理等属于纯粹的"法外资源"。

[2] 所谓操作性理由,是指那些包含规范性姿态的理由,或者说,包含"应当/不应当"观念的理由;所谓辅助性理由,是指那些不包含规范性姿态的理由。参见陈景辉:《裁判可接受性概念之反省》,《法学研究》2009年第4期。

[3] 季卫东:《中国式法律议论与相互承认的原理》,《法学家》2018年第6期。

[4] 参见〔德〕齐佩利乌斯:《法学方法论》,金振豹译,法律出版社2009年版,第130页。

能平衡"依法裁判"和"个案正义"之间的张力,法官应首先进行"裁判论据"的问题性开题,然后进行"裁判依据"的体系性开题,以及"裁判论据"的法教义学检验。除此之外,为了增强裁判文书说理的针对性,不管是"裁判论据"的寻找还是"裁判依据"的发现,都必须围绕案件的争议焦点进行。参照法律修辞的开题程序,裁判理由的寻找可以分解为三种操作:一是设定开题的初始状态,分析说理主题和论辩情景,搜集、总结对方意见及理由,甄别双方争议焦点,并将之划分为各种标准的"题头";二是围绕所识别的案件争点,首先运用决疑术寻找指导性案例和其他相似案例,然后运用法律论题学寻找"法理、情理"等论点性论据;三是利用法律文件引用规范、法律渊源以及法教义学等体系性资料,寻求"裁判依据"的法律发现,并将获取的"裁判论据"纳入法教义学的框架进行加工、补充和评价。只有通过这种系统化的操作,裁判理由的获取才能形成一种从问题性思维向体系性思维有序过渡的方法论机制,才能规范和引导法官在开题操作中的"定案决策行为"[①],进而才能从根本上解决裁判理由获取的无序化难题。

第二节 设定寻找的初始状态:案件争点的鉴别与划分

在裁判文书说理中,法官无法直接运用一套现成的论证工具来进

[①] 参见马生安、周永军:《法官定案决策行为变异现象探究》,《南通大学学报(社会科学版)》2015年第3期。

行说服活动,他首先面对的是包含某种或一系列具体争点的问题。他们必须从整理争议点入手,设定"初始状态",进而展开思考,不断提问、解答,从一个节点到下一个节点,去伪存真,直至解决问题。只有基于对案件争点之探求,法官才能凭借与说服情境相关联的论据展开回应,才能针锋相对地发掘说服手段。一旦争议焦点出现缺漏或归纳错误,则裁判说理不仅没有任何意义,反而还会出现错判或漏判的可能。修辞学家赫尔玛格拉斯甚至把法官根据面临的修辞情境确定争议点,并围绕这一争议点寻求、构筑论点论据的活动,确定为裁判开题的中心任务。[①] "争点整理,顾名思义,乃整理当事人在诉讼上之争执点,使其易于明了的行为,亦即将当事人所主张者,区别其争执或不争执,依其逻辑体系、问题层次予以归纳列出,使其成为具体而明确的问题之行为。"[②] 争点整理是一项极具技术性的工作,在诉讼发展运营的过程中需要逐渐发现、整理压缩不同层面的争点,使争点具体化。[③] 完整的争点整理程序包括两个环节:一是鉴别案件的争点;二是对争点进行区分,即将争点划分为各种标准的"题头"。[④]

一、案件争点的鉴别

为了能够释明和整理争点,法官首先必须识别争点。争点识别的主要功能在于让法官把握住案件,获得指导或引导争点整理的必要准备。争点识别是法官自主的工作,取决于既存有效的法律制度,依赖于

[①] 刘涛:《元框架:话语实践中的修辞发明与争议宣认》,《新闻大学》2017年第2期。
[②] 吕太郎:《争点整理与协议简化》,《台湾本土法学杂志》2002年第41期。
[③] 参见段文波:《我国民事庭审阶段化构造再认识》,《中国法学》2015年第2期。
[④] 参见 Malcolm Heath, *Hermogenes on Issues: Strategies of Argument in Later Greek Rhetoric*, Clarendon Press, 1995, p.21。

法官的理论素养以及职业经验。识别出的潜在争点未必都会成为实际争点,而实际发生的争点范围也可能超出识别的争点范围。争点的识别往往只能在最宏观的层次或个案法律适用的整体框架内进行,因为此时个案推理体系内局部的推理子系统还不可能形成。[1] 为了帮助法官熟练掌握争点识别技术,除了鼓励法官敢于在实务中适用摸索外,还必须建立一套标准化的争点识别程序。对于一个完整具有事实争点、法律争点、诉讼标的争点以及证据争点的案件来说,其争点识别路径通常为:

首先,识别诉讼标的争点。所谓诉讼标的争点是指当事人间、当事人与法官间就诉讼标的的确定而产生的争议。[2] 诉讼标的争点是所有案件争点中最上位、最高级的争点形态。倘若诉讼标的未能予以确定,便会严重阻遏其他争点整理。因此,可以说,诉讼标的之识别是引领整个争点整理的前提。在程序开始运行之前,识别诉讼标的,也就可能识别当事人的请求权基础是什么,进而也就可能识别要件事实是什么。当事人之间往来的起诉状、答辩状、反答辩状等书状以及法院为了整理争点所做的笔录,通常是法官识别当事人双方诉讼标的争点的重要依据。[3] 诉讼标的争点整理主要适用于以债权为请求权基础的诉讼案件,所以为了鉴别案件诉讼标的,法官需要探明原告据以提出诉求的原因事实。在诉讼标的争点的识别中,法官还需要注意诉讼标的之下是否寄生有子诉讼标的。如果出现子诉讼标的的情形,可以依据法律竞合理论,由原告选择其具体请求权,从而确定诉讼标的争点。在原告未作

---

[1] 参见王源渊:《民事诉讼中争点的识别与整理》,《华南理工大学学报(社会科学版)》2011年第2期。
[2] 参见黄湧:《民事审判争点归纳:技术分析与综合运用》,法律出版社2016年版,第185页。
[3] 参见冯亚景:《论民事案件争点整理的基本方法》,《理论界》2017年第6期。

选择的情况下,法官可通过行使释明权进行归纳。需要提醒的是,法官在此处的识别只限于诉讼标的的定性,而无权代当事人决定争点是否保留。

其次,识别法律争点。每一个诉讼标的都指向一个具体的请求权基础。诉讼标的争点一经特定,若无变动,其中蕴含的法律争点便会自动浮出。在协同主义的诉讼模式下,法律争点系指当事人之间或者当事人与法院之间因法律见解不同所形成的争议。法律争点通常呈现为两种类型:一是对究竟应该适用甲规则还是乙规则,发生争执;二是就适用某一规则本身无争议,但对该规则的解释或续造发生争执。法律争点并不完全来源于当事人对法律适用问题的争执,当法官的法律见解与当事人的认识发生冲突时,也会出现法律争点。因此,在法律争点的识别中,法官应当发挥更积极主动的作用,必要时,还应该引导当事人对法律争点发表意见。

在诉讼中,原告为了支持其诉讼请求,会提出一系列具有法律意义的事实主张和法律主张,被告为抗辩原告的诉请,也会提出针对性的事实主张和法律主张。因此,对于当事人之间的法律争点,法官可以通过梳理诉讼双方的法律主张来进行识别。任何案件中,法官对争点的识别都应把构成要件作为基准。只有如此,才能减少诉讼双方提出与案件无关的法律见解或无谓主张的情况,也才能体现出法官对争点整理的有效引导与控制。如果法官发现自己的法律理解与当事人的法律理解存在差异,应当适度表明其法律见解,与当事人讨论,并明确案件在法律适用上的争议。

再次,识别事实争点。由于法律争点往往涉及某一法律要件是否成立,当案件的法律争点被识别之后,就需要对符合该法律要件的要件事实进行确认。如果当事人就此要件事实作出不一致的主张或陈述,就需要进一步识别案件的事实争点。所谓事实争点,也就是当事人对某一要件事实是否存在以及存在形态所发生的争执。事实争点主要由被告在答辩状中否认原告在起诉状中所主张的重要事实而产生。因此,法官可以通过归纳当事人起诉与答辩时的事实主张来进行事实争点之识别。在诉讼辩论主义之下,当事人所未主张之利益或事实,法院不得作为裁判之基础。在归纳事实争点过程中,法官应仔细询问并掌握双方诉辩意见,根据庭审情况要求当事人对诉称与答辩的事实进行补充陈述。[1]

在事实争点的逐渐识别中,法官应当明确需要证明的事实和无须证明的事实,从而发现真实的事实争议。对于无须证明的事实,例如众所周知的事实、依据经验法则可以判定的事实等,当事人无须对其进行举证,也就谈不上对该事实的争执。而对于那些需要证据证明的事实,经法官认定后才能予以判断的事实,则需要结合程序法和实体法继续进行归纳。本书认为,在程序法层面,事实争点的理想归纳模式是,"原告于起诉时即能就其权利主张,自行列明该当于权利发生所依据之事实即诸要件事实及相关证据(必要时提出事实主张一览表,并就主要事实与相关联之间接事实、证据,予以分别逐一列明)"[2]。在实体法层面,应以法律关系为指引,结合实体法规范与合同条款掌握事实争点。

最后,识别证据争点。证据具有支撑要件事实是否存在的功能,所以法官完成事实争点的识别之后,一般情况下将自然过渡到证据争点的识别。所谓证据争点,是指当事人双方就证据的真伪、效力、合法性

---

[1] 参见韩海滨:《论民事诉讼事实争点整理的方法》,《广西大学学报(哲学社会科学版)》2016年第3期。

[2] 邱联恭:《争点整理方法论》,林雅英发行2001年版,第31页。

以及证据的关联性所发生的争议。在审判实务中,证据争点的识别通常交由审前程序中的证据交换、证据开示以及庭前会议等环节协助完成。法院应以证据开示的方式组织控辩双方进行证据交换,进而实现对证据争点的归纳和识别。在证据交换和展示过程中,可以通过设置由控方向辩方提供证据目录清单的方式,来明确有争议证据和无争议证据。[1] 除此之外,在审前的争点整理阶段,证据争点还经常采用询问当事人、证据申请和证据保全等方式进行识别。让当事人就案件的事实进行如实陈述,是证据争点鉴别最常见的方式。在某些情况下,如果当事人无法自行搜集证据,还可以申请法院就该事项及其证据争议进行调查和识别。案件受理后,当事人也可以向法院申请证据保全措施。通过证据保全,当事人可以利用所保全的证据资料,就案件证据进行协商、交流,促使证据争点得到归纳和识别。[2]

二、案件争点的体系划分

案件争点的识别只是完成了对案件包含的争点形态的定性归纳,而无法深入到每一争点的内部考察它的具体构成问题。案件争点不仅可以划分为诉讼标的争点、法律争点、事实争点和证据争点这些大类争点,而且每一大类争点包含了大量的属下争点。只有在对案件争点进行尽可能的详细划分的基础上,才可能在案件争点与裁判理由之间建立一种体系性的对应关系,进而才可能最大化地发挥案件争点对于裁

---

[1] 参见孙琳、关倚琴:《庭前证据整理程序研究——以"审判中心"背景下落实直接言辞原则为视角》,《政法学刊》2016年第4期。
[2] 参见冯亚景:《民事案件争点整理之基本方法与制度构建》,《行政与法》2017年第6期。

判理由获取的定位和指引功能。那么,案件争点的划分究竟该如何操作呢？经由考察发现,法律修辞学和诉讼法学给出了两种不同的分类框架。

古希腊修辞学家赫玛戈拉斯是争点分类理论的首创者之一。为了处理"个案"或"确定的问题",赫玛戈拉斯认为,所有的案件争点可以分为两类:一类是所谓的"一般非法律争点";另一类是所谓的"特殊的法律争点"。其中,"一般非法律争点"包括四种属下争点:(1)事实争点或推测性争点,该争点涉及某个特定的人是否在某个特定的时间做过某件事。(2)定义争点,即所承认的行为是否属于某个犯罪的法律"定义"。(3)性质争点,即涉及行为的"价值""类别"或"性质"的争点。(4)程序争点或转移争点,即被告人对法律程序持有异议或将审判权"转移"给另一不同的法庭的争点。所谓的"特殊的法律争点",则来自有关法律条文的文义或其中所蕴含的意图之争议。当代学者比较清晰地将"特殊的法律争点"划分为了四类:(1)"条文与意图"争点;(2)"法律冲突"争点;(3)"法律歧义"争点;(4)"基于类比推理的"争点。[①]

赫摩根尼斯是赫玛戈拉斯之后对争点论的继承和发展作出最大贡献的修辞学家之一。与赫玛戈拉斯不同的是,他不是将每一个争点都看作是同等的、独立的,而是给诸争点引入了一个派生体系,在这个体系中,其他所有的争点都"来源于"第一个争点,而它们各自又相应地派生于前一个争点。[②] 通过这种方式,他提出了一套内在于司法演说中的"13 争点体系":(1)事实争点;(2)定义争点;(3)性质争点;(4)辩护争点,因行为"是否正当和合法"所形成的争议;(5)反驳争点,

---

① 参见 Hanns Hohmann, "The Dynamics of Stasis: Classical Rhetorical Theory and Modern Legal Argumentation", *The American Journal of Jurisprudence*, Vol. 34, 1989。
② 参见舒国滢:《"争点论"探赜》,《政法论丛》2012 年第 2 期。

当事人承认做了错事,但强调其不法行为的实践后果有益于公众;(6)反控争点,被告人虽承认做过某种错事,但指控受害人理应遭受其所作出的行为之损害;(7)转嫁罪责争点,被告人把责任推给被认为应负责任的其他人身上;(8)请求减免罪责争点,被告人以各种客观理由或个人的内在状况作为不承担责任的借口;(9)条文与意图争点;(10)同化争点,指一方将成文法中明确规定的行为和法律未明确规定的另一行为相互类比和等同;(11)法律冲突争点;(12)歧义争点;(13)立案争点,即一方认定某事根本就不值得或不应该成为争辩的事由。[1]

修辞学家提出的争点划分"完备细致、清晰具体",具有一定的可操作性,不过却存在一个致命性的硬伤,那就是,它们刻画和反映的只是古代司法中的争点整理风格,对法律实体争点与法律程序争点几乎未作区分,因此,这种方案与当代争点整理程序很难直接对接。争点划分的诉讼模式本身就是争点整理程序的一种衍生物,并且也发展出了相当完整的争点分类体系,然而,该种方案固有的诉讼主义特点极易扭曲裁判说理中的问题情境,从而造成对不同争点分类标准和划分体系的压制其至排除。因此,我们有必要在充分整合这两种争点分类方案的基础上,建构一种新的案件争点分类体系。以下,笔者将分别阐述上述每一大类争点的划分标准和分类体系。

诉讼标的是诉讼标的争点的客体和对象,因此,诉讼标的争点的划分取决于诉讼标的的分类。"诉讼标的"由原因事实和诉讼请求加以确定,其中任一要素为多数时,则诉讼标的便为多数。诉有不同的类型,在不同类型的诉中,诉讼标的也有所不同。因此,诉讼标的争点可以相应地划分为给付之诉标的争点、确认之诉标的争点以及变更之诉

---

[1] 参见刘亚猛:《西方修辞学史》,外语教学与研究出版社2008年版,第141—142页。

标的争点。在这三种诉讼标的争点之下,每一诉讼标的争点还可以继续划分下去。例如,给付之诉标的争点可以划分为特定物给付之诉争点、种类物给付之诉争点和特定行为给付之诉争点。

按照不同的标准和框架,法律争点同样可以获得不同形式的划分。例如,以引起主体为标准,法律争点可以划分为当事人之间的法律争点、法官之间的法律争点、当事人与法官之间的法律争点。根据争议内容的性质,法律争点可以划分为权益性争点和适用性争点。[1] 权益性争点本质上属于诉讼标的,是裁判文书说理最原始的争议所在。它涉及的并非某一法律规范的适用或解释,而是当事人之间的权利义务纠纷,或者犯罪嫌疑人、被告人在犯罪和刑罚上的正当化理由。[2] 随着法律适用的不断进行,权益性争点最终将转化为相应的适用性争点。适用性争点涉及的并非当事人之间的权利义务纠纷或者犯罪行为的辩护理由,而是某一法律规范的选择和解释分歧。例如,"条文与意图"争点、"法律冲突"争点、"模糊争点"以及"类比推理"争点等就属于适用性争点。[3]

根据法律适用的框架,适用性争点还可以接着进行划分。例如,按照法律发现与法律解释的划分,适用性争点可以划分为发现性争点和解释性争点。发现性争点涉及的是应选择何种法律规定、法律规范或法律渊源在个案中适用;解释性争点涉及的是某一法律规范的解释或续造争议。其中,发现性争点还可以再次划分为法律冲突、法律竞合以及法律漏洞三种争点。根据法律漏洞的一般分类,[4]法律漏洞争点还

---

[1] 参见吕玉赞:《案件说理的法律修辞方法选择——以甘露案再审判决书为例》,《东方法学》2015年第1期。

[2] 参见刘亚猛:《西方修辞学史》,外语教学与研究出版社2008年版,第141—142页。

[3] 参见 Hanns Hohmann, "The Dynamics of Stasis: Classical Rhetorical Theory and Modern Legal Argumentation", *The American Journal of Jurisprudence*, Vol. 34, 1989.

[4] 参见黄茂荣:《法学方法与现代民法》(第5版),法律出版社2007年版,第428—433页。

可以划分为法律漏洞与法漏洞、自始漏洞与嗣后漏洞以及明显的漏洞与隐藏的漏洞等等争点。按照解释与续造之间的文义界限，解释性争点还可以进一步划分为模糊词语意义的确定和法律空白的补充等争点。根据解释的元素，"模糊词语意义的确定争点"可以划分为文义解释、目的解释、体系解释、历史解释、合宪性解释以及后果导向的解释等等争点。根据漏洞填补的方式，[①]"法律空白的补充争点"可以划分为价值补充争点和漏洞填补争点。其中，漏洞填补争点还可以划分为法律类推、正面类型、反面类推，以及基于一般条款、不确定法律概念、法律原则、习惯法或比较法的漏洞填补等等争点。

事实争点一般包括主要事实争点、间接事实争点、辅助事实争点这三种争点。"所谓主要事实，是指判断法律关系之发生、变更或消灭等效果所直接必要之事实；所谓间接事实，是指用以推认主要事实是否存在之事实；所谓辅助事实，是指用以证明证据之可信性之事实。"[②]根据所对应的具体法律关系，主要事实争点可以划分为请求原因事实争点、抗辩事实争点和再抗辩事实争点。在事实争点与法律争点之外，还存在一种交织了事实问题和法律问题的争点，被称为法律事实争点。

证据争点主要包括当事人对证据能力、证明能力以及举证责任的争执。其中，证据能力争点涉及的是证据的真实性、合法性、关联性以及提出的适时性，因此，可以相应地划分为证据真实性争点、证据合法性争点、证据关联性争点以及证据适时性争点。证明能力争点涉及的是证据的可采信性，因此也称为可采性争点。除此之外，根据证据的形态，证据争点还可以划分为关于物证、书证、人证的等等争点。

案件争点的体系划分只是在争点识别的基础上，所建构的用来整

---

① 参见王利明：《法律解释学》，中国人民大学出版社2016年版，第353—421页。
② 吕太郎：《民事诉讼之基本理论》，中国政法大学出版社2003年版，第278页。

理个案争点的"元素周期表"或"体系方位图",并不意味着案件中真的存在这么多类型的争点,而至于案件中究竟存在哪些具体的争点种类则需要结合案件争点识别以及裁判论证反复确定。一旦案件争点获得固定和特定化,法官便可以根据争点本身的争辩程度以及争点对裁判结论的重要性,建立案件具体争点目录和整理表格,从而为接下来的裁判理由寻找提供方向上的定位和指引。

第三节　进行问题性开题:
裁判论据的开放性寻找

案件争点的整理只是为裁判理由的寻找提供了一个目标和方向,但并不能揭示具有动机性的修辞策略,[①]裁判理由并不会因为与案件争点的可能类型匹配就能自动呈现出来。在裁判文书说理中,法官只有借助相应的裁判开题术才能寻找到恰当的裁判理由。"法律法规、司法解释"等"裁判依据"属于正式法源,可以通过体系化检索的方式直接进入裁判说理。"公理、情理、经验法则、交易惯例"等"裁判论据",缺乏可以检索的外在体系结构和等级效力位阶,只能通过问题性思维的方式才能进入裁判文书说理。为了降低法教义学"运作上的闭合性"对其他论据进入裁判说理的体系排斥,法官应首先进行"裁判论据"的问题性开题。根据论据的存在形式,所有的"裁判论据"可以划

---

① 参见袁影、崔淑珍:《修辞学"争议点"理论的认知解析与应用》,《外国语言文学》2009 年第 2 期。

归为三种类型：一是规范性的论据，非司法解释类审判业务规范性文件具有类似于正式法源的本文形式，它们的获取方式与"裁判依据"基本相同；二是案例性的论据，指导性案例以及不与规范性法律文件相冲突的其他经典案例，它们具有"应当参照"或"可以参照"的事实约束力，需要以决疑术的方式进入裁判说理；三是论点性的论据，公理、情理、立法材料、法律解释的材料以及法理和通行学术观点，它们属于经典的法律论题，需要通过法律论题学的方式来获取。

一、寻找案例性论据

裁判文书说理不但需要诸如观点、意见、原则以及方法等论点形式的论据，同时也需要案例形式的论据。最高人民法院发布的指导性案例是裁判文书说理"应当参照"的裁判论据。除此之外，与法律、司法解释等规范性法律文件不相冲突的"参考性案例、公报案例、典型案例"，也是裁判文书可以参照的论据。指导性案例中具有后案参照力的内容是多元的而非一元的，不同内容所具有的后案参照效力并不相同，有制度性参照与非制度性参照之别。[1] 在法官实践推理中，指导性案例不仅仅是可以启发裁判结论的裁判论据，更是启发和引导裁判文书如何说理的案例论题。为了以"软着陆"的方式实现指导性案例统一法律适用的制度功能，[2]指导性案例必须被作为一种优先性的论据予以检索和援引。类比推理虽然是获取指导性案例的基本形式，但这

---

[1] 参见郭明瑞、瞿灵敏：《指导性案例的参照效力与适用问题研究》，《江汉论坛》2016年第2期。
[2] 参见孙良国、李屹：《指导性案例制度功能"软着陆"的解释论思考》，《江西社会科学》2020年第3期；孙光宁：《案例指导：法律解释方法法典化的制度探索》，《学术交流》2016年第6期。

种类比推理并非"作为扩张的类比",而是一种"内在于事实构成的类比"①和"发现前提的决疑术"②。尽管已决的案例也是一种重要的修辞论题,③但论题学本身具有轻视甚至忽视判例的倾向。④ 因此,法官应当借助于决疑术将包括指导性案例在内的相似案件转变为裁判论据。

决疑术,在法律推理上被认为是一种"基于案例的推理"。它坚持以问题思维为取向,主张从疑难(困局)角度来进行思考。决疑术的推理基点并不是抽象的规则,而是先前法院的决定。在决疑术看来,个案的案情能够彰显一种不同于其他所有案情的唯一性,所以选择合适的法律规则裁决案件必须依赖于个案。通过决疑术,同样规则的运用可以涵括新的问题和旧的事例。决疑术通常不把理论争议作为出发点,而是关注不同法律案件的特殊性,重视案情之间的"自然统一性"和相似性。决疑术对案件的裁决首先诉诸的是一种法律直觉。它通常不是把各种理论作为出发点,也不过分渲染法律上的理论争议,而是从对某个明确的范例的考察开始。在决疑术中,一般规则与个案之间的关系是实践性的,法律规则并非"公理",而仅是一种"箴规"或"格言"。⑤

决疑术透过范例和待决案件的比较来裁决案件,相似的范例被用作案件裁判的最终参照。决疑术主张,与范例类似的案件应同等对待,与范例不同的案件应分别对待。案件与范例的相似度愈低,按范例处理的合理性就愈低。决疑术的首要任务是决定何种范例与案件争议具

---

① 参见雷磊:《法律推理基本形式的结构分析》,《法学研究》2009 年第 4 期。
② 参见 L. Weinreb, *Legal Reason: The Use of Analogy in Legal Argument*, Cambridge University Press, 2005, p.10。
③ 参见 Ch. A. L. Kästner, *Topik oder Erfindungswissenschaft*, Kummer, 1816, p.85。
④ 参见〔德〕罗伯特·阿列克西:《法律论证理论——作为法律证立理论的理性论辩理论》,舒国滢译,中国法制出版社 2002 年版,第 29 页。
⑤ 参见〔德〕特奥多尔·菲韦格:《论题学与法学——论法学的基础研究》,舒国滢译,法律出版社 2012 年版,第 47 页。

有相关性。决疑术一般不会宣称在结论中实现了确定性,也不会宣称解决了所有的问题。当某些异议无法解决时,它甚至允许几种行为过程同时存在。① 决疑术反对理论化和体系化,②但它本身既非案例法,也不是规范在个案中的例证。决疑术的主要功能是确认和判断法律概念的效力是否具有特定的边界,或者某些个案是否落入了这些边界。③

发现范例是决疑术中最重要的一步。范例是人们都可能接受的一种参照解决法律难题的模式或蓝本。只要具有足够的范例,就可以通过手头案件与范例的比对作出期待的裁判结论。范例可以提供某种清晰的指导,引导更加公开化地作出司法裁判。比较范例和手头个案的过程,事实上也是案件分类的过程。在决疑术看来,面对一个案件,只有在对案情进行分类之后,才能够确定具体的解决方案。④ 尽管具有非体系化的倾向,决疑术却在案件之间不断比较和推理的过程中形成一套"案件分类学"。在决疑术看来,即使待决案件本身是独特的,基于范例的差别性判断也会作用于法律的适当性判断。这种差别性判断不是基于某项原则或理论,而是基于案情与箴规在案件形态上以及在与其他类似案件相比较之中所显现的方式。

不难发现,决疑术也是一种重要的以问题为导向的修辞开题术。⑤ 决疑术不仅可以将指导性案例作为优先性论据导入裁判文书说理,而且还可以深入挖掘指导性案例所包含的裁判理由从而大大降低

---

① 参见 Carson Strong, "Specified Principlism: What It is, and Does it Really Resolve Cases Better than Casuistry?", *J. Med. & Phil.*, 2000(25)。
② 参见 Paul R. Tremblay, "Shared Norms, Bad Lawyers, and the Virtues of Casuistry", *University of San Francisco Law Review*, Vol. 36, 2002。
③ 参见 Baber Johansen, "Casuistry: Between Legal Concept and Social Praxis", *Islamic Law and Society*, Vol. 2, 1995。
④ 参见〔葡〕叶士朋:《欧洲法学史导论》,吕平义、苏健译,中国政法大学出版社1998年版,第2页。
⑤ 参见 Theodor Viehweg, *Topik und Jurisprudenz*, C. H. Beck, 1974, p.49。

待决案件的开题负担。从相关的争点或论题开始是修辞性的案件推理的第一步。[①] 决疑术反对以规则对个案的涵摄方式裁判案件,而主张透过案件之间的相似性比较引出法律规则后,再将其适用到待决案件从而得出裁判结论。决疑术更不会把发现的范例武断地归入某个法体系,而是在节制性、有拘束的慎思中发展出一套特定的寻找前提的风格,该风格在依靠经过检验的观点上显然具有开题性。[②] 因此,决疑术不仅可以无缝对接争点整理程序,而且还可以借助相应的"案件分类学"优先寻找待决案件应该或可以参照的相似案例。

在具体操作中,决疑术首先从待决案件出发,整理和分析其包含的各类争点,设定"初始状态",进而借助案件之间的语义记忆关联或其他心理检索机制寻找合适的相似案例。不过,通过案例之间的语义相似性,法官也可能发现与待决案件相似的多个指导性案例。为了协调指导性案例间的冲突,选取与待决案件最相似的指导性案例,法官需要利用法律原则或规则目的等"决疑因素"去分析和判断,究竟哪一个指导性案例与待决案件的相似度最大。在指导性案例被选定之后,再将其所包含的裁判理由、解释方法和说理图式转用于待决案件,从而获取待决案件所需要的裁判理由。除了利用类比寻找指导性案例之外,法官还可以通过案件编排的"分类学"快捷地寻找所需的相似案例。经验丰富的法官不仅可以基于案件相似性建构相应的"案例类型",而且还可以通过"裁判要点"建构具有相似争点的案例集合。对于指导性案例的获取而言,这两种案例分类机制均能够发挥类似于"论题目录"的指引功能。

[①] 参见 James M. Tallmon, "Casuistry and the Role of Rhetorical Reason in Ethical Inquiry", *Philosophy and Rhetoric*, Vol. 28, 1995。

[②] 参见〔德〕特奥多尔·菲韦格:《论题学与法学——论法学的基础研究》,舒国滢译,法律出版社 2012 年版,第 52 页。

虽然论点性论据一般情况下都包含在案例集合中,但有时也会超越或脱离它的案例载体,以"未完全理论化的协议"[1]的形式储存于法官的法律感和法律记忆之中。只不过,指导性案例包含的这些论据只有通过决疑术的转介才能成为裁判论据。我国是成文法国家,除了指导性案例,判决文书并不能直接援引其他判例作为裁判论据使用。因此,决疑术所发现的其他范例一般仅能作为引入论点性论据的媒介使用,而不能直接作为裁判论据使用。

二、寻找论点性论据

为了尊重裁判文书说理的决疑性,法官必须开放性地援引其他材料作为"论据"以充实裁判说理的"厚重"。在论点性论据的寻找过程中形式逻辑的思考只具有次要的作用,为了找到使案件处理得以开始的那些法律规范,我们必须引入"拉入视野"(In-Betracht-Ziehen)的技术。[2] 论题学是一种"特殊的问题讨论程序",它可以将各种各样的论点性论据拉入裁判开题的视野。

首先,论题学是一种以问题为导向的思考技术,更容易挑选出针对个案的裁判论据。论题学主张为问题量身打造解决方案,而不是在预定的体系内解决问题。论题学反对把考察的重心放在体系上,以体系筛选问题,而主张把考察的重心放在问题上,以问题的投放引致体系选

---

[1] 孙斯坦认为,未完全理论化的协议非常适合某种应当或必须以先例为参照的制度。关于这一概念的介绍参见〔美〕凯斯·R. 孙斯坦:《法律推理与政治冲突》,金朝武等译,法律出版社 2005 年版,第 39—120 页。

[2] 参见〔德〕齐佩利乌斯:《法学方法论》,金振豹译,法律出版社 2010 年版,第 126 页。

择。论题学提倡一种片段式的、不成体系的认识,①对答案不轻易设定限制。在菲韦格看来,所有的答案和理解都是暂时的。当情景变更时,必须为问题的解答寻找新的指引路径。当人们在某个地方遭遇问题时,通常不会设定固定的推导关联结构,反而会试错性地选择某些观点。② 同时,论题学还是一种动态的、贴近法律运作实践的主体间的对话方法。③ 在论题学的商谈中,任何论辩都需要在论题内展开。法官必须围绕争议焦点展开说理,根据争议焦点的提示在法律体系内解析所涉及的法律要素。如果遇到法规竞合、法律缺位和法意模糊等情形,需要借助比较、类比、因果和诉诸权威等论证型式寻求恰当的法律依据。④ 论题学注重问题情景,在思维方式上能够维护争点本身的问题性,确保法官从案件争点出发开放性地搜索论题,因此更容易选出适合个案的裁判论据。

其次,法律论题是"论点所处的位置"⑤,可以通过记忆直接供给裁判论据。论题学是一种从或然性中寻求命题和结论的工具,通过相应"述语"之提示,修辞者可以在"标题"或"名称"之下寻找相关的论点、事例或资料。⑥ 论题是论证的"位置、处所和所在地",表明论题是论证开始的地方。论题内存储的是论证所需的论点、论据和论证资料,亚里士多德和西塞罗也都把论证的材料存放在论题内。任何种类的论题都

---

① 参见张青波:《理性实践法律——当代德国的法之适用理论》,法律出版社 2012 年版,第 98 页。
② 参见舒国滢:《走近论题学法学》,《现代法学》2011 年第 4 期。
③ 参见焦宝乾:《论题学的法律方法论意义》,《求是学刊》2010 年第 5 期。
④ 参见金彦宇、纪旸:《论法律论证的论题学进路——以裁判文书说理为场域》,《重庆第二师范学院学报》2019 年第 3 期。
⑤ 参见 Ch. Perelman, Lucie Olbrechts-Tyteca, *The New Rhetoric, A Treatise on Argumentation*, University of Notre Dame Press, 1969, p. 85。
⑥ 参见舒国滢:《论题学:从亚里士多德到西塞罗》,《研究生法学》2011 年第 6 期。

有助于定位和识别论证的类型或线索,无论它是所有修辞学共享的一般论题,还是位于专门修辞学中的特殊论题。通过对法律论题的记忆或联想,法官可以注意到论证发生的地方,进而发现和识别论证前提。论题类似于一个解码系统,它允许研究者扫描实质性的内容材料,从而允许论题准确地找到论证的一般或特殊形式。[①] 诸如"法律之内,应有天理人情在""法律解释者都希望在法律中寻获其时代问题的答案""特殊法优于一般法""文义解释优先"这些论点性的论据,它们都是法律人普遍认同的命题性知识,所以经过培训和学习可以变成法官知识和记忆的一部分。在裁判文书说理中,法官只要启动对这些论题的回忆,便能很快寻找到相应的裁判论据,并将那些论据铭记于心。法律论证的前提依附于问题争点,问题争点的投放引来论证前提,法官只要识别出裁判文书的问题争点便可以寻找到相应的裁判论据。例如,借助与解释性争点对应的历史解释、文义解释、体系解释、目的解释等论题,法官便能够很快找到所需要的法律解释论据。

最后,法律论题目录的不断丰富,为裁判论据的寻找提供了更多定位指引。在论题学看来,当人们在某个地方遭遇问题时,为了尽可能寻求客观上适当的、丰富的前提,通常不会设定固定的推导关联结构,反而会试错性地选择某些随机的观点。这种思维的方向通常由某些主导性的观点控制。菲韦格将这样的程序称为"一阶论题学"。为了消除"一阶论题学"的不确定性,我们需要为其提供某些经常备用的观点汇编作为支撑物,这样就产生了论题目录,菲韦格把使用论题目录的这种程序称为"二阶论题学"。[②] 经过若干世纪使用的论题目录形成了一系列极为丰富的论题。不仅存在着亚里士多德、西塞罗及其追随者所阐

---

① 参见 J. P. Zom Ompetti, "The Value of Topoi", *Argumentation*, Vol. 20, 2006。
② 参见舒国滢:《走近论题学法学》,《现代法学》2011年第4期。

述的可以普遍应用的论题,而且形成了各种丰富的法律论题。例如,西塞罗总结了"同一词根""属""种""相似""差异""对立"等19个经常在法律实践中使用的"修辞论题"。① 德国法学家马修斯·格里巴尔多斯·穆法,从《国法大全》中提炼出了法学通用论题的目录,并直接按照字母先后顺序加以排列。② 西班牙法学家弗朗西斯科·普伊·穆略斯,在对59对法律论题运用词素粘连法研究的基础上,将所有的法律论题划分为逻辑论题、自然论题、本体论论题、伦理学论题、人类学论题以及社会论题。③ 德国法官埃贡·施耐德认为,法律行为的基础、超法律的紧急状态、人的尊严、法律解释方法,以及衡平、正义、法的安定性、法理学说、既定判例等等,都可以视为法律论题。④

由此可见,"法理、情理、经验法则"等论点性的论据也属于法律上的论题,它们所指的并不是法律的概念、命题(如规则、定律、公式),而是"可以构建论证的地点"⑤。它们同样可以进行相应的划分,例如,"公理、情理、职业伦理"可以划归为"伦理学论题";交易惯例、民间规约可以划归为"历史论题";"立法说明等立法材料、采取历史、体系、比较等法律解释方法时使用的材料"可以划归为"解释性论题";法理及通行学术观点可以划归为"教义性论题"。可行的论题目录一旦形成,就可以为后续的裁判开题提供一种逻辑上的固定联系。论题目录对于初次固定和构成一定的前理解具有重要的意义。它们使提问和答案得

---

① 参见舒国滢:《西塞罗的〈论题术〉研究》,《法制与社会发展》2012年第4期。
② 舒国滢:《欧洲人文主义法学的方法论与知识谱系》,《清华法学》2014年第1期。
③ 参见徐国栋:《从"地方论"到"论题目录"——真正的"论题学法学"揭秘》,《甘肃社会科学》2015年第4期。
④ 参见徐国栋:《从"地方论"到"论题目录"——真正的"论题学法学"揭秘》,《甘肃社会科学》2015年第4期。
⑤ R. D. Rieke, M. O. Sillars, *Argumentation: Critical Decision Making*, Collins, 1993, p.24.

到有序整理,并且指明究竟什么东西值得更进一步的思考。

在论点性的论据所组成的"论题目录"中,公理、情理、法理、立法材料、法律解释材料以及与规范性法律文件不相冲突的其他裁判论据,并非杂乱地堆放在一起,而是呈现出一定的分类存放和编排秩序。即使它们未必事先分类存放或编排,法官也可以通过辩证法的"分析"与"综合"技术[①],"种属""相似""对立""前件""后件""矛盾"等修辞论题,以及对立面推论、相互关系推论、分类推论等修辞式推论建立它们之间的逻辑关联和编排体系。人脑对事物的认知图式一旦形成,就具有相对稳定性,并决定个体信息选择的内容和倾向。这些论点性的论据表面上看来存在严重的"分殊化""碎片化"倾向,但只要将它们组建成合理的论题目录,便可以为裁判理由的寻找提供相应的"定向途径"和指引门径。同时,裁判论据的论题目录化,也为司法大数据和人工智能技术在裁判开题中的应用提供了技术可能性。

第四节　转入体系性开题:裁判依据之发现与裁判论据之处理

司法裁判的形式合法性,源自法官在裁判过程中对于既有法律的遵守。[②] 司法裁判在本质上不仅是一种法律论证活动,而且是一种依

---

① 参见〔德〕特奥多尔·菲韦格:《论题学与法学——论法学的基础研究》,舒国滢译,法律出版社 2012 年版,代译序第 27—42 页。
② 孙海波:《越法裁判的可能、形式与根据》,《东方法学》2019 年第 5 期。

法裁判的论证活动。[1] 而现实中的司法裁判却充斥着法律规则与潜规则的各种博弈和角逐。[2] 因此，裁判文书必须突出据以作出裁判的法律依据，确保裁判结论获得合法化和正当化论证。然而，我国规范性法律文件数量众多、体系庞杂，矛盾冲突难以避免，这意味着，如何发现和引证裁判依据也注定是一项极具挑战性的工作。同时，通过问题性思维获取的裁判论据，很多情况下只能作为搭建裁判论据的要素要件，而不能直接成为适合的裁判理由，有时甚至还会遗漏一些重要的裁判论据。因此，在进行完问题性开题之后，法官还需要及时转入体系性开题，以发现应予适用的裁判依据，并对获取的裁判论据进行教义学处理。在具体操作上，这种体系性开题需要进行三种活动：一是利用法律文件引用规范检索裁判依据；二是运用法律渊源和教义学知识进行法律发现；三是对经由问题性开题获取的裁判论据进行法教义学的加工、补充和评价。

一、根据法律文件引用规则进行法律发现

在依法裁判的要求之下，法官应当检索规范性法律文件，以发现应适用于案件的裁判依据。为了使找法的工作更加容易一些，人们刻意以尽可能一目了然的方式安排各项法律规范。通常情况下法官马上就能知道，应到哪里去寻找相应的法律规范，也就是说，他们即使不能知道通过联想找到应适用之规范，至少能够直接找到相应之法律部门。

---

[1] 雷磊：《从"看得见的正义"到"说得出的正义"——基于最高人民法院〈关于加强和规范裁判文书释法说理的指导意见〉的解读与反思》，《法学》2019年第1期。
[2] 参见贺寿南：《论司法裁判中法律规则与潜规则的博弈选择》，《湖南科技大学学报（社会科学版）》2013年第3期。

在另一些情况下,他们则不得不通过体系化检索的方式一步步地接近这样一个法律部门。[①] 在裁判依据的法律检索中,规范性法律文件引用规范是一种应当遵守的首要的体系化指引。

根据《立法法》《最高人民法院关于裁判文书引用法律、法规等规范性法律文件的规定》等相关规定,我国规范性法律文件引用规范大概可以分为二种规则:

一种是基于法律之间的效力等级形成的法律引用规则。《宪法》《立法法》已经对规范性法律文件之间的效力等级关系进行了明确规定。在裁判文书说理中,法官应将应当引用的实体法和程序法全部列出,当涉及多个实体法时,原则上应当按照效力顺序来引用。[②] 例如,(1)法官应先引用法律,后引用行政法规,再引用地方性法规、自治条例和单行条例,最后引用司法解释。当自治条例、单行条例和经济特区的地方性法规对法律的变通规定在其当地具有特别的优先适用效力时,法官也可以改变这种引用顺序。(2)当需要同时引用基本法律和其他法律时,应优先引用基本法律,后引用其他法律。(3)如果既需要引用实体法也要引用程序法时,应当先引用实体法。裁判说理的决疑性决定了,法官对裁判依据的检索必须走一条与立法相逆的路径:按照"特别法——一般法"而不是"上位法—下位法"这样的顺序寻找裁判依据。基于效力等级的法律引用规则,只是法律发现后的"结果"选择规则,而不是法律发现"过程"本身应当遵循的规则。即使将之转换为诸如"下位法不得与上位法相抵触"这种禁止性规则,它们也只能担保裁判依据检索的形式合法性,而不能指引究竟如何发现裁判依据。

---

① 参见〔德〕齐佩利乌斯:《法学方法论》,金振豹译,法律出版社2009年版,第127页。
② 参见吴兆祥:《〈最高人民法院关于裁判文书引用法律、法规等规范性法律文件的规定〉的理解和适用》,《人民司法·应用》2009年第23期。

另一种是调整法律发现过程本身的法律引用规则。为了建构"找法"的统一路径,立法者专门制定了多种法律发现规则。例如,(1)同一机关制定的法律、行政法规、地方性法规、自治条例和单行条例、规章,特别规定与一般规定不一致的,或者对同一问题既有普通法又有特别法规定的,应当引用特别法规定。(2)当对同一问题既有新的规定又存在旧的规定的,应当适用新的规定。① (3)只有在穷尽制定法的前提下,才可以引用原则性法条和概念性法条。(4)某一案件同时涉及实体法和程序法问题时,应首先探讨程序法问题。在司法程序上,为避免不必要的思考,形成了这样的做法,即在审查实体法规定(初级规范)的可适用性之前首先审查有关的程序条件(次级规范)是否已经具备;人们首先需要审查,有关法院是否有权执行特定实体法规定。② 但是,这些引用规则并不能形成冲突解决上的闭环,它们彼此之间事实上也经常发生冲突和矛盾。对此,有学者尝试提出了一些元冲突规则。例如,当"特别法优于一般法规则"与"新法优于旧法规则"发生冲突时,应该尊重新的一般法、废弃裁决制度、新的一般法优于旧的特别法;当"新法优于旧法规则"与"法不溯及既往原则"发生冲突时,则行为时法优于裁决时法。这些引用规则是法律发现过程本身应当遵循的规则,正是基于这些引用规则的体系化指引,法官才能迅速找到拟援引的裁判依据所在的法律部门。

同时,不同法律部门中规范性法律文件的引用范围也应有所区别:刑法最严格,民法较宽,行政法更宽。刑事裁判文书只能引用法律、法

---

① 参见胡仕浩、刘树德:《裁判文书释法说理:规范支撑与技术增效——〈关于加强和规范裁判文书释法说理的指导意见〉的理解与适用(下)》,《人民司法·应用》2018年第31期。

② 参见〔德〕齐佩利乌斯:《法学方法论》,金振豹译,法律出版社2009年版,第129页。

律解释和司法解释。民事裁判文书不仅可以引用法律、法律解释和司法解释，还可以援引行政法规、地方性法规、自治条例以及单行条例。行政裁判文书既可以引用法律、法律解释、行政法规和司法解释，也可以引用地方性法规、自治条例、单行条例、国务院或者国务院授权的部门公布的行政法规解释和行政规章。同时，经审查认定为合法有效的其他规范性文件，根据审理案件的需要，也可以作为裁判说理的依据。通过这三种法律引用规则的联合作业，再结合不同法律部门特定的法律引用范围，法官在寻找裁判依据时基本上可以获得一个明确的法律检索顺序和指引。

二、运用法律渊源和教义性知识寻找裁判依据

没有法律文本是不需要语境的，这主要是指：单个规范之间不是无组织、混乱地联系在一起的，而是在理想情况下被思考成一个整体、一个价值判断尽可能一致的体系和"意义构造"。① 规范性法律文件的引用规则只是为裁判依据的检索提供了一个最基础的体系性方向。为了在"网络化"和"等级化"的法秩序中可以更细腻地进行法律发现，有必要在法律渊源和法教义学构筑的"阶层构造"基础上继续寻找裁判依据。"司法立场的法律渊源"不但是法律发现的场所，而且它的层级化结构也是检索裁判依据的体系基础。按照裁判的需要，法律渊源可以进行多种形式的划分，例如：正式渊源和非正式渊源、必然渊源、应然渊

---

① 参见〔德〕恩斯特·A.克莱默：《法律方法论》，周万里译，法律出版社2019年版，第55页。

源和或然渊源①、成文法渊源和不成文法渊源、直接渊源和间接渊源，以及主要渊源和次要渊源等。在正式法源的内部，我们还可以建立"宪法—法律—行政法规—地方性法规—规章—民族自治地方的自治条例和单行条例—特别行政区的法律法规—国际条约和行政协定"这样的法律效力位阶关系。在裁判理由的获取中，裁判依据的检索不仅需要尊重正式渊源优于非正式渊源、直接渊源优于间接渊源、必然渊源优于应然渊源等不同法源之间的效力位阶，以及正式法源所包含的不同法律之间的效力位阶，同时还必须遵守程序法优于实体法、特殊法优于一般法、下位法优于上位法、新法优于旧法等"冲突规则"或渊源性规范。②

但是，法源理论并不能完全主导法律发现，它也无法真正支配裁判开题。不管如何拓展法源形式增加法源适用排序，我们所得到的也仅仅是类似于规范性法律文件援引顺序的一般性规则，而不可能深入到每一种法源的内部去探究其外部体系、内部体系以及法律教义。至于在个案中应选择哪一项法律规定作为裁判依据，法律渊源体系根本不能提供如此细致的法律检索指引。正如施塔姆勒所言，适用单个法条，最终是适用整个法律制度。法之发现不仅以预先表述的文本为基础，法教义学还要给出决定性的尺度作为整合到体系中并重复运用的规则。③ 这意味着，法官在选择和构筑个案裁判依据时，不能孤立、无视其法教义学的语境。只有采用这种方式，至少在原则上，才能避免那些

---

① 参见 Alecsander Peczenik, *Legal Doctrine as Knowledge of Law and as a Source of Law*, Springer, 2005, p.16。
② 参见 Alecsander Peczenik, *Legal Doctrine as Knowledge of Law and as a Source of Law*, Springer, 2005, p.13。
③ 参见张青波：《理性实践法律——当代德国的法之适用理论》，法律出版社2012年，第170页。

有评价矛盾和目的性方面不一致的法律发现,进而避免采用有损整个法秩序说服力和接受性的裁判依据。①

　　法教义学之本质在于将个案体系化地归类于个别规则之下(以及各该规则背后之原则,甚而法教义学可被称为"所有法条之整体",所有案件应依此为判决。② 法教义学不但具有形成秩序、体系化、减轻负担、储存知识、禁止违背以及对社会和政治的稳定功能,而且也具有一定的法律续造、体系检验和体系批判功能。③ 法教义学虽然并非法律本身,但由于法律规定的庞杂性需要借助法教义学才能呈现出相应的等级结构,所以法律教义本身具有如同法律一样的效力。不管是各个部门法的网络化,还是整个法秩序中的跨部门法网络化,都需要借助法教义学来进行。

　　法教义学不仅包括外部体系、内部体系,而且还形成了一套特殊的认知性体系。其中,外部体系是法律形式上的构造,是对(以法律概念为基石)法律材料的划分。立法的外在划分和由此表达出的文本链接,在很多方面对法律适用者都具有重要意义。这首先体现在法律条款的顺序及其语篇、章、节和段的归属。内部体系是法的内部构造,旨在建构一致的价值判断关系。法秩序的外部体系为了能够清楚明了,应该尽可能相应地反映它的内部体系,在该种意义上,这两个体系概念原则上相互依赖。④ 认知性体系是为了描述内部体系,满足概观和运

---

　　① 参见〔德〕恩斯特·A.克莱默:《法律方法论》,周万里译,法律出版社2019年版,第56页。
　　② 参见黄松茂:《天呀,德国的法释义学——德国法释义学有何用》,《月旦法学杂志》2018年第5期。
　　③ 参见Bernd Rüthers, "Rechtsdogmatik und Rechtspolitik unter dem Einfluß des Richterrechts", *IRP-Rechtspolitisches Forum*, Nr. 15, 2011。
　　④ 参见〔德〕恩斯特·A.克莱默:《法律方法论》,周万里译,法律出版社2019年版,第59页。

用上的容易通过秩序概念的编排建构的,由秩序概念、分类以及讨论的先后顺序等所形成的学术性体系,①例如民法上的请求权体系、刑法上的犯罪论体系②、行政法上的行政行为体系以及宪法上的基本权体系。只有通过法教义学的这些体系,法官才能围绕案件争点以体系化检索的方式发现所有相关的法律规定,并根据它们在法秩序中的位置和重要性选择最相关的法律规定作为裁判依据。

三、裁判理由的规范化处理

在法律系统论看来,"法律科学与社会科学的关系,不是通过'接纳',也不是通过'断绝'来把握,而是被理解为依据一定的转换规则,也就是依据一定的法律自身的选择标准,将社会科学知识从一个社会情境'转换'到另一个社会情境"③。这意味着,论题学和决疑术所发现的裁判论据,绝不能直接作为最终的裁判依据,而需要在新的概念外表之下接受教义化。④ 问题性开题尽管可以丰富案件裁判开题的视角和思路,为裁判文书说理提供足够多的裁判论据,但并不能确定裁判论据在个案中的适用范围和作用方式。⑤ 论题学和决疑术虽然无法撼动法

---

① 参见吴从周:《概念法学、利益法学和价值法学:探索一部民法方法论的演变史》,中国法制出版社 2011 年版,第 330 页。
② 德国刑法中作为通说的犯罪体系就是一种典型的认知性体系或犯罪认识体系。参见〔德〕许迺曼:《刑法体系思想导论》,许玉秀译,载许玉秀、陈志辉编:《不移不惑献身法与正义——许迺曼教授刑事法论文选辑》,新学林出版社 2006 年版,第 249—303 页。
③ 〔德〕贡塔·托伊布纳:《魔阵·剥削·异化——托伊布纳法律社会学文集》,泮伟江等译,清华大学出版社 2012 年版,第 10 页。
④ 参见张青波:《理性实践法律——当代德国的法之适用理论》,法律出版社 2012 年版,第 81 页。
⑤ 参见 Gérhard Otte, "Zwanzig Jahre Topik-Diskussion: Ertrag und Aufgaben", *RTh*, Vol. 1, 1970。

体系的意义,但难免轻视法律和教义学的重要性,不足以深入分析论述的深层结构,不足以使讨论的概念精确化。[1] 它们发现的论题和案例很多场合下只能作为建构裁判论据的要素,而不能成为恰当的裁判理由,甚至有时还会漏掉一些重要的裁判理由。因此,为了消除论题学和决疑术潜在的不确定性,法官还需要对经由论题学和决疑术获取的裁判论据进行法教义学上的处理。这种法教义学处理主要分为法教义学的加工、补充和评价三个环节。

法教义学的加工是指,将争点论、论题学和决疑术联合作业所获取的裁判论据,转换为在裁判文书中可以直接使用的法教义学语句。一般的裁判论据和案例论据很难直接作为裁判依据,为了将论题学和决疑术发现的论据改造为合适的裁判论据,法官需要将它们转换为相应的法教义学语句。法教义学语句是指这样的一些语句:涉及法律规范和司法裁判,但并不等同于对它们的描述;彼此间形成相互关联和协调的整体;由法官和学者等在制度化推动的法学框架内提出和讨论;具有规范性的内涵。纯法律概念的定义、为解释规范而建议或利用的词语使用规则、对事态的描述和称谓、对原则的表达、从实在法中引申出来的规范所表达的语句,以及法学家们实际确信为真的语句都可以称为法教义学语句。[2] 法教义学可以为裁判文书说理供给特定的概念性、体系性或其他普遍认可的前提,形成具有约束力的基础概念、意义模式,尤其是关于法律论辩标准的秩序意见。

体系是整理杂乱材料的工具。经由法教义学的加工,论题学和决疑术所寻找的前提能够变成更加专业的"法言法语",裁判开题也可以

---

[1] 参见〔德〕罗伯特·阿列克西:《法律论证理论——作为法律证立理论的理性论辩理论》,舒国滢译,中国法制出版社2002年版,第29页。
[2] 参见〔德〕罗伯特·阿列克西:《法律论证理论——作为法律证立理论的理性论辩理论》,舒国滢译,中国法制出版社2002年版,第317—321页。

以更理性和规范的方式展开。法官在开题操作中可能的任意或恣意将得到有效约束和限制,他们在开题方面的思维、表述和证立负担也将大幅度减轻。一些非理性的或者无法理性证立的论题,以及明显违反法教义学的裁判理由将被排除在开题之外。裁判理由之间在形式逻辑上和普遍实践中的重复或冲突,也将借由法教义学的体系检索得以解决。在法教义学这种转化程序的帮助下,法官和当事人得以在共享的修辞场景中以相对一致的话语体系进行裁判说理,法官通过个体的记忆、法律感和法律认知所获得的裁判理由也将变成可商谈的法律话语,从而方便相对人和听众理解和认知,并作出及时反应。

法学体系必须保持开放,它绝不可能是已终结的体系,也不可能为所有问题备妥答案。[1] 为了实现相对人和听众的情感认同,法官有必要将一些道德、伦理、普遍价值、共同真理、民间惯习、流行性意见等法律之外的裁判论据带入裁判文书说理。但这并不意味着,法官可以摆脱法教义学的控制,论题学和决疑术也不能排斥法律和权威论据(如立法者意志、通说和法律文义)相对优先的地位。论题学和决疑术所获取的裁判论据必须接受法教义学的评价,否则就会因汇入过多的法律外理由而导致"修辞在法律商谈中的否定",[2]并致使裁判文书说理违背可预见性、可普遍化、明确性以及平等性等法治原则。

在正式进入裁判论证之前,针对前述获取的裁判论据,还必须设置一种批判性的评价程序。在对法律外的裁判论据进行法教义学评价时,需要遵守如下四种基本原则:第一,如果法律外裁判论据与法律内前提不存在冲突,且有助于说服听众和相对人,或者有助于法律内前提

---

[1] 参见〔德〕卡尔·拉伦茨:《法学方法论》,陈爱娥译,商务印书馆2003年版,第45页。
[2] 参见Gerald B. Wetlaufer, "Rhetoric and its Denial Legal Discoure", *Virginia Law Review*, Vol. 76, 1990。

的具体化和证立,那么就可以作为裁判论据,但不能作为裁判依据使用;第二,虽然法律外裁判论据与法律内前提存在冲突,但如果通过表述的转换或相应的解释可以解决时,且有助于听众和相对人的说服,那么也可以成为裁判论据,但需要进行法教义学的加工;第三,当法律外裁判论据与法律内前提存在严重冲突,且穷尽一切方式无法解决时,不管听众或相对人是否接受,都不得作为裁判论据使用;第四,当法律外裁判论据与法律内前提的关系处于模糊状态时,法官应首先分析它们与案件争点和裁判结论是否存在相关性,若存在相关性,且具有一定的说理功能,便可以作为辅助论据使用;但如果与案件争点或裁判结果缺乏关联性,则不得作为裁判论据。

第六章
法律修辞的论证方法

法律修辞既不是简单的遣词造句,也不是对传统法律方法的机械运用。它是一种运用法律推理、解释和论证等方法赋予案件事实以法律意义的思维和言说过程,具有介于传统的规范法学和法律社会学之间的说服功能。[1] 论证、论辩是法律修辞的显著特征。同时,法律修辞还包含修辞布局和修辞表达的相关技术。修辞布局是为了在恰当的秩序中作出关于论证结构的安排。[2] 修辞表达源于修辞五艺中的表述,[3]意指运用恰当的语言措辞,以表达当前的问题与事题,它强调论辩、说服的技巧与言语风格之间的密切关系。[4]

---

[1] 参见陈金钊:《法律修辞方法对构建法治意识形态的意义》,《杭州师范大学学报(社会科学版)》2014年第6期。
[2] 参见《西塞罗全集·修辞学卷》,王晓朝译,人民出版社2007年版,第147页。
[3] 西塞罗认为,表达就是选用恰当的语言对发现的事情进行陈述。参见《西塞罗全集·修辞学卷》,王晓朝译,人民出版社2007年版,第147页。
[4] 樊明明:《修辞论辩的机制》,北京外国语大学2001年博士学位论文,第114页。

第一节　何谓法律修辞的论证

修辞方法的运用是一种话语权的体现,始终围绕着"谁在说、向谁说和怎么说"的问题,承载着人们在说服过程中使用的思维模式和思维方法。然而,法律修辞并不是纯粹"为了说服而说服"的辞藻玩弄技艺,它始终建立在法律论证的基础之上。[①] 法律修辞的发展不仅是对古希腊亚里士多德"修辞术"的贯彻,更为重要的是,其论证实质对于实现司法裁判可接受性的正向作用。可以说,法律修辞理论和方法追求的是更好地证立法律判断或法律决定,而实现的路径就是修辞学提供的论证理论。体现着论辩过程和实质的法律修辞方法事实上为法的适用提供了清晰高效的论证图式和论证规则。

一、法律修辞论证的含义

历史悠久的修辞学从诞生之日起便与法律实践密不可分,但同时二者之间又存在紧张的对立关系。[②] 在法律适用的具体情景中,人们总是在利用法律解决现实问题时下意识地运用修辞手段,修辞技艺贯

[①] 参见熊明辉等:《法律修辞的论证视角》,《东南大学学报(哲学社会科学版)》2015年第2期。
[②] 参见沈寨:《法律中修辞滥用的防范与限制研究——对几种进路的述评》,载陈金钊、谢晖主编:《法律方法》(第12卷),山东人民出版社2012年版,第99页。

穿了使用法律解释、法律推理和法律论证等方法的全过程。然而,具有或然性的修辞旨在探讨某特定情形下最为可能的解决策略,追求确定性的法律则旨在寻求一般情形下可普遍适用的客观规则,由此,法律与修辞之间既对立又统一。法律修辞学研究的核心话题为:如何能在充分利用法律修辞方法之价值的同时尽可能避免修辞滥用可能导致的对法治的消解。由于法律具有公共论辩属性,而修辞方法的使用本质上是一种论辩活动,源于修辞学的论辩理论与法律实践的论辩性质相契合。作为法律与修辞的"公因子",论辩很好地促进了二者的融合,由此衍生出的法律修辞论证是回应法律修辞学研究之关切的不二法门。对于法律修辞论证的理解,可以从法律框架内修辞与论辩的关系出发:论辩作为法律修辞的核心属性存在,修辞也成为法律论辩的一种重要手段。

一方面,法律修辞的核心属性在于其论辩性,论辩构成法律修辞理论的主体部分和主要功能。按照前述"修辞发明"和"修辞论证"二分的理论框架,法律修辞方法的选择作为"修辞发明",对应修辞五艺中的开题术,确定了修辞论辩的起点;法律修辞方法的运用作为"修辞论证",构成了法律修辞方法理论体系的主要内容。最终,法律修辞方法的选择和运用都要过渡为法律修辞的整体布局,转化为"修辞表达",呈现修辞论辩的真实过程,提升修辞论辩的说服实效。可见,论辩构成了法律修辞理论的主体部分。基于法律修辞的论辩属性,法律修辞方法的选择、运用和法律修辞的谋篇布局与表达都需要贴合"论辩"的内核,进行动态的、具体的谋划。我们可以根据方法论的要求和特点将法律修辞的论辩改造为一套系统的论辩方法:基于法律修辞的论证理论开发其论证型式、论证规则,将法律修辞方法的运用导向一种同时契合法治、体系性思维和问题性思维的理性论辩活动;通过法律修辞在"引言""陈述""论证""结语"上的各种指导性规则优化法律修辞的谋篇布局,注重语篇中的修辞表达,实现对听众最大可能的说服。作为法律修辞方法的核心属性,论辩对于融贯法律体系与个案修辞语境的结合与应用至关重要。

另一方面,修辞是展开法律论证的一种手段。法律是一种论辩实践,在法律实践中,能为法官或其他法律人所用的规则、原则几乎没有不证自明、永恒不变的真理。法律体系也从来不是封闭、逻辑自洽的规则体系,恰恰相反,法律领域充满了道德、伦理、政治等不同的价值冲突和争论。佩雷尔曼认为,人类的一切社会实践活动都应该是论证而非证明,他将法律推理视为实践推理中一种精致的特例,"它不是形式上的证明,而是一种论辩,这种论辩旨在通过表明选择、决定和取向较之同时存在的其他各种选择、决定与取向皆更为可取,以说服对方,令对方信服"[1]。法律论辩公认的目的是通过论辩实现结论的合理性,而关于道德、伦理、政治等不同的价值冲突的讨论绝非在理性要求之外,我们可以按照理性的规则和程序对这些问题提出意见、进行证成和驳斥,并且可以通过这种规则和程序实现说服与被说服,达成最终的合意,如此实现法律论辩对合理性的追求。而法律修辞的论辩就是通过发掘和呈现法律文本表征的多重意义,在试图消解甚至推翻对方观点的过程中,力图以修辞手段推进新的认同标准和认知共识的达成。"修辞论辩可以被视为根据对话题材、论题语境和主体间性(说者与听众)而分配论据、协调论述手段,旨在维护自己的观点,说服对方并产生使其采取相应行动的动态过程。"[2]

法律修辞追求的是一种合理性的结论,也即一种能为社会公众所

---

[1] Chaim Perelman, *Legal Reasoning, in his Justice, Law, and Argument*, William Kluback (trans.), D. Reidel Publishing Company, 1980, p.129.
[2] 张斌峰等:《修辞论辩的语用评析》,《湖北大学学报(哲学社会科学版)》2014年第4期。

普遍认同和接受的意见。这种"合理性"区别于此前对法律的"理性"期待,"合理与理性两者的差异,即在于评判某一行为、言论或其他相关对象时,合理者乃是根据修辞学要求,以听众能否接受、遵从为导向。而理性则以服膺某种绝对法则为依归,而不关切听众的问题"①。要达致理性,思路是相对确定的,因为理性的结论总是蕴含于基于形式逻辑的演证过程中。而当问题超越演证之范畴时,有一个问题是绕不开的:"关于价值的推理依靠怎样的过程而进行?"②质言之,对价值要素的理性追求无法以形式逻辑的证明方式呈现,那么它应该如何实现呢?法律修辞对合理性的追求恰恰在回答这一问题。在佩雷尔曼新修辞学的视角下,论证理论的研究对象是话语技巧,言说者被期待使用这些话语技巧,以便自己提出的论题能够获得认同与支持。③ 法律人在修辞论辩中始终关注其结论和论证过程在相关听众中的接受程度。在论辩中,不同意见可能具有不同程度的合理性,法律人需要权衡何种结论获得了最大程度的共识,并在此基础上作出法律决定或判断。

  法律修辞学关注实践论证,承认理性和正义之间存在间隙。修辞论辩激发了法律适用者司法裁决的证成,在得出法律结论的过程中,法律适用者事实上是在诸多可能性之间作出选择。也就是说,法律修辞的论辩并不直接导向一个绝对正确的结论;相反,它建立在可能性的基础上,在论辩过程中提出的诸多论点既有正确的可能,也有错误的可能。正是这种可能性凸显了修辞对于法律的作用:在听众心中确立一个抽象的法律标准以确保他们可以正确地进行推理。④ 这种停留在

---

① 廖义铭:《佩雷尔曼之新修辞学》,唐山出版社1997年版,第72—73页。
② 李杨等:《佩雷尔曼新修辞学的论式系统》,《政法论丛》2014年第1期。
③ 参见〔美〕库尔特·M.桑德斯:《作为修辞之法律,作为论证之修辞》,程朝阳译,载陈金钊、谢晖主编:《法律方法》(第10卷),山东人民出版社2010年版,第29页。
④ 参见 Chaim Perelman, *The Realm of Rhetoric*, William Kluback (trans.), University of Notre Dame Press, 1982, pp. 9–11。

"可能"层面的不确定的正确性并不会弱化法治的要求,它的作用恰恰相反,因为修辞的不确定性为不同意见提供了展示和充分论辩的机会,并在理性论辩的过程中对其加以合理的权衡,从而保证了认识和表达的自由,在更大程度上促进结论的正确性。基于此,法律修辞论辩阐发出了独特的法治意义,它构成对修辞手段适用中主观因素的限制,同时可以兼得修辞技艺为法律适用提供的灵活性,保障了法律的客观性、确定性和法律适用的效率价值。

二、法律修辞论证的特点

作为一种特殊类型的修辞,法律修辞,顾名思义,是修辞在法律领域的应用,法律修辞论证,是使用修辞手段的一种法律论证形式。言说者通过运用各种修辞理论或者技艺来证成或者反驳某一法律论断,以此实现对特定听众的说服目的。在法律实践中,承担这一任务的往往是法官这一角色。他们作出裁判及给出理由的过程便是通过法律修辞论证来证成裁判结论的合理性,这个过程是修辞说服,而非逻辑推理。法律修辞论证的独特性体现在它区别于三段论的非形式逻辑性、区别于语义学的语用性以及其认知性和与此对应的法律约束性。

(一)法律修辞论证的非形式逻辑性

"证明"一词有两层含义:一是常发生于自然科学领域的演证;二是人文社会科学领域常使用的论证。演证以形式逻辑为基础,法学研究中也曾受到这种形式性追求的影响,认为裁判结论就是从预设有效的法律规范连同经验语句(事实)中,按照形式逻辑推导得出的。在这种视角下,任何问题都可以通过归纳或演绎等推理方法得到解决,法律被视为一个可以产出绝对正确性的系统。然而,随着司法实践的发展,一些现实情况的发生逐渐打破了人们对于法律形式性的幻想:法律语言天然的模糊性、规范之间潜在的冲突无法消除、法律漏洞总是存在以及司法活动中不可避免的人的主观能动性和随之而来的恣意性。总之,法律实践中总是存在超出三段论涵摄范围的因素,纯粹形式逻辑的法律论证时常与个案正义的要求背道而驰。因此,法律适用不能仅靠纯粹形式逻辑的推演。纯粹形式逻辑的优势在于,其结构是自明的并且有一个普遍认同的认定标准,缺点在于逃离了问题的实质从而与真实的论辩过程相脱节。[1] 主观性和经验性要素往往需要更充分的实质论辩:论辩合理性的达成不仅依赖形式标准,更重要的是它也依赖实质标准。

法律修辞的应用在一定程度上影响着裁判结果,特别是在法官独立性较强的英美法系,法律修辞发挥作用的空间会更大。[2] 形式逻辑的分析视角预设了一种演绎式的法律生活,修辞则将现实世界的语言规则融入其对法律的预期之中。三段论通过纯粹的形式保障为结论提供背书,而无关推论的内容。修辞论辩将修辞的说服性与推理的规范性结合起来,合理性由普遍听众产生,提供推理的实质标准。因而,修辞论辩可以弥补法律适用中逻辑方法所不能涵盖的领域,它能够关注到论者与听众之间的真实语言互动。但法律修辞的运用不是装饰性的摆设,也不是玩弄语言文字的投机取巧,修辞作为一种工具科学,研究的是如何基于自然语言和真实语境建构法律论证并以此实现对听众的理性说服。自带论辩属性的修辞为法律适用提供了一种非形式逻辑,

---

[1] 参见 Ch. Perelman, *The Realm of Rhetoric*, University of Notre Dame Press, 1969, p.60。

[2] 参见熊明辉等:《法律修辞的论证视角》,《东南大学学报(哲学社会科学版)》2015年第2期。

不具有完全的形式有效性,也并非纯粹的真值形式,其是对话理论中阐发出的体现程序化的论证型式,[1]能够展现论者以语言推动意思表达的思维路径,使听众更易于理解和作出判断。"修辞论辩尝试的方法是通过另外一种事物、状态、行为或模式的特点来体现其观点本身的相似性、雷同性或相反性、反差性。"[2]此种思维过程中蕴含的逻辑关系大致可以概括为:$A \approx B$ 或 $A \approx -B$。相较于形式逻辑对法律推理结构的严格关注,法律修辞论辩更注重话语的功能,它倾向于通过论辩让听众可以基于自己的已有认知达成对论者观点的认同。

亚里士多德在《论题篇》中提到的"修辞三段论"(enthymeme)源于希腊词 enthymema,其词根为 thymos,意为情感、愿望。可见,古典修辞学中修辞三段论的本意中包含着情感要素。在现代,enthymeme 多被认为是"省略三段论"或"省略式论证"。顾名思义,enthymeme 这种修辞式推理要求尽可能省略,以更少的命题完成推论。在用语言文字表达一个三段论的推理模式时,基于听众的普遍观念、论者与听众的共同之处而省略其中一个前提或者结论。因而,修辞三段论是基于或然性的,这种或然性(或者表达为"很可能的")并不等同于可以量化的概率问题,相反,它是一种定性的概念,十分接近于"合情理的"。[3] 以修辞三段论的基本理论为基础,法律修辞论辩以获得普遍接受的意见为前提和论辩起点,旨在为可能产生争议的其他意见募集信服或者接受。其内容并不由严格、规范的分析性推理构成,也不再只追求结论的真值,而是包括了一些有一定说服力的意见,并以提供辩护或理由为取

---

[1] 陈鑫泉等:《非形式逻辑的理论成就及其对法律论证的意义》,《湖南科技大学学报(社会科学版)》2014 年第 4 期。

[2] 张斌峰:《修辞论辩的语用评析》,《湖北大学学报(哲学社会科学版)》2014 年第 4 期。

[3] 参见李杨等:《佩雷尔曼新修辞学的论式系统》,《政法论丛》2014 年第 1 期。

向。因此,法律修辞论辩的非形式逻辑性可以概述为,法律修辞论辩不是按照演绎与归纳的法律推理形式和规则进行,而是不追求形式地进行非演证性论说和批判性讨论,其中容纳了说服和确信的目标,其逻辑追求由基于形式逻辑的"绝对正确性"转移到基于非形式逻辑的"合理性"和"有效性"。

(二) 法律修辞论证的语用性

法律修辞论证具有其特有的语用属性。法律修辞论证"基于自然语言,以真实语境为前提,并充分考虑言说者与受众这两个能动因素以及他们之间的互动"[①]。在语义学的基本观念之下,法律文本及其组成部分具有客观的概念内涵,其意义是固定且单一的。语用学区别于语义学,把语言文字的意义同它们的使用者、特定的使用场合联系起来,语用学尤其关注使用者的目的以及语言文字在交际中表现出来的含义和价值。[②] 传统逻辑进路的研究认为,论证是主体无涉的抽象命题模式。[③] 而语用论辩学意识到这种独白式的论证难以处理交际和互动问题,基于此舍弃了主体无涉的论证框架,转而引入相互对立的主张者和反对者,从对话视角出发,将论证看作批判性讨论的一部分。[④] 语用论辩学事实上将其语用性融入对论证的认识中,在这种研究视角之下,

---

[①] 刘亚猛:《西方修辞学史》,外语教学与研究出版社2008年版,第325页。
[②] 参见何兆熊:《语用、意义和语境》,《外国语》1987年第5期。
[③] F. H. V. Eemeren, R. Grootendorst, *Speech Acts in Argumentative Discussions: A Theoretical Model for the Analysis of Discussion Directed Towards Solving Conflicts of Opinion*, De Gruyter Mouton, 1984, p. 12.
[④] F. H. V. Eemeren, R. Grootendorst, *Speech Acts in Argumentative Discussions: A Theoretical Model for the Analysis of Discussion Directed Towards Solving Conflicts of Opinion*, De Gruyter Mouton, 1984, p. 14.

"论证(辩)的概念主要不是语形和语义的,而是语用的"①。

首先,法律修辞论证具有对真实语境的强烈依赖性。法律修辞论证的运作与社会、文化、政治、个人经历等因素密切相关,这些构成论辩的"语境"。修辞使得法律论辩不再拘泥于其规范化的形式表达,跳出原来的理想化语境,将讨论置于真实的语境之中。通常认为,语句表达总是有其预设的意义,法律文本的语句表达也不例外,但语句内容往往只能提供一个语义框架,具体的含义必须在语境中得到推定,尤其是在使用了修辞策略时,语句的叙实性会发生改变,②这更加凸显了语境对于法律修辞论辩的重要性。其次,自修辞学诞生以来,无论是追求说服还是信服,③听众都是修辞理论的重点关怀。"(古典)修辞学关心演说家在向聚集在公共广场的一群人(既无专业知识,又无跟随冗长论证链的能力)发表演说时所用的技术。"④新修辞学将听众的范围扩大至任何类型的人,可以是具备专业知识的人士,甚至包括了私人空间中的"自我交流"。法律修辞论证总是向听众言说的,听众并非处于论辩的空间之外,相反,他们事实上是论辩过程的参与者,与论者共同完成论辩的建构。最后,由言语行为构成的法律修辞论证承载着论者与听众之间的真实互动。法律修辞论证本质上是一种言语交际行为,其核心是批判性讨论,也即通过两极化的会话讨论来消除意见分歧。过程中涉及的言语行为具体包括阐述、承诺、指令:阐述用于提出己方论据;承

---

① 陈鑫泉等:《非形式逻辑的理论成就及其对法律论证的意义》,《湖南科技大学学报(社会科学版)》2014年第4期。
② 参见陈振宇等:《叙实性的本质——词汇语义还是修辞语用》,《当代修辞学》2017年第1期。
③ 针对特定听众只能实现法律说服,而普遍听众的赞同可以实现法律信服。
④ 李杨等:《佩雷尔曼新修辞学的论式系统》,《政法论丛》2014年第1期。

诺用于接或拒斥对方论据；指令可以要求对方澄清语义或者提供论据。① 基于法律修辞论证对真实语境的依赖、对听众的重视和对论者与听众之间互动的关注，我们可以得出结论：法律修辞论辩具有明显的语用属性。

（三）法律修辞论证的认知性与法律约束性

现代西方修辞哲学认为，修辞具有认知特点，也即修辞生成新的知识。知识是人们的共识，而要达成共识就有必要进行论辩。"言语活动总是同人们的认知活动联系在一起的，在提炼更具特色的言语表达形式的时候，尤其会利用到多种具体的认知方式、认知策略。"②因而，归于言语活动之本质的法律修辞论证也具有认知属性，是获得对于某一法律条文的新认识的途径。基于形式逻辑的三段论法律推理具有必然性，其结论早已暗含在前提之中，进行推理便意味着在获知前提之时可以同步、必然地获知结论。法律修辞论证则与之相反，它建立在一个或然性的、可辩驳的前提基础上（疑难案件往往是因为法律规范的含义难以确定），从中得出的结论与前提之间难以建立必然的推出与被推出的关系，因而得出结论的过程无法完全排除人的认知。首先，修辞论辩从基于论者与听众之共识的前提展开，若非共识则论辩无从开始。其次，在修辞论辩的过程中，前提之所以可以省略，是因为听众也恰好具有与论者一致的认识并处于相同的语境之中，而听众提供的认可或接受事实上也参与了前提的提供。最后，修辞论辩之结论的得出是否具有合理性更是与听众密切相关，因为听众是否被说服决定着论辩是

---

① 参见刘东虹：《语用论辩理论的修辞语用属性研究》，《当代修辞学》2021年第5期。
② 徐盛桓：《修辞研究的认知视角》，《西安外国语大学学报》2008年第2期。

否终局,而为了达成说服的目标,论者在论据的选择上会有特定的听众针对性,在这种意义上,听众对于论者同样有制约作用。① 因此,法律修辞论证体现了论者与听众之间的互动关系,是一个双方相互认知、共同建构论题的过程,在这一过程中,双方的互动性为论辩双方带来认知意义。

然而,当适用于法律领域时,修辞论证固有的认知性应当得到一定的限制。"修辞是一门关于话语的艺术,其目的是改进演讲者或者写作者表达、说服或影响特定听众的能力。"②不可否认,修辞方法本身存在一些固有的消极特点,单纯的修辞不重视话语的层次和思维进路,而多着眼于话语表达的手段,③往往因为语词的架构、体裁选择和篇章安排等受到脱离实质问题、意图传达过于迫切等批判。④ "它为了保持对修辞语境的及时敏感性而对客观性、符合'事物本质'、法教义学和法本体论的有意放逐,都将法律修辞学导向了与法治、法律科学的一般范式的严重冲突。"⑤但是法律修辞论证强调,作为"法律人的修辞艺术"必须坚守"法律约束"的主题。⑥ 一方面,要求论辩前提或论据必须在规范法学和法教义学等提供的规范性要素内进行发现和选择,另一方面,法律修辞论证的开展也必须符合各种法律方法规则的要求。法律修辞论证的法律约束性要求,论辩的合理性标准只能是法律听众的信

---

① 参见邓志勇:《修辞三段论及其修辞运作模式》,《外国语言文学》2003 年第 1 期。
② 熊明辉等:《法律修辞的论证视角》,《东南大学学报(哲学社会科学版)》2015 年第 2 期。
③ 参见林正主编:《雄辩之美——美国律师协会 20 世纪"最佳法庭演说"经典案例选集》,中国广播电视出版社 2010 年版,第 121 页。
④ 参见张斌峰等:《修辞论辩的语用评析》,《湖北大学学报(哲学社会科学版)》2014 年第 4 期。
⑤ 吕玉赞:《论法律修辞规则的构造》,载陈金钊、谢晖主编:《法律方法》(第 16 卷),山东人民出版社 2014 年版,第 387—388 页。
⑥ 参见[德]乌尔弗里德·诺伊曼:《法律论证学》,张青波译,法律出版社 2014 年版,第 75 页。

服,同时必须弱化听众对信服标准的构成性意义,论辩起点和论辩前提的确定、论辩图式或修辞方法的适用也必须参照和遵守相应的论辩规则。因此,与认知性相伴相生的规范缺失等风险以及针对其的法律约束是法律修辞论证的特别关注点。

第二节　法律修辞的论证型式及论证规则

受新修辞学的影响,主流的法律修辞学理论在描述或构造论辩起点、论辩前提、听众理论、修辞图式或修辞方法等的过程中存在着偏离规范法学、法教义学和法律方法论施加的"法律约束"的风险。要规避这种失范风险,就应当在法律修辞的使用中参照和遵守相应的论证型式及论证规则。而法律修辞的论证型式和论证规则并不存在于既有的法律修辞学中,我们需要基于规范法学、法教义学和法律方法论等的要求和特点从传统的修辞图式、修辞方法中进行析取,才能以规范的法律修辞论证型式和规则为法律修辞学确立科学范式。

一、法律修辞的论证型式

论证型式是在日常语言论辩中固化的一种推理模式,主要用以表示演绎和归纳之外的第三种推理。[①] 论证型式代表日常会话中常见的论证类型,因此,它是一种语用型式,而非真值型式。同时,论辩型式意

---

① 武宏志:《论证型式》,中国社会科学出版社2013年版,第3页。

指论证的形式或结构,是具有规范性约束的推理,也可被理解为对话中的移动或言语行为,它能使人们辨识和评估日常论说中常见的论证类型。① 作为日常论证中一般论证的抽象结构,论证型式代表了那些在日常会话和诸如法律论证与科学论证等特殊语境下所使用的常见论证类型所具有的内在结构。从逻辑上讲,论证型式是可废止的,其可废止条件表现为一套批判性问题或辩证工具——帮助开启通过衡量正反论证而检验某一论证的力量和可接受性的程序。②

法律修辞的论证型式系学者们对法律修辞中常用的实践论题以逻辑化方式重构出的层级性的论证类型。在法律修辞中,法官、律师等修辞者也会对与案件争议点密切相关而又处于外部证成初级层次上的论题进行解释性重构。因而,在法律修辞的论辩中,某些方法性的论辩前提会被扩展为完整的法律修辞方法,法律性的论辩前提会被纳入法律修辞方法的核心构成要素,而经过法教义学检验的非法律性论辩前提可以作为法律修辞方法运用的辅助或支撑要素。法律修辞的论证型式属于法律修辞论证的核心,是对从前提到结论之论证过程的抽象表达。

然而,法律修辞的论辩型式并不旨在对论辩前提真实的或实际的产生过程进行纪录片式的刻画,也不分析每一判断个体的心理条件或动机,而是为所涉及的决定提供充分的论辩理由。那么,究竟哪些论辩型式可以用于法律修辞活动? 传统的法律方法与法律修辞的论辩型式之间具有怎样的内在关联? 满足或具有什么样的条件,传统的法律方法才能转化为法律修辞的论辩型式? 除了传统的法律方法,法律修辞方法还具有哪些特殊的论辩型式?

---

① 参见武宏志等:《非形式逻辑导论》,人民出版社2009年版,第433—444页。
② Fabrizio Macagno, Douglas Walton, Chris Reed, "Argumentation Schemes, History, Classifications, and Computational Applications", *IFCoLog Journal of Logics and Their Applications*, 2017, pp. 2496-2497.

奥特在《法律辩证》(*Juristische Dialektik*)一书中指出,关于法律适用和解释的说服技巧包括:规范性立场的操控、略过前提、循环论证、符合目的的命名、夸大不受欢迎的对立面、稀释案件-法律基础、遮蔽法律论证、回避推论结果、从远处引入事实、扭曲概念、利用同音异义、提出和限缩争议点、引入差异、针锋相对和诉诸听众等。① 在哈夫特的法律修辞理论中,法律修辞方法不仅包括分别作为法律概念展开和法律概念适用的定义方法、涵摄方法,而且也包括论题学、语用学和修辞学等图式组成的论证技术。同时,他还指出了法律中各种类型的思维错误:句法上的错误、语义上的错误和语用上的错误。句法上的错误包括前提短缺和前提的自相矛盾。②

在加斯特的法律修辞理论中,法律修辞方法由下列部分组成:(1)作为法律修辞基本格局的涵摄;(2)作为传统法律修辞工具的法律文本解释方法,即文义解释、体系解释、历史解释和目的解释;(3)作为修辞工具的布局或修辞架构、逻辑最小值、特殊的推论图式、提出问题、权威论证、情感因素和修辞的毒物柜(rhetorischer Giftschrank);(4)在附录中,他还论述了概念如何作为一种方法以及法律修辞论证中需要注意的文义界限问题。③ 魏劳赫(Carolin Weirauch)指出了作为保证法律修辞效力的三种特殊推论程序:类比推论、反面推论和正面推论。④ 威廉(Jens Wilhelm)将语法或字面解释、体系解释、目的解释、比

---

① Edward E. Ott, *Juristische Dialektik: Dialektische Argumentationsweisen und Kunstgriffe, um bei rechtlichen Auseinandersetzungen in Prozessen und Verhandlungen Recht zu behalten*, Dike, 2008, pp. 91-126.
② Fritjof Haft, *Juristische Rhetorik*, Karl Alber Freiburg, 1985, pp. 60-90, pp. 113-148.
③ Wolfgang Gast, *Juristische Rhetorik: Auslegung, Begründung, Subsumtion*, R. v. Decker's Verlag, 2002, pp. 15-39, pp. 101-176, pp. 179-284, pp. 371-382.
④ Carolin Weirauch, *Juristische Rhetorik*, Logos Berlin, 2005, pp. 82-95.

较法解释、合规范性解释以及漏洞填补方法作为与法律修辞论证并列的法律解释方法,并认为类比推论、反面推论、当然推论和归谬论证是法律修辞传统的推论型式。[①]

新修辞学在援引法律推理和法律解释等传统方法上是非常积极的,它假设法律的特性和效力是不言自明的。它关注的是从一般的法律判决和司法过程的规范性辩护技巧中理性地抽象出法律的自我形象,并列举了一系列通用的修辞的、说服的和论辩的机制。[②] 佩雷尔曼刻画了各种用于解释法律规则的修辞论辩型式,塔雷罗将其整理为如下论辩型式:矛盾论证、相似性论证、充分论证、完备性论证、融贯性论证、心理学论证、历史论证、类比论证、目的论证、经济论证、范例论证以及体系论证。[③]

由这些学者描述或构造的法律修辞方法可以看出,他们对传统的法律解释方法(文义解释、目的解释、体系解释和历史解释)以及反面推论、正面推论、类比推论等作为法律修辞的论辩型式存在普遍共识,并且认为,反面推论、正面推论、类比推论属于法律修辞特殊的推论型式。但是,这些传统的法律方法只有经过相应的修辞学或语用学改造才能应用于法律修辞的论辩:它们必须在解释者(论辩者)、法律文本(以及其他修辞语境)和解释接受者(听众)构成的修辞三角关系上展开,并且必须接受来自接受者的批判和检验。因此,文义解释、历史解释、体系解释和目的解释作为法律修辞的论证型式主要是指相应的解

[①] Jens Wilhelm, *Einführung in das juristische Denken und Arbeiten*, durchgesehener u. gekürzter Sonderdruck für die Deutsche SchülerAkademie, 2006-1-4, pp. 21-33.

[②] [美]彼得·古德里奇:《法律话语》,赵洪芳、毛凤凡译,法律出版社2007年版,第106页。

[③] 参见 Eveline T. Feteris, *Fundamentals of Legal Argumentation: A Survey of Theories on the Justification of Judicial Decisions*, Springer, 1999, pp. 54-55。

释程序(Verfahren der Auslegung)。[1] 以演绎推理为代表的司法三段论或涵摄方法同样需要相应的修辞学改造。法律修辞的涵摄具有自己特定的语法和语用结构,在法律论辩中它可以被分解为下列修辞要素:(1)修辞者;(2)听众;(3)将被涵摄的特殊项;(4)被接受的一般项;(5)在构造的语境中涵摄的过程;(6)修辞的语境。[2]

除了由传统法律方法改造成的法律修辞论证型式,根据论证型式的含义以及这些可能的论辩型式在法律修辞实践中的运用频率,利益或价值衡量、基于后果的论证(又称后果论辩或后果导向的裁判)、归纳论辩、比较论辩(又称根据比较的论证)、根据先例的论证、根据例证的论证(又称例证论辩)、因果论证、根据专家意见的论证、根据词语分类的论证、根据大众意见的论证(又称诉诸流行的论辩)、根据偏见的论证、基于个案的论证、联结规则和案件的链式论证、根据定义的论证、种属关系论证、整体部分关系论证、依据权威的论证、基于规则的论证、基于原则的论证、针对模糊分类的论辩或者针对武断分类的论辩等这些论辩型式,也经常被学者们当作法律修辞的图式或论证型式研究。[3]

笔者认为,除了利益或价值衡量、后果论辩、基于原则的论证可作为单独的法律修辞论证型式,其他论辩型式要么可被整合入传统法律方法,要么属于法律修辞学中的教义学论证:

第一,归纳论辩、比较论辩(或根据比较的论证)、根据先例的论证、根据例证的论证(或例证论辩)、基于个案的论证、联结规则和案件

---

[1] Wolfgang Gast, *Juristische Rhetorik: Auslegung, Begründung, Subsumtion*, R. v. Decker's Verlag, 2002, p. 152–176.
[2] Wolfgang Gast, *Juristische Rhetorik: Auslegung, Begründung, Subsumtion*, R. v. Decker's Verlag, 1992, p. 16.
[3] 参见武宏志等:《非形式逻辑导论》,人民出版社 2009 年版,第 471—515 页;樊明明:《修辞论辩的机制》,北京外国语大学 2001 年博士学位论文,第 73—86 页。

的链式论证可以整合为类比推论的构成要素。类比推论既可作为"内在于事实构成的类比",用以澄清规范概念的外延,也可作为扩张的类比,对字义范围进行扩展或限缩。[①] 只有在对待决案件与先例(典型案件、范例或比较案件)之间进行相关性归纳和判断的基础上,类比推论才能将相关的法律规则间接地适用到待决个案上。因此,类比推论的程序是由比较论辩(根据比较的论证)、根据先例的论证或根据例证的论证(例证论辩)与"联结规则和案件的链式论证"共同完成的。第二,根据词语分类的论证、根据定义的论证、种属关系论证、针对模糊分类的论辩或针对武断分类的论辩可转换成文义解释方法的构成要素。第三,整体部分关系论证可转换为体系解释的要素。第四,根据专家意见的论证和依据权威的论证可转化成相应的法教义学论证。同时,因果论证作为与因果关系理论相关的论辩图式也应纳入法教义学论证的范畴。第五,根据大众意见的论证(诉诸流行的论辩)、根据偏见的论证以及伦理论证可根据其与价值、原则的相关度整合为原则论辩的要素或价值论辩的要素。这些被整合的论辩型式虽然不是独立的论辩型式,但它们作为语用学或非形式逻辑的论辩型式,有助于将传统的法律方法改造成法律修辞的论证型式。

同时,通过"修辞发明"所发现或建构的论辩前提,在论证阶段难免发生冲突和矛盾。因此,我们需要描述和建构针对论辩前提冲突的法律修辞方法。根据论证型式在前提选择上与法律规则的关系,我们可以将所有的法律修辞论证型式划分为:基于规则的法律修辞论证型式、基于规则外要素的法律修辞论证型式以及基于推论的法律修辞论证型式。首先,基于规则的论证型式包括针对法律冲突的论证型式、针

[①] 参见雷磊:《法律推理基本形式的结构分析》,《法学研究》2009年第4期。

对解释关系的论证型式。其中,针对法律冲突的论证型式又包括针对逻辑性法律冲突的论证型式和针对价值性法律冲突的修辞方法。针对解释关系的论证型式包括基于文义解释的论证型式、基于体系解释的论证型式、基于目的解释的论证型式。其次,基于法律规则外要素的论证型式包括基于原则的论证型式、基于价值的论证型式以及基于后果的论证型式。最后,基于推论的论证型式包括正面推论、反面推论和类比推论三种。同时,经由修辞学改造的涵摄方法或修辞三段论是所有修辞方法运作的逻辑基础,而法教义学论证是这些修辞论证型式共同的知识论和规范性基础。①

其中,基于文义解释的法律修辞论证型式既是对传统的文义或语法(字面)解释方法的继承,同时也融入了种属关系论证、定义论证、根据词语分类的论证、针对模糊分类的论辩或者针对武断分类的论辩等论辩型式的合理要素。基于体系解释的法律修辞论证型式源自体系解释方法,并吸收和借鉴了外部体系、内部体系和认知性体系,整体部分关系论辩以及法律论辩的融贯观等理论要素。基于目的解释的法律修辞论证型式是和历史解释方法、发生学解释方法关联在一起的,也可以说,这种修辞论证型式是这三种传统解释方法整合后的产物。"基于原则的修辞论证型式"中的原则既包括实在法原则,也包括法教义学和法律实践发展出的法律原则。因此,这一论证型式可以将"根据大众意见的论证"(或诉诸流行的论辩)吸纳进来。基于价值的法律修辞论证型式是由传统的价值衡量理论发展而来的,同时还吸收了伦理论辩或道德论辩的价值要素。结果论辩是一种受法律经济分析影响而产

---

① 法教义学提供了一套制度化的系统,能够促成争议各方就共同的论辩前提、修辞方法达成共识,并使它们能用于解决法律冲突。参见 Eveline T. Feteris, *Fundamentals of Legal Argumentation: A Survey of Theories on the Justification of Judicial Decisions*, Springer, 1999, p. 173。

生的新型论辩型式,但与传统的利益衡量方法存在紧密的亲缘关系。因此,根据法教义学的规范性框架可以将法律经济分析与利益衡量共同纳入结果论辩。同时,这种结果论辩型式吸收了非形式逻辑中的后果论辩元素。在基于推论的法律修辞论证型式中,正面推论、反面推论和类比推论在各自的构造中可以吸收部分归谬论证的元素,丰富其论证型式。

二、法律修辞的论证规则

法律修辞方法的理性适用、法律修辞论辩的展开必须遵守法律修辞的论证规则。法律修辞规则是针对法律修辞论证活动并约束法律修辞者的语用-辩证性规则,是具体的法律修辞活动必须遵守的规范性指令。只有遵守法律修辞论证规则,法律修辞才能在合法性、合理性和可接受性之间达成一种动态平衡。

(一)何谓法律修辞的论证规则

法律修辞的论证规则必须将其效力范围投射到所有的法律修辞活动和法律修辞过程,换言之,法律修辞规则必须为所有的论题发明、争议点整理、论辩型式的选择和论辩结构的安排等提供相应的规则指引。否则,法律修辞的论证规则就无法形成一种真正具有约束力的论辩规则体系。不过,法律修辞的论证规则究竟是不是一种规则、是一种什么样的规则以及如何被证成以便适用,都是我们必须要回答和解决的前提问题。本书认为,法律修辞的论证规则是约束法官等进行法律修辞活动的思维性和语用论辩规则,是对特定法律论辩的规则化与体系化。

1. 法律修辞规则是约束法律修辞者的思维性规则

在法律规则的概念群中,不仅有数量庞大的制度性规则,还包括法律推理、解释、论证、修辞等思维性规则或法学方法规则。[1] 法律修辞的论证规则是思维规则的一种。在规范效力位阶和法律的权威性上,制度性规则初步优先于思维性规则,在具体的司法过程中,思维性规则不能任意抵触制度性规则,而须在制度性规则体系构成的司法认识和法律判断的语境下展开和运用。但是,思维性规则也须以法典和法律规定为依托,从中寻求其效力依据,也不可轻易逾越文本上的语义界限。制度性规则是法律和司法实践之间沟通的桥梁和中介,作为"平等和有区别地适用法律的条件"可以确保"法律的简化和更好的操作性"以及"法安全和法公正"。法律修辞的论证规则必须将文本上的法律概念、法律规则、法律原则及其制度性规则体系作为修辞论辩的前提和起点,同时也只有通过它们的适用才能发掘案件的"争议点"。制度性规则的外部体系、内部体系尤其是学术性体系还可以为论辩前提的发现、法律修辞方法的应用、法律修辞规则间的组合等提供规范性的指引和参照。作为制度性规则之外的思维性规则,法律修辞的论证规则所规范的主体只能是参加法律修辞活动、进行法律修辞论辩的法官、检察官、双方当事人及其代理人,即法律修辞规则仅对法律修辞主体具有规范性约束力。法律修辞主体为了获取更大范围内的法律受众尤其是法官、检察官对其论辩的信服和接受,需要遵守相应的修辞论证规则,否则其论辩将因与法律无关或相关性不大而被拒绝或达不到预期的说服效果。但这并不妨碍法律修辞主体之外的其他法律受众可以把法律

---

[1] 参见陈金钊:《法律解释规则及其运用研究(上)——法律解释规则的含义与问题意识》,《政法论丛》2013年第3期;陈金钊:《法学话语中的法律解释规则》,《北方法学》2014年第1期。

修辞的论证规则作为法律修辞论辩的评价框架。

2. 法律修辞规则是针对法律修辞实践活动的语用论辩规则

首先可以确定的是,法律修辞的论证规则作为法律思维规则并非权威规则,它没有负责发布的权威机关,且也不会因某种权威机关的发布才具有效力。其次,法律修辞的论证规则具有真正规则和惯习规则的双重属性。法律修辞论证规则的效力很大程度上依赖于其在内容上对各种法律规则以及个案正义的关照和倾注,其根本意图是劝导法律论辩主体在修辞过程中遵守相应的论证规则以达到最佳的论辩说服效果。一旦出现特殊情况,存在更适合的思维规则,也可以放弃相应的修辞论证规则。因此,法律修辞的论证规则可归入真正规则的序列。同时,法律修辞的论证规则并非凭空想象出来的虚构,而是古往今来世界各国在法律论辩普遍实践中一般遵守的规则,它的效力某种意义上源于法律共同体普遍一致的修辞实践。法律修辞的主要目的是获取法律受众对裁判论辩的接受和认可,而法律修辞的论证规则将司法实践中普遍运用的修辞型式和论辩图式按照法治理念的要求和法律科学的体系化品格进行相应的规则化和体系化归整,它的遵守和普遍适用将会减少修辞论辩中的争议,提高各种论辩、对话的相关性,听众也会对修辞论辩有一个更加有效和迅速的评判、认可和接受的过程。因此,法律修辞的论证规则也具有惯习规则的属性。法律修辞的论证规则在真正规则和惯习规则上的双重性质证明了它的规则属性和规范性。

最后,法律修辞的论证规则作为规制法律修辞的实践规则还是一种重要的语用论辩规则。根据阿列克西的总结,论辩规则的建构和证立有四种可能性或分类,即技术性的论辩规则、经验性的论辩规则、定义性的论辩规则和普遍语用学式的论辩规则。① 法律修辞的论证规则是一种语用性论辩规则,它的有效性对法律修辞这种语言交往之可能性而言是构成性的。我们若想进行有效的法律修辞行为同时又不消解法治的确定性和一致性等,我们就不能放弃这些语言性的论辩规则。法律修辞规则不同于程序性的论辩规则,它主要是语用学规则而非程序性规则。

3. 法律修辞的论证规则是对特定法律论辩的规则化与体系化

法律修辞的论证规则并不像传统的法律修辞方法那样只是对司法裁判中论辩型式的整理和归纳,而是按照法治的一般理念对司法论辩型式的理性重构。真正的法律修辞是关于法律本身的论辩以及法律与事实之间对应关系的论辩。在法律适用中,纯粹的关于法律本身的修辞并不存在。因此,真正的法律论辩就是关于法律与事实之间对应关系的论辩。真正的法律修辞必须满足四个要件:第一,将制度性规则、立法规定、法源和制度性规则等作为论辩起点;第二,将法律争议点作为论辩的对象;第三,论辩必须是在程序性法律论证和法律推理之外,针对法律规范与案件事实的衔接进行的偏重个案正义和问题语境的语用论辩;第四,论辩涉及的法律本身具有可废止性。② 法律修辞的论证规则只能从既有的法律修辞图式和法律修辞方法中,选择能够满足上述要件的特定法律论辩作为规范化对象。法律修辞论证规则的成形,

---

① 参见〔德〕罗伯特·阿列克西:《法律论证理论——作为法律证立理论的理性论辩理论》,舒国滢译,中国法制出版社2002年版,第225—232页。
② 尽管法律本身在法教义学的作用下呈现出制度性规则的体系状态,但这些体系并不是闭合的体系,尤其在法律适用中这些体系具有更大的认知开放性和可争论性,这也是之所以进行法律修辞的原因所在。

需要我们按照法治的一般要求和规则的性质和结构对每种论辩类型进行规范化分析和规则化转化,以剔除其中的非理性成分。最后,我们还需要根据各种具体的法律修辞规则与制度性规则的关联程度,与法律争议点的相关度以及其间的论辩关系,将其整理成一个法律修辞论证规则体系,即法律修辞规则的体系化。只有如此,法律修辞的论证规则才能调和法治与法律的可辩驳性的内在矛盾,使法治的确定性、可预测性和一般性等要求得以在动态的法律论辩过程中得到实现。[1]

(二) 法律修辞论证规则的分类

法律修辞论证规则可以为法律修辞论证构建一个更为理性和科学的商谈平台。法律修辞论证规则,一方面可以将法律修辞的论辩前提限定在制度性规则或法教义学提供的规范性前提内,另一方面又可以把争论的焦点锁定在案件问题本身。它可以满足法治的可普遍化原则,使法律表面上的不确定性和可废止性在论辩过程中逐步弱化和消解。遵守和自觉运用法律修辞论证规则会促成法律修辞的各方迅速达成共识,更深刻地理解法律的精神和意义,将法律的各种要求转换为自己的行为规范。根据规则的来源和权威性,法律修辞的论证规则可以划分为三种:一是"基于规则的法律修辞论证规则";二是"基于规则外要素的法律修辞论证规则";三是"基于推论的法律修辞论证规则"。

1. 基于规则的法律修辞论证规则

基于规则的修辞论证规则是法律修辞需要遵守的第一种规则,它是面对法律争议必须首先寻找规范性论述进行论辩这一原则的主要体

---

[1] 参见 Neil MacCormick, *Rhetoric and the Rule of Law: A Theory of Legal Reasoning*, Oxford University Press, 2005, pp. 12-31。

现,也是针对法教义学以及其他思维规则不能处理的可争论性问题的一种有意安排。它包括针对法律冲突的法律修辞论证规则和针对解释关系的法律修辞论证规则。

法律规则之间的冲突①是法律修辞需要解决的前提性争议点,它涉及如何从多样的规范性论述中选择一般性的论辩前提。尽管法律解释规则在相当程度上可以解决这个问题,但这些规则在适用中可能会遭遇某些论辩者的反对。因此,有必要将这些规则在法律修辞的语境中予以合理重构,并附上某些特殊的修辞规则。法律规则之间的冲突包括逻辑性的法律冲突与评价性的法律冲突②,而两者也适用不同的修辞论证规则。逻辑性的法律冲突指的是法律规则间的矛盾和竞合可以通过其间逻辑关系的分析和论辩解决的规则冲突。逻辑性的法律冲突在法律论辩中首先可以通过上位法优于下位法、新法优于旧法、特别法优于普通法这三种冲突规则解决。佩雷尔曼在《法律逻辑》一书中探讨了与此相关的融贯性论述,即法律之间的冲突可以通过一项规则优先于其他规则得到解决。优先权规则表明,如果在两个或多个规则之间出现冲突的情况下应选用哪一个规则。③ 不过,这些冲突规则并不能最终解决所有的逻辑性法律冲突,因为这三种规则之间也有可能发生冲突。

在相关法律论辩中,如果论辩者以其中的一种规则进行论辩,其他

---

① 此处的法律冲突不同于国际私法上的法律冲突,而是将其含义扩展到法律矛盾、法律竞合。关于法律冲突的含义、分类等,参见董皞:《法律冲突概念与范畴的定位思考》,《法学》2012 年第 3 期。

② 杨阂和李立新将法规竞合区分为逻辑性的法条竞合与评价性的法条竞合,与本书的分类比较接近。参见杨阂、李立新:《论法规竞合优位法条之区分与适用》,《苏州大学学报(哲学社会科学版)》2008 年第 2 期。

③ 〔荷〕伊芙琳·菲特丽斯:《法律论证原理——司法裁决之证立理论概览》,张其山等译,商务印书馆 2005 年版,第 53 页。

论辩者认同和接受的话,那么相应的争议点便会消失,论辩将转向下一争议点,从而进入其他论辩。如果论辩者以其中的一种规则进行论辩,而其他论辩者主张其他规则,论辩将转向这三种规则之间矛盾关系的论辩,这些冲突并不存在元规则式的解决方案。由于这些冲突在法教义学上的规范效力相同,因此,论辩双方需要争辩哪一个冲突规则锁定的法律规则对于案件更为特殊,即论辩进入到基于特性的论辩。基于特性的论辩指由双方确定一个法律规则的前提条件是否必然导致对另一规则的否定。佩雷尔曼提出的与之对应的论辩型式是矛盾论述,即如果一项特定规则是为专门范畴的人或客体而定的,那它就不适用于不属于这一范畴的人或客体,因为在这方面缺少一个明确的表达点(formulation pionting)。[①] 然而,基于特性的论辩并不能使相应的论辩完全闭合。如果论辩者一方指出所谓规则的特性是一个比较宽泛和模糊的概念,而不是法律规则的逻辑结构限定的特性时,论辩另一方可提出,此特性是一种评价性特性而非句法性特性,以此进行反驳。由此,法律规则间的冲突需要过渡到评价性冲突予以论辩。

此外,逻辑性的法律冲突在法律论辩中可以通过法律规则之间的"一般-例外"的逻辑关系获得解决。根据这种逻辑关系,我们可以将法律规则分为一般规则和例外规则,一般规则作为一种主要规则会产生法律体系下的一般结论,而例外规则会产生与主要规则相反的特定结论,例外规则是法律为了限制一般规则所做的一种有意识的设计。在法律论辩中,例外规则在逻辑关系上优先于一般规则。在法律论辩中,当论辩者一方提出规则之间是一种"一般-例外"的逻辑关系并选取一种相关的例外规则进行论辩时,则另一方不得反驳,除非其能提出

---

① 〔荷〕伊芙琳·菲特丽斯:《法律论证原理——司法裁决之证立理论概览》,张其山等译,商务印书馆2005年版,第52页。

针对这些论点的相反理由。然而,法律规则之间的"一般-例外"的逻辑关系必须基于法律规则之间的文本关系或句法关系。① 最后,逻辑性的法律冲突也可以通过法教义学上的法律渊源、法律位阶、法律竞合、法律规则的类型和性质、请求权、犯罪论体系、法律关系分析法、法律行为等理论解决。此外,体系论辩、反面推论等论辩规则在解决法律的逻辑性冲突中也可以发挥相应的作用。

在评价性法律冲突中,优位规则和劣位规则之间并没有逻辑上的属种关系,而是处于一种法律评价上的不一致关系。在法律修辞中,法官等需要分析和确认,法律间的价值关系究竟是排他关系还是主要-补充的关系。例如,在刑法中,规则间的价值补充关系是不同的刑法规范以不同的立法手段保护同一法益导致的现象。② 如果法律规则之间处于价值补充关系,则应适用主要规范,而不适用补充规范,因为主要法价值的实现必然会贯穿于补充法,所以较低危险的侵害阶段不被考虑在内。③ 如果法官主张规则间处于一种评价补充关系,并将发生冲突的规则相应地分为价值上的主要规范和补充规范,则论辩相对人只能针对这些论点本身进行反驳,不得单独转向其他论辩型式。如果论辩相对人主张规则之间并非价值补充关系而是价值排斥关系,则必须承担相应的论证负担。法律修辞由此转入一种基于价值优先性的论辩。在基于价值优先性的论辩下,规则被视为实现某种目标的工具,法律之间的冲突也被视为规范的普遍适用对所有相关价值产生的积极或消极影响的冲突。

---

① 参见 Giovanni Sartor, *Legal Reasoning: A Cognitive Approach to the Law*, Springer, 2005, p.208.
② 参见杨阅、李立新:《论法规竞合优位法条之区分与适用》,《苏州大学学报(哲学社会科学版)》2008年第2期。
③ 参见杨阅、李立新:《论法规竞合优位法条之区分与适用》,《苏州大学学报(哲学社会科学版)》2008年第2期。

通过针对法律冲突的修辞论证规则,修辞者与听众基本上可以在案件所适用的规则上达成共识,但围绕拟适用的规则与案件事实之间的解释关系也会产生相应的论辩。虽然法律解释规则可以解决规则与事实之间的解释关系,但其只是一种分析性的规则,并且法律解释规则的运用会遭遇各种难题。[1] 因此,在法律修辞中需要将这些解释规则转换为相应的法律修辞论证规则,并附加上某些关于论辩责任分配的规则。按照法律概念的语义界限,法律适用的过程可以分为法律解释和法律续造,前者是在词义界限内针对法律的解释,而后者是在词义界限外根据其他要素对法律的进一步发展。[2] 按照文义解释、目的解释和体系解释的划分,可以将针对解释关系的修辞规则界分为基于文义解释的修辞论证规则、基于体系解释的修辞论证规则以及基于目的解释的修辞论证规则。

2. 基于规则外要素的法律修辞论证规则

基于规则的修辞论证规则是从法律规则的内部出发进行法律论辩的,基于规则外要素的修辞论证规则则与之相反。因此,我们可以将其分为三类:基于原则的法律修辞论证规则、基于价值的法律修辞论证规则以及基于后果的法律修辞论证规则。

相较于法律规则,法律原则是一种证立法律论辩的更具一般性的规范性论据和权威性理由。"法律原则的效力标准不是纯粹基于系谱的,也不是完全基于内容或道德论证的,它是独立于法律规则和道德原

---

[1] 参见陈金钊:《法律解释规则及其运用研究(下)——法律解释规则运用所遇到的难题》,《政法论丛》2013 年第 5 期。

[2] Karl Engisch, Thomas Würtenberger, Dirk Otto, *Einführung in das juristische Denken*, Kohlhammer, 1997, pp. 47, 100.

则之外的另一类规范依据。"①基于原则的修辞论证具有如下三种具体功能：首先，法律概念、法律规则等构成的外部体系存在法适用上的漏洞，基于原则的修辞可作为漏洞填补的方法之一。其次，法律规则间的冲突有时并不能完全通过针对规则冲突的修辞论证规则获得解决，这时可借由权衡规则背后的法律原则之权重，来确定冲突规则间的优先性。最后，当法律规则的适用有时带来极端的不正义以至于导致"非法的法律"，就需要通过法律原则来调和。

基于原则的修辞论证可以分为两种情形进行：一种是法律规则可适用的场合，另一种是法律规则不得适用的场合。在这两种情形中，法律原则裁判都必须借助比例原则进行。在第一种情形，法律原则和法律规则是可以同时适用的，法官应分两种情况作不同处理：(1)如果个案中存在规则 R 以及赋予 R 正当性的原则 Pr，而且没有其他原则与 R 冲突，此时应当适用规则 R。即"穷尽法律规则，方得适用法律原则"和"禁止向一般条款逃逸"。② (2)如果个案中存在规则 R 以及赋予 R 正当性的原则 Pr，但同时存在与 R 相冲突的原则 P。此时不仅需要法官在 P 与 Pr 之间进行衡量，而且还要在原则 P 与支持规则 R 的形式原则 Pf——如由正当权威在其权力范围内制订的规则必须被遵守的原则、确定性原则和权威性原则等——之间进行衡量。如果衡量之后原则 P 占优，那么适用原则 P。反之，则仍然适用规则 R。即"若无更强理由，不适用法律原则"③。

---

① 陈林林：《法律原则的模式与应用》，《浙江社会科学》2012 年第 3 期。
② 参见梁迎修：《法律原则的适用——基于方法论视角的分析》，《华中师范大学学报(人文社会科学版)》2007 年第 6 期；舒国滢：《法律原则适用中的难题何在》，《苏州大学学报(哲学社会科学版)》2004 年第 6 期。
③ 参见梁迎修：《法律原则的适用———基于方法论视角的分析》，《华中师范大学学报(人文社会科学版)》2007 年第 6 期；舒国滢：《法律原则适用中的难题何在》，《苏州大学学报(哲学社会科学版)》2004 年第 6 期。

在第二种情形中,规则缺位,仅有原则可供适用。法官也应根据如下两种情形进行不同处理:(1)没有规则,仅有原则 P 可供适用,而且没有与 P 相冲突的原则存在,此时可适用原则 P,但"若无中介,不得在个案中直接适用法律原则"。即须对法律原则进行解释和具体化,直至它可以成为"个案规范"和真正的裁判规范后才可被适用。① (2)没有规则,有原则 P1 与 P2 可供适用,但两者之间有冲突,此时需要法官在 P1 与 P2 之间进行衡量,然后决定适用哪种原则。

阿列克西并没有直接将基于价值的论辩构造为一种单独的法律论辩型式,但他对普遍实践论辩与法律论辩的关系以及过渡规则的论述,对我们构造基于价值的修辞论证规则提供了重要启示。阿列克西认为,法律论辩不可能通过法教义学语句和判例法语句完全把普遍实践论辩从法律论辩中排除出去,在如下五种情况下,普遍实践论辩在法律论辩中可能是必要的:(1)对各种不同的论述形式达到饱和所需要的规范性前提进行证立;(2)对有可能导致不同结果的各种不同论述形式之选择进行证立;(3)对各种法教义学语句进行证立和检验;(4)对区别技术或推翻技术进行证立;(5)直接对内部证成中应用的语句进行证立。② 在这五种情形中,普遍实践论辩形式中的证立规则都可以得到不同程度的运用。

因此,通过这些过渡规则,上述证立规则便可以进入到具体的法律论辩中。然而,作为法律论辩的基础,这些关于道德观念的证立规则必须借助作为法学的法律论辩之制度化来进行,而且相当程度上必须在

---

① 参见梁迎修:《法律原则的适用———基于方法论视角的分析》,《华中师范大学学报(人文社会科学版)》2007 年第 6 期;舒国滢:《法律原则适用中的难题何在》,《苏州大学学报(哲学社会科学版)》2004 年第 6 期。

② 参见〔德〕罗伯特·阿列克西:《法律论证理论——作为法律证立理论的理性论辩理论》,舒国滢译,中国法制出版社 2002 年版,第 350 页。

提高法律论证之功用力的条件下来进行。① 因此,这些道德观念的证立规则与基于价值的修辞并不完全等同,但价值观念在某种意义上也是一种道德观念,而且两者在法律论辩中的作用和功能也相当接近。所以,我们可以类比上述这些证立规则和过渡规则以及它们与法律论辩的证立关系来构造基于价值的修辞论证规则。

尽管佩雷尔曼将价值和价值层级作为论辩的主要起点之一,但他并没有把价值判断作为一种独立的论辩型式。他将价值分为具体价值和抽象价值两种。其中,具体价值是指一个人、一个群体或被视作一个独特实体的特定客体所拥有的价值。与其相对,抽象价值在社会中是被不特定的多数人所拥有的一般价值。"价值层级"是指以价值判断为基础而对多种并存的价值所作的层级排序,它应根据各种价值在听众中接受程度的不同来建立。② 萨尔托尔也指出,法律解释者在长期的司法实践中会依照价值的重要性及其对法律受众可接受性的大小形成价值之间的一种词汇学位序(lexicographic order),即像"相序法"(ordinal ranking,相对顺序排列法)认为的那样,规定两个或者多个既定价值间的位序关系。在这种价值的词汇学位序中,位于上层的价值,在权重上一般大于位于下层的价值。③

基于后果的修辞论证与基于价值的修辞论证一样,都是普遍实践论辩在法律修辞中必要的体现和运用。它是通过普遍实践论辩和法律论辩中的经验规则来进行的。某种程度上,基于后果的修辞论证规则

---

① 参见〔德〕罗伯特·阿列克西:《法律论证理论——作为法律证立理论的理性论辩理论》,舒国滢译,中国法制出版社2002年版,第355页。
② 参见 Ch. Perelman, Lucie Olbrechts-Tyteca, *The New Rhetoric: A Treatise on Argumentation*, University of Norte Dame Press, 1969, pp. 77–82。
③ 参见 Giovanni Sartor, *Legal Reasoning: A Cognitive Approach to the Law*, Springer, 2005, p. 160。

只是对前述所有论辩型式的补充和修正。在法律修辞中,后果论辩总是试图在既定的情况下,根据其他思维规则的运用带来的各种后果来修正它们。因此,基于后果的修辞论证并非传统的解释与涵摄模式的组成部分。基于后果的修辞论证是一种包括法官在内的所有法律论辩主体可以共同使用的独立的论辩型式,它以法律判决对当事人和整个社会未来行为的各种影响为论题,它由对现实效果的预测和评价两部分组成。因此,后果论辩既具有经验性和认识性,也具有规范性和评价性。在后果的经验—认识层面,后果论辩需要借助经验性的社会科学知识,在后果的评价和衡量层面,后果论辩需要遵循法教义学内部体系等所供给的规范性标准。

在基于后果的说理中,主要考虑现实效果,而不考虑法律效果。按照沃尔夫的观点,法律规范与存在的特定前提条件的每一次联结都属于法律效果,而现实效果是法律规范的适用和发挥作用所带来的实际后果。[1] 现实效果必须是经验上能够把握的后果,它是一种根据规则的一般性和可普遍性的来自有效规则的普遍效果,而非个案的特殊效果。此外,这种效果还要求排除对规范适用者的后果、裁判是否可以贯彻的后果、对上级法院和法律界的后果。[2] 现实效果可进一步分为对直接接受评价影响的当事人的微观效果和对全体社会的宏观效果。[3] 类似地,现实效果还可以分为与所发生的事件直接联系在一起的后果和评价的判例效应对直接当事人和其余的规范受众未来行为的

---

[1] Gertrude Lübbe-Wolff, *Rechtsfolgen und Realfolgen: Welche Rolle können Folgenerwägungen in der juristischen Regel- und Begriffsbildung spielen?*, Karl Alber, 1981, p. 25.

[2] 参见张青波:《理性实践法律——当代德国的法之适用理论》,法律出版社2012年版,第265页。

[3] Martina R. Deckert, *Folgenorientierung in der Rechtsanwendung*, Verlag C. H. Beck, 1995, p. 115.

决定效果。① 歇特也将现实效果分为对当事人的后果和对社会的后果,前者包括微观后果、个别后果、直接后果和判决后果,后者包括宏观后果、社会后果、间接后果和调适后果,即公众为适应判决而产生的后果。其中,她认为调适后果对后果取向的法律适用的控制作用是决定性的。②

在方法上,后果分析分为实证的和规范的两个部分。实证的部分是对所期待的后果进行确定,这需要一定的社会科学、技术性的或心理学知识。规范的部分是对这些结果进行评价,这需要一定的规范标准。③ 歇特将后果取向的裁判分为五个步骤:(1)确定后果取向的适用领域,防止逾越法律约束;(2)通过效果和成本两种范畴,分析裁判效果,划定可能的后果领域,也就是调查重要后果;(3)预测这些重要后果的可能性;(4)选择评价标准并对预测的后果进行评价;(5)选择最符合评价标准的判决选项,整个后果论证应在判决的说明中公开。④

3. 基于逻辑推论的论证规则

基于推论的修辞论证规则是基于规则的修辞论证规则和基于规则外要素的修辞论证规则之外的另一种修辞论证规则。这种修辞论证规则并不把法律规则的文义、目的及其构成的体系以及规则外的原则要

---

① Gertrude Lübbe-Wolff, *Rechtsfolgen und Realfolgen: Welche Rolle können Folgenerwägungen in der juristischen Regel und Begriffsbildung spielen?*, Karl Alber, 1981, p. 139.
② 参见张青波:《理性实践法律——当代德国的法之适用理论》,法律出版社2012年版,第265页。
③ Klaus Mathis, "Folgenorientierung im Recht, Michael Anderheiden", in Stephan Kirste (Hrsg.), *Interdisziplinarität in den Rechtswissenschaften: Innen-und Aussenperspektiven*, Mohr Siebeck, 2012, p. 4.
④ 参见张青波:《理性实践法律——当代德国的法之适用理论》,法律出版社2012年版,第266页。

素、价值要素和结果要素作为自身的"争议点""论题"或规范性前提，而是以法学推论作为自己的"特殊论题"和论辩基础。不过，这些法学推论本身并不具有严格的形式逻辑结构，更主要的是一种非形式逻辑的推论性规则，其中也涉及一些目的和价值要素。因此，我们把这些修辞论证规则统称为基于推论的修辞论证规则。在论辩功能上，这些修辞论证规则并不具有独立性，它们在法律修辞中的运用或使用主要是为了对基于规则的修辞论证规则和基于规则外要素的修辞论证规则进行补正和强化，它们对任何法律修辞方法都具有适用的可能性。基于推论的修辞论证规则分为类比论辩规则、正面论辩规则和反面论辩规则。

（三）法律修辞论证规则的内容

法律修辞方法的运用不仅需要遵守法律方法论规则，如字义规则、黄金规则和除弊规则等法律解释的语言规则和实质性规则，[①]同时，也要遵守法律论辩修辞论辩的程序规则。法律论证的语用-辩证理论为批判性论辩的理想模式建构了理论论辩者需要遵守的十项行为规则：(1)讨论各方不得阻碍对方提出论点或对论点提出疑问；(2)当对方提出要求时，提出论点的一方应对其论点进行辩护；(3)攻击某一论点必须与对方实际上已经提出的论点相关；(4)一方只有提出与论点相关的论证，才能对其论点进行辩护；(5)一方不得错误地将未予表达的前提归于对象，或对自己留存的模糊前提推卸责任；(6)一方不得错误地提出某个前提作为可接受的出发点，也不得否定作为可接受的起点的某个前提；(7)如果辩护不是通过正确的适当的论证方案进行，某一论

[①] William D. Popkin, *A Dictionary of Statutory Interpretation*, Carolina Academic Press, 2007, pp. 17-20.

点就不得被视为得到了终局性的辩护;(8)论辩中,一方只准采用逻辑有效的或通过阐明一个或多个未表达的前提便可使之有效的论证;(9)对某一论点未能成功辩护必然导致提出该论点的一方收回论点,但另一方对其论点的最终辩护,也必然导致对方收回他对该论点的质疑;(10)一方不得使用不够明确的或歧义的表述方式,并且要尽量仔细、准确地理解对方的表达方式。①

法律修辞论辩作为一种特殊的实践论辩,也要遵守普遍实践论辩规则中的基本规则、理性规则、论证负担规则、证立规则和过渡规则。同时,基于修辞学的惯性原理、法律的可普遍性、稳定性原则和法教义学本身的权威性、论证品质以及判例的实践约束力,在法律修辞论证规则的运用中,要尽量遵守或维护法教义学命题或语句和判例在法律论辩中的效力和地位。当能够使用法教义学论据时,则必须使用之。任何对法教义学命题的质疑,都必须辅之以另一相对的法教义学理论加以证成。当一项判例可用以支持或反对某一论辩时,则必须引用,而谁想偏离某个判例,则需要承担相应的论辩义务。在法律修辞论辩的推进中,除了要遵守和维护传统法律解释规则和法律推论规则以及各种论辩程序规则、法教义命题和判例的效力外,还应尽量遵守法律体系自身的语义界限。根据布兰顿的规范语用学和推论语义学,克拉特指出,随着法律论证和语言分析性商谈的进行,法律体系第一、第二和第三语言维度上的各种语言界限(一般语义界限、否定语义界限和特殊语义界限)会变得逐渐明确和清晰,即使原先模糊、歧义或价值开放的概念也会获得相应的语义界限。② 这种语言学论证是外在于并独立于其他

---

① Eveline T. Feteris, *Fundamentals of Legal Argumentation: A Survey of Theories on the Justification of Judicial Decisions*, Springer, 1999, pp. 165-166.

② 参见 Matthias Klatt, *Making the Law Explicit: The Normativity of Legal Argumentation*, Hart Publishing, 2008, pp. 211-265。

论证型式的,只有通过它们才能获得法律语义上的规范性,法律论证和法律裁判的客观性和规范性才能获得证成。[1] 相对于法律修辞论辩,语言学论证具有一定的外在性。虽然法律修辞包括"基于文义解释的修辞方法",但因其无法进行像推论语义学那样的语义分析和语义商谈,所以,要把基于文义解释的修辞论证规则以及其他法律修辞论证规则尽量限制在修辞论辩的过程中逐渐呈现出来的语义界限内。

总之,进行法律修辞的过程中要遵守并运用法律方法规则、程序性论证规则、法教义学、判例以及语言学论证规则。因此,法律修辞的论证并非仅以说服听众为目的的自由辩证,任何法律修辞技巧都必须遵循相应的法律修辞论证规则。

第三节　法律修辞的谋篇布局

法律修辞作为一种系统的修辞行为,不是简单的遣词造句,也不能简单地根据法律进行论辩,而需要对多种法律方法的使用进行谋篇布局。[2] 法律修辞的谋篇布局决定着修辞论辩的过程和结构。在对当事人说服的过程中,法律修辞者应通过甄别各种观点的争辩,找出最能解决问题的,最具说服力或最具"分量"的关键环节和关键词,统筹考虑整个解决问题的思路,并对根据法律解释、法律推理、利益衡量、法律关

---

[1] 参见 Matthias Klatt, *Making the Law Explicit: The Normativity of Legal Argumentation*, Bloomsbury Publishing, 2008, pp. 277–282。

[2] 陈金钊:《法律修辞方法对构建法治意识形态的意义》,《杭州师范大学学报(社会科学版)》2014 年第 6 期。

系分析等方法得出的判断进行合理的协调。[1]

一、法律修辞谋篇布局之概述

法律修辞学的布局或谋篇布局源于古典修辞学修辞五艺中的布局或修辞法则中的布局。修辞布局是对修辞论辩的过程或步骤的刻画和规范。亚里士多德虽未提出修辞论证完整的步骤或法则,但提出了相对成熟的修辞布局的雏形。他认为,演说辞各部分在安排上需要遵守序论—提出陈述—说服论证—结束语这样的篇章结构。[2] 后来拉丁语修辞学家们在此基础上,对修辞语篇的结构进行了更为详尽的划分,认为演讲者在演讲中应该依次按照如下六个步骤进行:第一步,引言;第二步,陈述,即论述或解释正在讨论的主题;第三步,提纲,即概观地介绍立论的步骤和论点;第四步,论证,即进一步证明自己的观点;第五步,反驳,即驳斥对方的观点;第六步,结语。[3]

西塞罗认为,修辞者在进行修辞布局时不仅需要依照特定的顺序,而且还要按照问题的重要性和自己的主观判断对论辩素材进行灵活取舍和安排。[4] 科尔伯特认为,修辞者需要按照以下几个方面对论题和论辩材料作出安排:第一,语篇的种类,语篇属于法律、政治议论还是道德宣讲;第二,主题的性质,论辩的主题是科学方面的还是其他方面的;

---

[1] 陈金钊:《解决"疑难"案件的法律修辞方法——以交通肇事连环案为研究对象的诠释》,《现代法学》2013 年第 5 期。
[2] 参见〔古希腊〕亚里士多德:《修辞学》,罗念生译,上海人民出版社 2006 年版,第 9、13 页。
[3] E. P. J. Corbett, *Classical Rhetoric for the Modern Student*, Oxford University Press, 1990, p. 278.
[4] 参见 Cicero De Oratore, *Books I*, E. W. Sutton, H. Rackham (trans.), Harvard University Press, 1942, p. 31。

第三,修辞者的个人特质,包括修辞者的个性特征、道德观念、世界观、自身的禀赋和局限;第四,受众的特点,即受众的年龄、社会阶层、政治团体、经济状况、教育程度、当时的情绪等。① 在当代,修辞布局理论获得了更大的发展,修辞布局不仅意味着演讲中所观察到的顺序或规则,而且还涉及各种类型的论辩尤其是大规模的论辩在安排或排序中需要考虑的所有相关事项。② 修辞布局的主要功能在于通过对开题发现的各种论题、论据或其他论证素材进行合理的安排和取舍,使它们以最恰当的顺序和方式呈现在听众面前,从而确保论证对听众最大可能的说服力。修辞布局主要服务于修辞的分析性和生成性目的。除此之外,它还能为论辩的批判和修辞教育提供相应的模板和模式。③

修辞者在进行法律修辞的布局中,不仅需要考虑法律修辞本身的过程和步骤以及法律修辞的争议对象、语篇特点,而且需要考虑法律修辞的听众结构、法律文书的特定格式要求等。法律修辞需要遵守的方法论规则、论辩程序规则以及法教义学和判例在法律修辞中的优先效力决定了,相较于其他修辞布局,法律修辞的布局具有更强的规范性、格式化特点。

二、法律修辞谋篇布局的框架

在现代修辞理论中,修辞布局的框架结构由四个主要的部分组成:

---

① 参见 E. P. J. Corbett, *Classical Rhetoric for the Modern Student*, Oxford University Press, 1990, p. 278。
② 参见 Gideon O. Burton, *The Forest of Rhetoric: Silva Rhetoricae*, Brigham Young University, 1996。
③ 参见 Gideon O. Burton, *The Forest of Rhetoric: Silva Rhetoricae*, Brigham Young University, 1996。

引言、陈述、论证和结语。法律修辞的布局也应按照"引言—陈述—论证—结语"这样的修辞框架对各种法律论证材料进行统筹安排。

(一)"引言"

"引言"的主要目的是引导受众走进某个语篇,告知其该语篇的观点和主题,并让听众对接下来的论证形成初步的信任。它具有如下功能:吸引听众的注意、论述该言说的主题和目的、建立主题与听众间的联系、确立相应的论调、向听众预览主要的论点并提供一个过渡到演讲的主题。在法律修辞的"引言"中,裁判者一般会交代该修辞语篇将要涉及的论辩主题、争议点以及主要论点。这点在判决书的语篇结构中可以体现出来。为了实现这些功能,修辞者在"引言"的布局上应该使用相应的策略或方法。沃特利总结了关于"引言"布局的五种方案:第一,设问性的开头,即激起听众对语篇的好奇心和了解的兴趣;第二,诡论式的开头,即提出与普遍认可的观点矛盾的观点,并指出它的合理性;第三,矫正式的开头,即明确地告之听众自己将要主张的观点;第四,铺垫式的开头,即向听众说明自己将以一种不同一般的方式论辩,并解释这么做的原因;第五,叙事性开头,即通过讲述故事的方式唤起听众的听讲愿望。[①] 由于裁判本身的权威性和裁判性,法律修辞一般只会采用矫正式的开头和铺垫式的开头。

(二)"陈述"

"陈述"在修辞上的作用是向听众充分提供其理解论证语境所需的信息。在"陈述"部分,除了总结前人在相关问题上的观点外,修辞

[①] 参见 Richard Whately, *Elements of Rhetoric: Comprising an Analysis of the Laws of Moral Evidence and of Persuasion*, SIU Press, 2010, pp. 142-172。

者还可以介绍接下来将要支持或反驳的观点。[①]"陈述"并非对事实的简单枯燥的列举,它本身即是一种有力的说服工具。我们可以利用对某些事实的故意强调或有意忽略达成相应的论证效果。在所有的语篇类型中,"陈述"对法律修辞显得最为重要。在庭审中,辩护律师通常会在程式化的开场白之后随即进入事实陈述阶段,把案件的基本事实一一列举出来,[②]他们经常通过使用特定的语言或对特定事实的强调或忽略来帮助他们的案件和当事人。[③] 在"陈述"阶段,除了对事实进行陈述外,更主要的是,它必须再现或呈现法律论辩本身的对抗结构,以及论辩各方对案件的争议点、论辩前提以及相应的修辞方法、论辩规则等的认知状态,即是否存在争议、存在哪些争议,又存在哪些共识?在一审判决中,只要"陈述"论辩双方的事实观点和法律观点就可以了,而在二审和再审判决中,"陈述"部分不仅需要交代论辩双方的事实观点和法律观点,而且需要论述一审法院或二审法院的判决结论和修辞方法。

在"陈述"部分,修辞者通常会向受众介绍有关语篇的一些背景知识,如果受众对论题已相当了解,修辞者的"陈述"则可适当简短。反之,则要详细展开。另外,"陈述"的长短还应考虑全部语篇的长短和主题的难易,如果主题复杂,语篇较长,那么"陈述"也应同比例地加长。古希腊自然哲学家阿那克西美尼认为,"陈述"应该遵守简洁、清楚和可信三项原则。其中,简洁原则并不要求陈述的迅速,而只要求将

[①] 蓝纯编著:《修辞学:理论和实践》,外语教学与研究出版社2010年版,第170页。
[②] 蓝纯编著:《修辞学:理论和实践》,外语教学与研究出版社2010年版,第167页。
[③] 参见 Brett, Kate McKay, "Classical Rhetoric 101: The Five Canons of Rhetoric-Arrangement", *Manly Knowledge*, February 26, 2011。

事实"解释"到听众能够理解的程度,[1]这和昆体良的观点类似。他认为,"陈述"的篇幅应根据具体的修辞语境调整到刚刚好的状态:在合适的地方开始陈述;略去所有不相关的细节;剔除看似相关但无助于受众理解的枝节。[2] 清楚原则要求,一方面,"陈述"须将听众需要了解的事实充分地交代清楚;另一方面,在陈述中不得添加无关的、不必要的细枝末节。同时,清楚原则还要求陈述应按照一定的时间顺序或逻辑关系展开。"陈述"的可信度源于修辞者自身的人品形象,以及修辞者在语篇中所营造的风格、口吻和感受。因此,修辞者在"陈述"中应尽量避免违背常理和事实,所做的分析应合情合理、留有余地。[3]

法律修辞的"布局"可根据案件的争议点以及论据或前提与论点的"辩证相干性"[4]确定和调整"陈述"的语篇内容和语篇幅度。尽管法律修辞的"陈述"也应参照简洁、清楚和可信原则,但也要遵循裁判文书相应的格式要素和语篇结构。

(三)"论证"

"论证"是修辞布局的第三步,也是整个修辞布局的主体部分,它承载着阐述主题、实现修辞目的的重任。修辞者在开题阶段所发现和搜集到的论辩素材只有通过"论证"才能得到有序的整理和编排。因此,修辞者若想有效地实现其修辞行为的目的必须进行合理的"论

---

[1] 参见 David Mirhady, "Aristotle and Anaximenes on Arrangement", *Rhetorica*, Vol. 29, 2011。
[2] 参见 E. P. J. Corbett, *Classical Rhetoric for the Modern Student*, Oxford University Press, 1990, p. 299。
[3] 蓝纯编著:《修辞学:理论和实践》,外语教学与研究出版社2010年版,第173页。
[4] 关于辩证相关性参见武宏志等人的介绍和分析,参见武宏志等:《非形式逻辑导论》,人民出版社2009年版,第603—610页。

证"布局。① "论证"一般由两部分构成,即论证和反驳,它们决定着论证的基本框架。不管是论证还是反驳都具有自己特定的形式和方法。②

法律修辞中几乎每一争论性问题都包含着大量可能的论证。人们在修辞的过程中需要系统总结论证的策略,并设计相应的论证使用计划。③ 哈夫特认为,在论证的计划中存在两种论证结构,即直线论证和辩证论证。通过直线论证可以建构论证的链条,通过这种论证链条可以将代表自己意见的论证排列在一起,而将相反论证略而不论。通过演绎、归纳和类比推论,人们可以对论证间的这种简单排序进行精致化,并使每一个构成要件相互串联起来。④ 但是,直线论证给人的感觉是比较臃长,也不符合法律修辞的对话特征。因此,辩证论证在法律修辞中更受人们重视和欢迎。辩证论证可以以两种不同的方式被刻画,即论证参与者的对话视角和中立观察者的比较视角。即使在简单论证中,人们也可以将人们所接受的观点区别开来,如当事人或律师的观点和法官的观点。在对话模式中,人们是逐渐探索到问题的答案的,而在比较模式中答案是通过衡量获得的。在对话的表达方式中,既有的立场和观点都会被涉及或提及,参与者会反对指向其他方向的论证。而在比较方式的辩证论证中,质疑者和他的疑问需要首先被说服和消除。⑤

除了直线论证和辩证论证这两种论证结构,法律论证的结构还可

---

① 参见蓝纯编著:《修辞学:理论和实践》,外语教学与研究出版社2010年版,第177页。
② Wolfgang Gast, *Juristische Rhetorik: Auslegung, Begründung, Subsumtion*, R. v. Decker's Verlag, 2002, pp. 170-190.
③ 参见 Fritjof Haft, *Juristische Rhetorik*, Karl Alber, 1995, pp. 60-90, p. 102。
④ 参见 Fritjof Haft, *Juristische Rhetorik*, Karl Alber, 1995, pp. 102-104。
⑤ 参见 Fritjof Haft, *Juristische Rhetorik*, Karl Alber, 1995, pp. 106-108。

以划分为单一论证和复合论证。在简单案件中所进行的论证多为单一论证,该论证的结构仅包括对案件事实和法律规则的描述以及法律判决通过两者间的涵摄的得出过程。疑难案件所涉多为复合论证,人们需要提出多个论据来支持某种观点,而且这些论据往往具有不同的实质关联。冯·爱默论和格鲁特德斯区分了多种形式的复合论证。如多元(选择性)论证、同位复合论证和附加论证。①

在多元论证中,每个论证都对论点进行充分证成。如果多元论证中的一种论证被挑战,该论点仍然可以得到其他论证的充分支持。当论辩者试图提出与他的观点不同的反对论证或质疑时,通常会选择多元论证。在作出一个论证后,论辩者有可能提出另一个完全不同的论证,并希望它能够获得更大的成功。在同位复合论证中,各种论证位于同一论证层面并以相互连接的方式共同对论点提供支持。在这种论证结构中,即使成功挑战其中一种论证也会导致这种论证整体被反驳。如果论辩者想对反对者提出的各种疑问作出回应,他便可以采用这种论证结构。附加论证并不直接对观点进行证成,而是对某一需要辩护的单一论证进行证成。论证的辩护会产生一系列或长或短的"纵向联结"的单一论证。在此链条中每个论证都有助于修辞结论的证成,不过,只有这些论辩链条作为一个整体才能终局性地证成修辞结论。在这种论证链条中,后面的论证就是前面论证的辅助论证。②

在非形式逻辑领域,论证的结构至少可以分为四种不同的种类,即连续推理或从属论证;组合式推理、依赖性论证、联合的论证或多重论证;收敛式论证、独立论证、平层论证或并列论证。连续或线性论证中,

---

① Eveline T. Feteris, *Fundamentals of Legal Argumentation: A Survey of Theories on the Justification of Judicial Decisions*, Springer, 1999, p.175.
② Eveline T. Feteris, *Fundamentals of Legal Argumentation: A Survey of Theories on the Justification of Judicial Decisions*, Springer, 1999, p.176.

至少有一个命题既是前边一个命题的结论,又是后一个命题的前提。换言之,其中的理由之一支持另一个理由。在组合式论证中,若干互相联系的前提组合起来作为一个整体一起支持结论(任一理由离开其他理由都不能对结论提供支持)。在收敛式论证中,多个前提分别支持结论。在发散式论证中,同一前提集支持多个并行的、不同的结论。① 在法律修辞的论辩中,选择什么样的法律修辞方法并按照什么样的结构组合它们,除了需要考虑案件的难易和可争论性外,更关键的是需要修辞者分析,在个案的论辩语境中究竟哪一种论证结构最适合修辞结论的证成,哪一种论证结构最能实现对相对人和听众的说服。

"论证"的整体布局要求,修辞者遵守相应的论证结构并使用恰当的论证顺序。在论证阶段,具体论证间的排列共有三种顺序:逐渐增强的顺序,即从最弱的论据开始逐步提出最强的论据;逐渐减弱的顺序,即从最强的论据开始逐步提出最弱的论据;基督教派的顺序(the Nestorian order),即在开头和结尾都提出最强的论据,而把其余的论据留在中间。② 有些修辞学家建议,在议论性的文体中,最好从较弱的论据开始,层层推进,最后提出最有力的论据。这样当论证结束时,修辞者的论辩仍会在听众的记忆中留下深刻的印象。如果一开始便抛出最强的论据,以至于在最后只能提出最弱的论据,那么论证的力度便会深受影响,这反过来也会影响听众对修辞者论证的信任。③ 不过,佩雷尔曼认为,这三种论证顺序都因脱离修辞语境而存在各自的问题,并没有独立于听众不变的论证顺序,所有的论证安排都应着眼于修辞对听众的

---

① 武宏志等:《非形式逻辑导论》,人民出版社2009年版,第471—515页;樊明明:《修辞论辩的机制》,北京外国语大学2001年博士学位论文,第408—409页。

② 参见 Ch. Perelman, *The Realm of Rhetoric*, University of Notre Dame Press, 1982, p.148。

③ 参见 E. P. J. Corbett, *Classical Rhetoric for the Modern Student*, Oxford University Press, 1971, pp.300-301。

说服目的,每一论证都需要在其最具影响力的时候提出。①

在议论性的文体中,除了要论证自己的观点,还需要反驳对方的观点。在法律修辞中,所有的论辩都会有一个明确的对手或一个隐性的对立面。若修辞者将这些对手的相反主张或潜在的对立论据完全置之不理,而只顾树立自己的观点,恐怕很难使读者信服。② 如果对手或相对人已通过相应的修辞行为使自己的观点被听众接受,那么修辞者在这种情况下就必须先驳斥对方的观点,而后才能论证自己的主张,否则听众根本就不会接受修辞者的论证,无论它是否正确。即使对方的观点根据无法成立,在论证自己的观点之后,修辞者也应反驳对方的主张。法律论辩的程序性规则和法律审判的诉讼结构决定了,反驳同论证一样也是法律修辞本身的构成要素。至于是否要进行反驳以及选择何种反驳方法,修辞者需要根据案件本身的争议点、论辩双方关于论辩前提、修辞方法和论辩规则的合意状态以及案件的修辞语境作出决定和选择。法律修辞中的反驳具有自己特定的形式,③不同的论辩前提、修辞方法和论点因其可辩驳性程度的差异,在是否可以反驳以及如何反驳上往往不同。例如,分类概念和类型概念、任意性规范和强制性规范,以及文义解释观点和目的解释观点在是否准许反驳以及如何反驳上是截然不同的。④

---

① 参见 Ch. Perelman, *The Realm of Rhetoric*, University of Nortre Dame Press, 1982, p. 149。

② 参见蓝纯编著:《修辞学:理论和实践》,外语教学与研究出版社 2010 年版,第 179 页。

③ Wolfgang Gast, *Juristische Rhetorik: Auslegung, Begründung, Subsumtion*, R. v. Decker's Verlag, 2002, pp. 186-190.

④ Wolfgang Gast, *Juristische Rhetorik: Auslegung, Begründung, Subsumtion*, R. v. Decker's Verlag, 2002, pp. 186-190.

（四）"结语"

"结语"是修辞布局的最后一步。如果说"引言"的目的是吸引听众对论辩的注意和兴趣，那么"结语"的目的便是满足他们的愿望，使他们感觉到演讲是作为一个整体出现的并具有规定性的统一形式。具体而言，"结语"具有如下功能：总结主要的论点；帮助听众记住演讲；呼吁听众采取特定的行动；清楚地结束演讲；以一个肯定的基调结束。其中，扼要地总结和结束语篇是"结语"承载的最重要的功能。为了令人印象深刻地和更有效地总结论点，亚里士多德建议修辞者按照如下四种指导性原则安排"结语"：第一，进一步巩固和强化听众对修辞者的好感，并巩固和强化听众对相对人的反感；第二，进一步巩固和强化在语篇的各个部分提出的论点和论据；第三，进一步调动听众的情感；第四，简要地总结语篇各个部分所列举的事实和提出的观点，结束全篇。[1] 在一段较长的语篇结束之后，简明扼要地总结不仅可以巩固受众的记忆，而且可以通过观点的高度浓缩增强修辞效果，起到画龙点睛的作用。除此之外，若有必要，"结语"还应在对语篇"重述"的基础上提升和扩展论辩的主题和结论。[2] 最后，"结语"的篇幅须与整个语篇的长度相称，但一般而言，"结语"要尽量简短。

在法律修辞的"结语"部分，法官必须决定修辞者针对对方的反驳或质疑是否已经成功进行了辩护。如果所提出的事实按照证据法和诉讼法得到了确证，所提出的论辩前提是听众接受和认同的法源且符合法教义学要求，所运用的法律修辞方法符合相应的法律修辞论证规则，那么法官便可以将相关法律规则适用到案件事实，并总结该法律修辞

---

[1] 参见 E. P. J. Corbett, *Classical Rhetoric for the Modern Student*, Oxford University Press, 1971, p. 308。

[2] 蓝纯编著：《修辞学：理论和实践》，外语教学与研究出版社2010年版，第183页。

的核心论点,即对案件作出"终局性判决"。

第四节　法律修辞的表达

法律修辞的表达是法律修辞论证动态过程的最终呈现,同时也是修辞论证的重要组成部分。修辞表达中的辞格不仅仅是论辩建构的装饰品,它们本身也具有论辩的功能。事实上它们是压缩的论证,这是它们能作为有效的劝说方法的原因。[①] 我们必须强调,法庭辩护言语在修辞上的修饰,如同其他成分一样,有权仅仅作为取得成功的手段,而非美学欣赏的渊源存在。[②]

一、如何理解法律修辞的表达

法律修辞的表达意指运用恰当的语言措辞,以表达当前的问题与事题,具体包括词语、句型的选择,通篇风格的定位,它强调论辩、说服的技巧与言语风格的密切关系。[③] 具体而言,法律修辞表达的内容主要包括词句的选择与安排、通篇风格的确定与贯彻。

(一) 词句安排

"法律文字是以日常语言或借助日常语言而发展出来的术语写成

[①] 〔比〕佩雷尔曼:《逻辑学与修辞学》,许毅力译,《哲学译丛》1988年第4期。
[②] 樊明明:《修辞论辩的机制》,北京外国语大学2001年博士学位论文,第114页。
[③] 樊明明:《修辞论辩的机制》,北京外国语大学2001年博士学位论文,第114页。

的,这些用语除了数字、姓名及特定的技术性用语外,都具有意义上的选择空间,因此有多种说明的可能。"①法律的文字和语言表达,如同其他表达,其意义被表达的内容和方式所影响。在适用法律时,如何进行法律修辞意义上的表达关乎着意义的传达和听众的反馈。"在一种情况下,句子的思想是不同的句子共有的;在另一种情况下,只有这些语词,这样排列,才表达这一思想。"②可以说,修辞者对意义的表述离不开其对词句的配置和安排。"修辞通过话语结构的排列、字符串联的分配、语境依赖的选词这些话语内的策略性安置达致预期的价值选择或语外目的的适切表达。"③

法律修辞的表达是实现修辞从"言语"到"语言"的过程。从语言学上讲,任何语词都是对对象的抽象、总结和概括。法律是由法律概念、法律规则、法律原则以及法律方法等组成的法律词语系统。语词是修辞表达的构成要素,法律修辞的表达就是在具体语境中对法律语词的选择适用。法律修辞作为一种语词适用意义上的修辞,特指法律语词的运用规则。法律修辞的表达所要解决的问题是,法律语词在司法语境下如何正确使用,即在交际过程中法律如何以其基本的语义,影响并说服听众接受特定的法律结论。在精心选择法律语词用于表达精准、确定的含义之外,还有一种修辞表达技艺与之恰恰相反——消极修辞④,修辞者

---

① 〔德〕卡尔·拉伦茨:《法学方法论》,陈爱娥译,商务印书馆2003年版,第126页。
② 〔奥〕路德维希·维特根斯坦:《哲学研究》,陈嘉映译,上海人民出版社2005年版,第170页。
③ 张斌峰等:《修辞论辩的语用评析》,《湖北大学学报(哲学社会科学版)》2014年第4期。
④ 陈望道先生曾在其著作中将修辞分为两类,即积极修辞与消极修辞,开创了我国修辞分类的先河,他指出,积极修辞和消极修辞是事物相互联系的两个方面,这两个方面共同组成一个修辞现象的系统。其中消极修辞表达的特点是明确、通顺、平匀、稳密,而积极修辞的表达多是通过辞格和辞趣来达到修辞效果。从这一角度看,法律修辞的表达中也是积极修辞与消极修辞并存的。参见陈望道:《修辞学发凡》,上海教育出版社1997年版,第68—72页。

可能会选取模糊的语言表达,这也未尝不是一种对法律词句的精心配置与安排。尤其在立法活动中,这种消极法律修辞的运用可以对冲法律本身的滞后性带来的问题,与之对应的司法活动中法律修辞表达也应传达这种对例外情况和准确表意的包容精神。

正如前文所述,法律语言表达具有天然的模糊性,即使修辞者积极地使用特定的法律语词排列表达了相对确定的意图,修辞表达仍有可能无法传达确切的含义。在修辞者实现对话语的选择使用与框架结构上的适切安排之后,意义的传达同时需要听众在含义解读中进行推理、类比、联想甚至想象等智力活动。法律文字所表达的意义无法做到绝对的固定和明确,但从另一方面来说,这种内在的不确定性加强了法律论辩中通过表达达成共识的可接受性。这同样体现了法律修辞表达的论辩意义。

(二) 风格定位

风格是一种内在气质的向外流露,它能够展现表达主体内部的相对稳定的思想观念、精神气质。法律修辞表达的风格对于修辞论证而言是其灵魂所在。法律修辞表达的风格体现的是修辞者在进行修辞论证时所使用的不同的语用策略、论辩策略、言语行为策略以及言说和写作技巧等,往往通过动态的论辩过程或者静态的语篇论证展现出来。

"从修辞的角度说,法言法语的功能就在于帮助法官获得当事人和法律职业群体对判决结果的接受。"[1]在传统的法律适用习惯中,修辞表达被认为是"科学"的反面。在此种观念的影响下,法律语言表达的文风呈现出的是理性、严谨之风,感情色彩并不浓烈,从裁判文书标点符号的使用中可见一斑,裁判理由的论证过程中基本很少见叹号、问

---

[1] 孙光宁:《法言法语的修辞功能》,载陈金钊、谢晖主编:《法律方法》(第 11 卷),山东人民出版社 2011 年版,第 27 页。

号等具有强烈感情色彩的符号,而多以常用的标点符号保持"中立"的形象。这种法律修辞论证在语言表达上往往平铺直叙、单刀直入,不以产生感染力和情感表达为目标,很难让目标听众产生切实的共鸣。而修辞论证者若通过语气的运用、句型的变换、格言的引证以及排比类比等方式丰富修辞表达,则可以获取深度认同。

整体而言,论证者往往要根据论证需要确定适切的表达风格,如此,论证效果将事半功倍。严肃的法律适用问题往往面对的是法律共同体内的听众,法治要求法律适用遵循形式原则。法律修辞论证期待一种逻辑严密、词语平实的表达,其表述应言简意赅、不作渲染,在平淡和扎实中表达法律的精神实质。面向法律人的修辞表达决定了论证者不可能通篇使用比喻、比拟、借代、夸张、双关等修辞手法,也不宜采取纯粹文学化的表达方式。[①] 此时,能够对法律共同体内的听众产生最好的说服效果。而当法律适用涉及情理、面向一般听众时,法律修辞论证中的修辞表达也应体现其伦理取向和人文关怀。一份流露着人文关怀的裁判文书往往能达到更好的论证效果,其不仅能够收获当事人发自内心的认同,而且可以通过有温度的说理发挥法律对社会良好风尚的引领作用。

二、如何进行法律修辞的"表达"

"语言是法律结构的媒介和型塑法律结构的工具,而语言反过来又被法律的运用者和解释者不断地型塑和当作媒介。"[②]法律修辞的表

[①] 参见罗士俐:《法律语言本质特征的批判性分析——准确性、模糊性抑或严谨性》,《北方法学》2011年第5期。

[②] 〔英〕沙龙·汉森:《法律方法与法律推理》,李桂林译,武汉大学出版社2010年版,第10页。

达便是要在法律语词的使用过程中利用其工具属性克服法律不确定性的困境,在最大程度上打动并说服听众。但是,法律修辞不是简单地重述法律条文的规定,而是准确地、灵活地运用法律语词构建法律思维方式和法律话语,以构造出各方当事人都可以接受和理解的修辞关键词和修辞表达。[①] 法律修辞者在描述、回答、解决事实问题以及对事实进行法律定性时,应当运用好法律语词、追求最好的修辞效果。而现实情况往往是,"虽然法律人的逻辑能力、理性化程度都很高,但是在修辞表达方面可能受逻辑、理性的压抑而显得笨拙"[②]。法律的权威常常因为不能恰当地使用法律语言和法律修辞而受到侵蚀。

  法律修辞的表达需要兼具明确性与模糊性。在法律的体系性和逻辑性要求之下,逻辑推演成为适用法律的不二法门。在逻辑推演中,法律语言表达追求严谨、精确,这是源于法律的确定性、可预测性等固有属性的本质要求。法律人的共同认知也是法律修辞的表达要尽量用法律术语和法律概念证立所有的判决,即使需要转换,也应表达法意。然而,这种严谨和精确一方面无法真正实现,另一方面对于法律的适用也并非有利无弊。法律修辞的表达应在特定条件下采取消极的修辞态度,以模糊修辞提高法律言语的表达效果,适用模糊修辞并非因为没有明确的表达可用,而是有意而为之,是以故意制造的语义模糊精确地表达法律修辞的目的,在不影响整体法律修辞表达准确性的前提之下,增强法律修辞论证的可操作性。但仍需强调的是,法律语言的模糊性不等同于"含混""歧义",模糊性是法律语言的固有属性,而"含混""歧义"则是法律语言的天敌,在法律修辞的表达中,有意识、正确地运用模糊的语言表达

  [①] 陈金钊:《解决"疑难"案件的法律修辞方法——以交通肇事连环案为研究对象的诠释》,《现代法学》2013 年第 5 期。
  [②] 陈金钊:《把法作为修辞——认真对待法律话语》,《山东大学学报(哲学社会科学版)》2012 年第 1 期。

手法可以保障法律语言的严谨性,既可包容世界上纷繁复杂的现象和行为,又可给一些法律规范适用的修辞论证留有回旋的余地。

法律修辞的表达需要兼顾法律语言和自然语言的使用。法律人总是遵循严谨、准确的思维和表达原则,然而,法律事实与行为的复杂性导致其在多数情况下都无法用法律语言表达清楚。同时,为了说服或劝服案件当事人和"更为广义的听众",法律修辞者需要在日常思维和法律思维之间进行某种方式的转换。在法律语言的能力范围之外,也要恰当地使用自然语言进行论辩。在法律修辞的表达中,为了尽量说服论辩相对人和法律听众,使其接受法律修辞结论,修辞者虽然要尽可能选择使用法律词语进行论辩。但在必要时,也可以根据听众的类型、反应和理解将法律语词转换或分解为易于理解的自然语言或日常语言进行论辩。也即,如果面向的听众是法律人,最好以运用法言法语为主,在修辞论证中清楚地使用法律语词。而如果是一般听众,为了交流沟通的便利和说服的效果,则需要把法律语词翻译为一般人能够理解的日常用语。不过,这些转换或分解的日常语言不得违反法律词语的基本语义,若它们的适用导致了不必要的意义争论,则需要及时回溯到法律上的专业词语,即转化为法教义学上的语句。法律修辞的表达可视为一种整体意义上的法律叙事,它们不仅要尽量实现关于事实断言的"叙事融贯性",而且也要尽可能满足法律断言的"规范融贯性"。[①]

法律修辞的表达需要修辞者兼备论辩能力和修辞能力。法律修辞的"表达"事关如何运用合适的语言和形式将法律论辩的基本结构和

[①] 叙事融贯性是关于事实断言的,与时间的流逝相关,可以复述被想象已经发生的现实情况。融贯的叙事依照时间顺序可以建立事件与行为间可信的历时性联系。规范融贯性涉及的是法律体系的合法性和质量,具有一种重要的共时性(synchronic)特征。参见 Neil MacCormick, *Rhetoric and the Rule of Law: A Theory of Legal Reasoning*, Oxford University Press, 2005, p. 229。

过程表达和呈现出来。这要求修辞者除了具备法律修辞发明和法律修辞论证的思维能力和论辩能力外,还要求修辞者具有相应的"修辞能力",即在具体语境中产出(和理解)能够最有效地表达自己、实践法律交际的话语的能力。[1] 在遵守法律修辞论证规则的基础上,为了实现有效的修辞表达,修辞者可以根据法律论辩的特征以及各种法律文书载体的格式要求,注意法律用词的适当风格,并对法律论辩语句的种类、长度以及句子之间的衔接和连贯作出合理的安排和设置。除此之外,在法律修辞的表达中,也可以运用形式类修辞格(包括对照并列类修辞格、节略类修辞格和反复类修辞格)和意义类修辞格(包括明喻、隐喻、借代、双关、拟人、夸张、低调陈述、修辞疑问句、反语、对顶等)。[2] 不过,这些修辞格的适用必须和基本的论辩方向保持一致,它们需要与具有的论辩前提、修辞方法、论点或修辞结论的语言表达存在相干性和相关性,并且需要保证修辞技艺的适用在法律的框架之内。法律修辞的辩证法技巧,如操控规范性立场、略过前提、循环论证、符合目的的命名、夸大不受欢迎的对立面、稀释案件-法律基础、遮蔽法律论证、回避推论结果、从远处引入事实、扭曲概念、利用同音异义、提出和限缩争议点、引入差异、针锋相对和诉诸听众等,[3]某种意义上也可以作为修辞的表达技巧。但是,这些表达技巧不能违反法律论辩的程序规则以及相应的法律方法规则和法教义学原理。它们也不能犯句法、语义和语用上的错误。[4]

---

[1] 蓝纯编著:《修辞学:理论和实践》,外语教学与研究出版社2010年版,第217页。

[2] 蓝纯编著:《修辞学:理论和实践》,外语教学与研究出版社2010年版,第281—332页。

[3] Edward E. Ott, *Juristische Dialektik: Dialektische Argumentationsweisen und Kunstgriffe, um bei rechtlichen Auseinandersetzungen in Prozessen und Verhandlungen Recht zu behalten*, Dike, 2008, pp. 91-126.

[4] Fritjof Haft, *Juristische Rhetorik*, Karl Alber, 1978, pp. 60-90, 113-148.

第七章
裁判说理中的修辞论辩：
以甘露案再审判决为例

司法裁判不仅仅是一种解决纠纷的活动，还是一种根据法律进行说理的活动。裁判文书说理是法律修辞论证应用的主要场域，目的在于得出更为合理和更具可接受性的判决。裁判结果是否具有说服力和可接受性，不仅取决于裁判过程中法官操控事实与规范为裁判结果提供的裁判理由是否充分，还取决于裁判文书中法官对于说理方法的选择与运用是否恰当和规范。不同于传统法律方法的简单应用，裁判文书说理需要根据具体的修辞语境以及听众的反应选择和组织不同的说理方法。因此，法律修辞的论证理论对于裁判文书说理的展开具有重要的指导意义，分别对应于裁判文书说理中说理方法的定位、说理方法的运用以及裁判说理的布局和表达三个环环相扣的环节。

在裁判文书中，修辞与说理互为表里，修辞是说理的工具，说理是修辞展现其功能的载体，修辞与说理通过逻辑勾联起来，合二为一。法律修辞论证理论能够改变传统裁判文书说理方法的独白性，将裁判文书说理方法纳入法律修辞的商谈和论辩语境中予以重构和改造。将法律修辞论证技术运用到裁判说理中，可以为审判实践尤其是裁判文书的说理论证提供全新角度和评判标准。以"甘露案"为标志，其再审判决书尽管作为最高人民法院颁布的参照性案例,但它不论是在论辩前提的选择上,还是在说理方法的运用以及裁判说理的布局和表达上,都存在明显的缺陷和错误,为法律修辞论证在裁判说理中的运用提供了反思样本。

甘露原为暨南大学华文学院语言学及应用语言学专业2004级硕士研究生。在2005年参加现代汉语语法专题科目的撰写课程论文考试时,其提供的考试论文被任课老师发现抄袭自互联网。经过批评教育,甘露被要求重新提交论文。甘露第二次提交的论文同样被发现存在抄袭行为。因此,任课老师将此事上报给学院。2006年3月8日,暨南大学作出开除学籍的处分。甘露对此不服,向广东省教育厅提出申诉。广东省教育厅随后责令暨南大学重新作出处理。2006年6月15日,暨南大学再次决定开除甘露学籍。2007年6月11日,甘露向广州市天河区人民法院提起行政诉讼,请求撤销暨南大学的开除学籍决定。广州市天河区人民法院判决维持暨南大学的决定。甘露提出上诉,请求法院撤销一审判决并撤销开除学籍的决定。广州市中级人民法院判决驳回甘露的上诉,维持原判。后甘露向广东省高级人民法院申请再审,再审法院在2009年驳回甘露的再审申请。甘露依然不服,提出了申诉。2011年10月25日,最高人民法院再审作出决定:"鉴于开除学籍决定已经生效并已实际执行,甘露已离校多年且目前无意返校继续学习,撤销开除学籍决定已无实际意义,但该校开除学籍决定的违法性仍应予以确认。"

第一节　说理方法的寻找和定位

法律修辞论证是说服听众接受个案裁判的论证技术,强调在形式逻辑之外,寻找为裁判提供说服力的理由。法官要想证明其判决的合理性,就必须提出为社会所接受的裁判理由,提出裁判理由的过程即是一个论证的过程。[①] 事实与规范的两分及其在裁判文书中的耦合目标,要求法官在裁判理由的发现与论证过程中必须选择恰当的说理方法,方法的正确定位将有利于论证目的的实现。裁判文书说理中,法律修辞论证方法不仅包括法律发现、法律解释、法律推论等传统法律方法,也包括后果导向的论辩、利益衡量、滑坡论证、归谬论证等特定论辩型式。因而,裁判文书说理方法的找寻并不是盲目的。它是裁判者论辩理由的展开与组织,首先需要从案件争议点出发进行初步选择,尔后再结合案件可能具有的论辩前提体系进行筛选和确定。

一、从案件的争议点出发

作为定纷止争的主要司法形式,裁判文书说理的首要目的是解决争议。围绕案件争议点寻找说理方法是裁判文书说理的首个关键步

[①] 参见杨贝:《裁判文书说理的规范与方法》,法律出版社2022年版,第189页。

骤,其核心要义是法律修辞论证中的方法选择。法律修辞论辩意味着围绕法律和事实形成与他人或自己的争议,这构成了裁判说理中两种基本的争议点:法律争议点和事实争议点。[1] 法学的概念和命题必须以特殊的方式与所争论的问题保持联系,只能从问题出发来加以理解,也只能被赋予与问题保持关联的含义。案件的争议点具有相应的论题学功能,能够变成"修辞发明"上的"寻找格式",能够在一阶论题学和二阶论题学范围内指导如何寻找解释问题的观点,并能充当进入商谈的可能性和客体以及其他更多的东西。[2] 可以说,案件的法律争议点决定着修辞论证方法选择的方向和路径。案件的法律争议点分为权利和义务的分配性争议(简称为权益性法律争议点)和法律条文意义的解释性争议(简称为解释性法律争议点)。在裁判文书说理过程中,前者往往过渡或回溯到后者。根据西塞罗的观点,解释性法律争议点可析分为:文字和意义关系争议、法律之间的冲突争议、文字歧义争议、类比推理争议和定义争议。[3] 根据法律修辞与其他法律方法的适用关系,法律争议点不能径直呈现为"事实与规范的目光往返"问题,它会遭遇法律解释、法律发现、法律推理等对事实与词语对应关系的初步加工和处理。如果它们一经适用便确定了法律词语的核心语义或规范与事实的涵摄关系,那么,这些语义和涵摄关系便可直接转化为修辞论证的起点和前提,"修辞发明"就会告一段落,接着就该"修辞论证"出场了。如果它们没有解决论辩双方间的解释性争议点,反而因此引起了更多的法律多义性、歧义性或模糊性,则"修辞发明"或"修辞论证"必须将这些法律方法及其争议点作为进一步的论辩主题,并选择相应的

---

[1] 参见 Fritjof Haft, *Juristische Rhetorik*, Karl Alber, 1978, p.95。
[2] 参见〔德〕特奥多尔·菲韦格:《论题学与法学——论法学的基础研究》,舒国滢译,法律出版社2012年版,第122页。
[3] 参见舒国滢:《"争点论"探赜》,《政法论坛》2012年第2期。

修辞论证方法进行论辩层面的解决。因此,只有从案件的法律争议点出发,才能框定修辞论证方法亦即说理方法的初步选择范围,进而为有效的案件说理指引一个明确的方向。

基于权益性法律争议点与解释性法律争议点的分类,以及甘露案再审判决书中旨在说服的核心法律听众对象——甘露为一方,暨南大学、广州市天河区法院、广州市中级人民法院(以下简称广州中院)和广东省高级人民法院(以下简称广东高院)为另一方,甘露案再审判决的法律争议点可做如下分析和整理。

(一) 权益性法律争议点

1. 甘露一方的权益性主张

甘露请求撤销原审判决并撤销开除学籍决定,责令暨南大学重新作出具体行政行为或直接将开除学籍决定变更为其他适当的处分,同时赔偿因诉讼多年而支出的交通住宿等直接费用和因丧失学习机会造成的间接损失、精神赔偿。

2. 暨南大学等一方的权益性主张

(1)暨南大学主张,给予甘露开除学籍处分。请求依法维持原审判决,并驳回甘露在原一、二审期间未曾提出的赔偿请求。(2)天河区法院主张,维持开除学籍决定。(3)广州中院主张,暨南大学认为甘露违规行为属情节严重,主要证据充分,甘露认为其行为属考试作弊的理由不成立,不予采纳。暨南大学处理程序并未影响甘露行使法定权利,甘露认为开除学籍决定程序违法的主张缺乏依据,不予支持。驳回甘露上诉,维持原判。(4)广东高院主张,驳回再审申请通知,驳回其再审申请。

3. 双方的权益性法律争议点

通过总结双方的权益性法律主张,甘露案再审判决的权益性法律争议点在于:甘露因其考试行为是否应被开除学籍或给予其他类型的处分?即暨南大学的开除学籍决定是否造成了甘露的受教育权或其他权益损失?天河区法院的初审判决、广州中院的上诉判决以及广东高院的再审驳回是否正确、适当和合理?

(二) 解释性法律争议点

1. 甘露一方的解释性主张

甘露解释,其先后两次提交的课程论文存在抄袭现象属实。但所涉课程考试是以撰写课程论文方式进行的开卷考试,抄袭他人论文的行为违反了考试纪律,应按违反考试纪律的规定给予处分。不过,这种抄袭行为并不属于《普通高等学校学生管理规定》和《暨南大学学生管理暂行规定》所称的"剽窃、抄袭他人研究成果"违纪行为。[①] 暨南大学依此给予开除学籍处分,犯了认定事实不清、适用国家法律不当、处分程序违法以及处分明显偏重的错误。

2. 暨南大学等一方的解释性主张

(1) 暨南大学解释,学期课程论文作为研究生修读课程的考试形式之一,也是研究生学习期间研究成果的一部分。甘露连续两次的抄

[①] 甘露案再审判决审结于2011年10月25日,而教育部于2016年对原《普通高等学校学生管理规定》(教育部令第21号)进行了修订,2017年9月1日起施行《普通高等学校学生管理规定》(教育部令第41号)。此外,2018年全国人大也于2004年后,再次通过了新的《宪法修正案》。《暨南大学学生违纪处分实施细则》也于2022年废止。按照"法不溯及既往"的原则,本书根据当时的相关法律规定——原《普通高等学校学生管理规定》(教育部令第21号)、《宪法》(2004年修正)、《暨南大学学生违纪处分实施细则》——进行分析。文中所提及的规定和文件如不特别说明,皆指当时的法律、法规和文件。

袭行为已经严重违反了《高等学校学生行为准则》《普通高等学校学生管理规定》以及《暨南大学学生管理暂行规定》,应按照《暨南大学学生违纪处分实施细则》进行处理。即使将其行为归类为考试作弊行为,按照《普通高等学校学生管理规定》第54条第4项的规定"由他人代替考试、替他人参加考试、组织作弊、使用通讯设备作弊及其他作弊行为严重的",仍可给予甘露开除学籍处分。

(2) 广州中院解释,甘露两次抄袭他人论文作为自己考试论文的行为属于抄袭他人研究成果,在任课老师指出其错误行为后,甘露再次抄袭他人论文,属情节严重。甘露认为其行为属考试作弊的理由不成立,不予采纳。

3. 双方的解释性法律争议点

通过总结和分析双方的解释性法律主张,甘露案再审判决的解释性法律争议点在于:首先,甘露两次抄袭他人论文的行为究竟属于《普通高等学校学生管理规定》和《暨南大学学生管理暂行规定》所规定的"剽窃、抄袭他人研究成果""其他严重的作弊"或"违反考试纪律规定"中的哪一种?这三种法律规定是否同时适用于甘露的行为而发生法律竞合?这属于法律争议点中的"法律之间的冲突争议、文字歧义争议和定义争议"。其次,甘露先后两次抄袭他人论文的行为是否属于《普通高等学校学生管理规定》和《暨南大学学生管理暂行规定》中关于开除学籍规定所要求的"情节严重",即暨南大学作出的开除学籍决定是否"明显偏重"?这不仅涉及作为不确定法律概念的"情节严重"的"文字争议和定义争议",而且涉及对甘露行为如何进行法律评价和价值判断的争议。最后,之所以出现以上法律争议,系因双方采用了不同的法律解释、法律推理方法以及不同的衡量标准和方法。在法律解释和法律推理方法上，甘露一方通过对《普通高等学校学生管理规定》和《暨南大学学生管理暂行规定》规定的"剽窃、抄袭他人研究成果"进行限缩解释认为，其行为虽是抄袭行为，但（通过文义解释得出）仅系《普通高等学校学生管理规定》第16条规定的"违反考核纪律"，因此不属于（通过反面推论得出）"剽窃、抄袭他人研究成果"。而暨南大学同样采取文义解释方法辩驳，学期课程论文作为研究生课程的一种考试形式，属于研究生学习期间的研究成果，甘露的行为可涵摄入"剽窃、抄袭他人研究成果"这一规定。其进而借助伦理解释和类比推理认为，即使甘露的行为属于考试作弊行为，仍可由《普通高等学校学生管理规定》第54条第4项内含的兜底条款"其他作弊行为严重的"所包摄。广州中院采用文义解释认为，该案中的课程形式可归入考试范围，甘露的行为属于抄袭他人研究成果，并采用反面解释方法指出，甘露的行为不属于考试作弊行为。这些争议构成了解释性法律争议点中的法律方法争议点。

在衡量基准和方法上，甘露以其受教育权为衡量基准认为自己的行为并非严重违反"考核纪律"或严重作弊的行为，仅是一般的考试违纪行为。而暨南大学以学术的严肃性为裁量基础认为，甘露连续两次的抄袭行为是对相关规定的严重违反，丧失了作为一名学生所应具有的道德品质，即使将其作为考试作弊行为处理，也是一种严重的其他作弊行为。广州中院同样以学术的严肃性为衡量基准认为，甘露违规行为情节严重。

（三）说理方法的选择不得偏离法律争议点

针对个案的裁判理由必须根据案件的法律争议点选择具有相关性的说理方法。同理，围绕个案展开的法律修辞也必须在案件法律争议点的基础上选择相关的论辩方法。作为特定语境下的"运用性商谈"和"法律辩证"法律修辞总以试图影响、说服他人为出发点,它是面向法律听众的讲演而非修辞者自己内心的独白。修辞学上的相关性强调论证内容和修辞语境的语用关系,法律修辞者只能选择有助于解决法律争议点的修辞方法和论辩技巧。[①] 甘露案再审判决书虽以近三分之二的篇幅论述了该案的法律争议点,但仅是遵照裁判文书的格式化程式对法律争议点所做的粗糙勾勒和描述,并没有规整和总结该案争议点的性质、类型和发生因由。最高人民法院再审判决书选择的修辞论证方法对该案核心的法律争议点而言并不具有充足的相关性。该案的再审判决不同于其初审判决,其不但需要解决甘露与暨南大学之间行政法上的权益性法律争议,而且需要明晰甘露一方和暨南大学等另一方之间的解释性法律争议。再审判决书也需要同时将之前裁判甘露案的历个审级法院和本次再审中的双方当事人作为说服对象。

通过上述分析和整理,我们发现,甘露案的再审判决需要处理的论辩主题为:(1)甘露的行为究竟属于"剽窃、抄袭他人研究成果""其他严重的作弊"或"违反考试纪律规定"中的哪一种?(2)甘露的行为是否达到了开除学籍所要求的"情节严重"?(3)双方解释性主张背后所依据的文义解释、伦理解释、扩大解释、反面推论、类比推理以及衡量基准和衡量方法哪一个更为正确、合理而应被适用?

甘露案再审判决书选择的主要说理方法是对《普通高等学校学生管理规定》第54条第5项中的"剽窃、抄袭他人研究成果"和"情节严

---

① 参见 Joseph W. Wenzel, "Relevance and other Norms of Argument: A Rhetorical Exploration", in Robert Maier (ed.), *Norms in Argumentation*, Walter De Gruyter Mouton, 1989, pp. 85-95。

重"进行"限缩解释"以及随后进行的补强论证或辅助论证,即指出"甘露作为在校研究生提交课程论文,属于课程考核的一种形式,即使其中存在抄袭行为,也不属于该项规定的情形"。但根据上述分析,该案法官选择的说理方法明显偏离了该案关键的法律争议点:(1)即使甘露的行为在法律的语义界限上无法归入"剽窃、抄袭他人研究成果",但也不可排除其可由《普通高等学校学生管理规定》第54条第4项中的兜底条款"其他严重的作弊"所涵括;(2)将甘露的行为解释或论证为"课程考核行为"在法律竞合关系上可反面推出(也无法排除)其与上述兜底条款的涵摄关系;(3)即使只能将甘露的行为归类为课程考核行为,根据《普通高等学校学生管理规定》第12、16、52、53条的规定,若甘露的行为严重违反考核纪律,仍可被开除学籍;(4)对甘露行为违纪或作弊情节的判断,最高人民法院并没有像原、被告在解释性法律主张中那样采用利益衡量或价值判断,而是通过将"情节严重"置换成经验性概念后径直进行限缩解释,案件当事人所认同、运用的衡量方法、衡量基准在再审判决书中都被忽略或省略了。

甘露案再审判决之所以在说理方法的选择上屡遭诟病,主要原因在于,该判决书并没有从该案的法律争议点出发寻求修辞论辩方法,反而仅将该案涉及的权益性法律争议点作为论辩主题,试图仅通过文义解释方法进行裁判说理。论辩双方间的解释性法律争议点,尤其是法律方法争议点并没有通过修辞论证方法的安排和选择获得相应的反驳和回应。法律修辞的商谈程序和会话结构要求,修辞者在建构自己的法律论辩时,除了以法律理由证立自己的法律主张,还应反驳和回应论辩相对人可能提出的反对性论据。法律论证的理性规则要求每一个论证如果受到挑战都必须由其他理性的论证给予支持。法律论证的真诚规则要求论辩的每一方都应该被认真对待,禁止在论辩中使用强力、欺诈以及针对相对的偏见。[1] 令人遗憾的是,甘露案的法律争议点始终没有对其修辞论证方法的选择和构造发挥相应的指引和约束作用。

二、结合案件的论辩前提体系

"修辞学是一切理性行为的本质方面。"[2]从表面上来看,法律修辞论证的目标是达到说服的目的。然而,从深层次剖析,它关注的其实是何为真理及其如何存在的问题。[3] 为在裁判文书说理中实现有效的修辞论证,从案件争议点出发寻找说理方法只是第一步,说理方法的定位必须符合法治和法教义学的要求。裁判文书说理中的修辞论证,除了必须与案件的法律争议点匹配外,还应使其与个案中可能使用的论辩前提体系关联起来。

佩雷尔曼指出,论辩者为了获得听众对自己主张的认同,需要使用法律共同体一般接受的观点作为论辩前提,这些前提包括法律规则、一般法律原则以及特定法律共同体接受的原则。[4] 加斯特认为,在法律修辞中,不同类别和性质的前提都可能被运用,其中,法律概念是一种完全的前提,法教义学是一种特殊的操作性前提。[5] 法律概念、法律规范、法律原则、法律条文和法律条款作为"正式法源"的表现形式或组成部分,具有当然的法律效力和听众不得任意挑战的法律权威,构成的

---

[1] 参见 Aulis Aarnio, *The Rational as Reasonable: A Treatise on Legal Justification*, Springer, 1987, pp. 196-198。

[2] 〔德〕汉斯-格奥尔格·伽达默尔:《诠释学 II:真理与方法》,洪汉鼎译,商务印书馆 2010 年版,第 591 页。

[3] 参见杨贝:《裁判文书说理的规范与方法》,法律出版社 2022 年版,第 178 页。

[4] 参见〔荷〕伊芙琳·菲特丽丝:《法律论证原理——司法裁决之证立理论概览》,张其山等译,商务印书馆 2005 年版,第 51—58 页。

[5] Wolfgang Gast, *Juristische Rhetorik*, Hüthig Jehle Rehm, 2006, p. 50.

是法律修辞的客观前提或完全性前提。法学原理、一般法理、法律学说以及部门法学说等作为实在法的教义性知识,具有明显的教义学属性,能够生产和提供关于法律和法律体系的相关信息,[1]也是法律修辞主要的论辩前提。在法律论辩前提的分类上,它们属于加斯特所谓的特殊的操作性前提。在裁判文书说理中,这些论辩前提之间的体系关系和效力结构在案件争议点之外,也会影响法律修辞修辞图式或修辞方法的选择。如果说案件的争议点是从修辞语境或论辩情景的角度影响修辞论辩方法的选择,那么案件的论辩前提体系则是从法教义学和法律方法论的立场进一步锁定说理方法。两者的协作和合力将实现案件说理方法的最终确定。

如果修辞者与其听众没有达成共同的论辩前提,则具体的论辩将是不可能的。论辩前提首先必须是听众能够接受的、无异议的,同时,它的内容及其产生的一切也必须是有效的。只有如此,论辩前提才能成为法律修辞乃至裁判理由中更大范围内可接受性的"源泉"。[2] 依据法律修辞之论辩前提的分类,甘露案再审判决涉及的论辩前提可做如下整理。

(一) 甘露案再审判决的论辩前提体系

甘露案再审判决涉及的形式论辩前提包括:

1. 法律规则形式的论辩前提

(1)《普通高等学校学生管理规定》第 12 条:"考核分为考试和考查两种。考核和成绩评定方式,以及考核不合格的课程是否重修或者

---

[1] 参见 Aulis Aarnio, *Essays on the Doctrinal Study of law*, Springer, 2011, p.11。
[2] Artiukhova A. A., *Das rhetorische Grundmuster der juristischen Kommunikation*, Одеський лінгвіст ичний вісник, 2013, Вип. 1.

补考,由学校规定。"(2)《普通高等学校学生管理规定》第16条:"学生严重违反考核纪律或者作弊的,该课程考核成绩记为无效,并由学校视其违纪或者作弊情节,给予批评教育和相应的纪律处分。给予警告、严重警告、记过及留校察看处分的,经教育表现较好,在毕业前对该课程可以给予补考或者重修机会。"(3)《普通高等学校学生管理规定》第52条第1款:"对有违法、违规、违纪行为的学生,学校应当给予批评教育或者纪律处分。"(4)《普通高等学校学生管理规定》第53条:"纪律处分的种类分为:(一)警告;(二)严重警告;(三)记过;(四)留校察看;(五)开除学籍。"(5)《普通高等学校学生管理规定》第54条:"学生有下列情形之一,学校可以给予开除学籍处分:……(四)由他人代替考试、替他人参加考试、组织作弊、使用通讯设备作弊及其他作弊行为严重的;(五)剽窃、抄袭他人研究成果,情节严重的……(七)屡次违反学校规定受到纪律处分,经教育不改的。"

同时,由于《暨南大学学生管理暂行规定》是依据《普通高等学校学生管理规定》制定的,且并不违背《普通高等学校学生管理规定》相应条文的主观意思,因此,《暨南大学学生管理暂行规定》的相关规定也可构成甘露案法律规则形式的论辩前提。

2. 法律原则形式的论辩前提

由于甘露案涉及甘露的受教育权问题,因此,宪法关于国家尊重和保障公民人权和受教育权的相关条款也应该成为甘露案的论辩前提。根据阿列克西的观点,宪法权利构成了一种意味着最大化律令的法律原则。[①] 因此,宪法关于公民人权和受教育权的相关规定构成了甘露

---

① 参见 Alexy Robert, *A Theory of Constitutional Rights*, J. Rivers (trans.), Oxford University Press, 2002, p.47。

案法律原则形式的论辩前提。甘露案再审判决原则形式的论辩前提包括：

(1)《宪法》第33条第3款："国家尊重和保障人权。"(2)《宪法》第46条："中华人民共和国公民有受教育的权利和义务。"(3)《普通高等学校学生管理规定》第5条："学生在校期间依法享有下列权利：(一)参加学校教育教学计划安排的各项活动,使用学校提供的教育教学资源……(四)在思想品德、学业成绩等方面获得公正评价,完成学校规定学业后获得相应的学历证书、学位证书；(五)对学校给予的处分或者处理有异议,向学校、教育行政部门提出申诉；对学校、教职员工侵犯其人身权、财产权等合法权益,提出申诉或者依法提起诉讼；(六)法律、法规规定的其他权利。"(4)《普通高等学校学生管理规定》第52条第2款："学校给予学生的纪律处分,应当与学生违法、违规、违纪行为的性质和过错的严重程度相适应。"(5)《普通高等学校学生管理规定》第55条："学校对学生的处分,应当做到程序正当、证据充分、依据明确、定性准确、处分适当。"

3. 法教义学形式的论辩前提

甘露案再审判决不但涉及复杂的法律修辞、法律解释等方法论问题,而且关涉重要的行政法教义学原理。甘露案再审判决教义学类别的论辩前提包括：大学自治与强制退学制度[1],以及大学自治与学生受教育权之间的平衡问题。[2] 由于甘露案作为一种行政诉讼涉及对"情节严重"的法律解释,因此,该案涉及行政法上不确定性法律概念的具

---

[1] 参见周志宏:《大学自治与强制退学制度》,《台湾本土法学杂志》2001年第29期。
[2] 参见李建良:《大学自治与法治国家——再探"二一退学制度"的相关法律问题》,《月旦法学杂志》2003年第10期。

体化、解释①、判断余地②以及一般性的行政自由裁量等问题,如合理性原则和比例原则对行政自由裁量的约束。③

(二) 各种论辩前提的定位及其内在结构

以《宪法》、《普通高等学校学生管理规定》和《暨南大学学生管理暂行规定》为文本载体的法律规则和法律原则及其包括的关键法律概念,共同构成了甘露案再审判决的客观前提和完全性前提,而甘露案涉及的行政法教义学知识是甘露案再审判决特殊的操作性论辩前提。法律规则和法律原则因有典型的文本形式可直接作为论辩起点。根据两者初显性特征的差异,④如果它们发生冲突,则应按如下原则处理它们的关系:"穷尽法律规则,方得适用法律原则""若无更强理由,不适用法律原则"。⑤ 若两者属于同一论辩结论的支持性论据或反对性论据,则两者可作为互补的论辩前提被同时适用。甘露案涉及的行政法教义学属于广义的行政法范畴,它是以法学内部组织的观点对立法、法院判决等各种行政法素材的解释和体系化,并且能够形成一套比法律条文更加细致、更具解释性的法律学说和法学知识。它们能为行政法提供一个透明的结构,促进它的精确性、融贯性,并使行政法在政治动态中

---

① 参见盛子龙:《行政法上不确定法律概念具体化之司法审查密度——德国实务发展与新趋势之分析》,《法令月刊》2000 年第 10 期。
② 参见 Otto Bachof, "Beurteilungsspielraum, Ermessen und unbestimmter Rechtsbegriff im Verwaltungsrecht, Juristenzeitung", JZ, Vol. 10, 1955。
③ 参见余凌云:《行政自由裁量论》,中国人民公安大学出版社 2009 年,第 45—86 页。
④ 参见 Alexy Robert, *A Theory of Constitutional Rights*, J. Rivers (trans.), Oxford University Press, 2002, pp. 19-110。
⑤ 舒国滢:《法律原则适用中的难题何在》,《苏州大学学报(哲学社会科学版)》2004 年第 6 期。

保持自身的稳定性和权威性。① 在甘露案的说理过程中,案件的具体决定以及它的法律商谈结构、论辩前提的选择某种意义上都会受到行政法教义学的规范性影响。② 相较于法律规则和法律原则,法教义学具有更强的可争论性和可辩驳性,实证法的状态和立法水平也会影响法教义学的一般效力。因此,法律修辞者对法教义学作为论辩前提具有较强的选择性和可操作空间。按照上述对各论辩前提的分析和定位,这些论辩前提可以形成初步的体系结构,但若形成裁判规则意义上的融贯性体系,还需要结合该案的法律争议点和主要的论辩主题予以进一步的建构:

1. 若将甘露撰写课程论文的行为定性为考核中的"考查",因其作弊或违反考核纪律,则可给予相应的纪律处分,而纪律处分的种类可包括开除学籍。因此,根据法律规则间的语义关系和逻辑结构,甘露仍可被开除学籍。但是,《宪法》和《普通高等学校学生管理规定》中的相关法律原则可以构成相反的或反对性的论辩前提。甘露的行为在语义上即使可以构成开除学籍的形式要件,但根据相关法律原则,其行为未必满足开除学籍的实质要件,存疑的问题是如何对甘露的违纪或作弊情节进行法律评价和价值判断。这些论辩前提间冲突的解决需要参考我国行政法对相应的法律学说和法学知识的接受和吸纳情况。

2. 若将甘露撰写课程论文的行为定性为考核中的"考试",则其被开除学籍可获取多种平行的法律规则链条的支持:第一,因其"违反考核纪律或作弊",可给予相应的纪律处分,而纪律处分的种类又包括开

---

① 参见 Aleksander Peczenik, "A Theory of Legal Doctrine", *Ratio Juris*, Vol. 14, 2001。
② 法律适用的整体过程在一般上都会受到法教义学的各种影响。参见 Dieter Leipold, "Die Rolle der Rechtswissenschaft in der gegenwärtigen Gesellschaft", *Ritsumeikan Law Review*, Vol. 30, 2013。

除学籍。因此,甘露可被开除学籍;第二,因其"剽窃、抄袭他人研究成果,情节严重",可被开除学籍;第三,由于甘露的行为与"他人代替考试、替他人参加考试、组织作弊、使用通讯设备作弊"行为具有相似性,因此属于"其他作弊行为严重的"行为,可被开除学籍;第四,因甘露"屡次违反学校规定受到纪律处分,经教育不改",也可被开除学籍。将甘露的行为定性为考试与将其定性为考查具有相同的反对性论辩前提,而且法律规则和法律原则间冲突的解决也需要参照目前的行政法教义学知识。

综上,在是否"开除学籍"的论辩上,共有五种平行的法律规则链条构成的论辩前提,而且,每一种规则形式的论辩前提都面临相同的原则形式的论辩前提的挑战,同时有不同的行政法教义学可供选择。因此,上述各种形式的论辩前提可形成内在协调、融贯的论辩前提体系。

(三) 论辩起点的选择必须尊重其所在的体系结构

甘露案再审判决没有根据相关的论辩前提体系选择和安排修辞论辩方法,反而随意选取了一种法律规则形式的论辩前提,并试图借助限缩解释来迎合其"前见"和法律感早已锁定的裁判结论。[①] 最高人民法院的法官在该再审判决中通过对"剽窃、抄袭他人研究成果"和"情节严重"同时进行缩小解释来极力否认甘露的行为属于该项规定的情形,将甘露提交论文的课程类型解释成课程考核的"考查",并对之进行相应的补充论证或辅助论证。但是,根据甘露案的论辩前提体系,甘露被开除学籍具有五种不同形式的规则类别的论辩前提,它们在逻辑

[①] 甘露案的再审判决书在具体构造其裁判说理之前,在强调处罚违纪学生所应遵守的各种法律原则时便已暴露了其对具体裁判结论的倾向和法律感。

关系上的平行性或并列性决定了对其中任一论辩前提的反驳都不能否定其他前提进入论辩的可能性。即使甘露的行为不属于"剽窃、抄袭他人研究成果"或无法满足其"情节严重"的要求，但仍有其他四种论辩前提为"开除学籍"的行政处罚提供法律规则上的理由。甘露案的再审法官虽然认识到了甘露参加的课程可定性为"考查"的课程考核，但没有认识到违反考核纪律仍可被开除学籍。根据甘露案论辩前提的体系结构，最高人民法院的再审法官在修辞论辩方法的选择上合理的做法应是：承认五种规则链条作为论辩前提的可能性以及其间的法律竞合关系，但要认真审视前述原则形式的论辩前提与这些规则的价值性冲突，然后选择针对法律冲突的修辞论证规则以及其他法律修辞论证规则，如文义论辩规则、目的论辩规则和结果论辩规则，并一一解决这些法律冲突和法律争议点，而不可径直选取一种规则形式的论辩前提，试图仅通过文义解释、目的解释来敷衍和修饰其"先入为主"认定的裁判结论。其他论辩前提的存在以及它们之间的体系性关系，决定了该案的修辞论证方法应该有更大的选择范围和适用种类。

甘露案再审判决在法律修辞论证方法的选择上完全忽视了该案的法律争议点和论辩前提体系具有的指引和限定作用，导致该案对说理方法的选择是盲目的、缺乏计划的。案件说理对于修辞论证方法的选择无法脱离案件的争议点和论辩前提体系中的任何一个，结合两者才能实现修辞论证方法的合理选择。这属于修辞发明或修辞发现层面的技术，是论题学或开题术在法律修辞领域的具体化，它致力于实现法教义学与个案语境、修辞发明与修辞论证的有效衔接。案件争议点及论辩前提体系的构造需要更多法律体系元素的加入和运作。只有如此，才能真正为案件说理方法的选择提供一个合理的、规范性的和有约束力的指引。

第二节　说理方法的规范运用

从广义上讲,方法是指认识、分析与综合对象的思维结构,是帮助获得结果或结论的过程中所凭借的手段或技巧,表现为一种有规律性和可预测性的活动。[1] 方法的规律性和可预测性要求,方法的运用过程必须是规范的。裁判文书说理中,修辞论证方法作为一种既满足法教义学要求又对修辞语境保持开放的实践理性论辩方法,必须遵循一定的法律修辞论证型式及其规则。法律修辞论证规则大体分为基于规则的论证规则、基于规则外要素的论证规则以及基于推论的论证规则三种基本形式。其中,基于规则的论证规则又分为针对法律冲突的修辞论证规则(有逻辑性法律冲突与评价性法律冲突之分)和针对解释关系的修辞论证规则(包括文义论辩规则、目的论辩规则和体系论辩规则)。基于规则外要素的论证规则分为基于原则的修辞论证规则、基于价值的修辞论证规则和基于后果的修辞论证规则。基于推论的论证规则分为反面论辩规则、正面论辩规则和类比论辩规则。这些论证规则构成了同时满足合法性、合理性与实用性的法律修辞论证规则体系,是具体的说理活动必须遵守的规范性指令。最高人民法院对甘露案的再审判决在很多地方都没有遵循法律修辞论证规则,其法律适用、法律解释和法律推理中充斥着多种修辞性的"硬伤"和论证错误。

---

[1] 参见 Sebastian Urbina, *Legal Method and the Rule of Law*, Springer, 2002, p.1.

一、不得背离"基于规则的修辞论证规则"

甘露案再审判决书的说理,不仅背离了"针对法律冲突的修辞论证规则",而且也违反了"基于规则的修辞论证规则"。该判决书为了倒推或论证其"甘露不应被开除学籍"的法律感或修辞结论,同时对《普通高等学校学生管理规定》第54条第5项中的法律概念"剽窃、抄袭他人研究成果"和"情节严重"进行目的性限缩。目的性限缩并非法律解释而是一种典型的法律续造方法。[①] 目的性限缩和限制解释具有根本不同,目的性限缩系根据法律规范之目的透过为法规范附加限制条款的方式,将原本由法条文义所涵盖的案件类型排除于法规范的适用范围之外。相反,限制解释是以采取较为狭窄的文义方式而为之,它仍处于法律文义之内,只不过其所欲解释之法律概念因具有模糊性、歧义性、评价上之开放性而具有语义上的游动空间。[②] 根据"基于规则的修辞论证规则"和相应的行政法教义,该案的法律概念"剽窃、抄袭他人研究成果"和"情节严重"并不能被目的性限缩或限制解释,甘露案再审判决书对《普通高等学校学生管理规定》第54条第5项的解释性说理从法律修辞论证上而言是不妥当的,它同时违反了"基于规则的修辞论证规则"中的文义论辩规则、目的论辩规则、体系论辩规则。

首先,甘露案再审判决书误用了文义论辩规则。在法律修辞的论

---

① 法律解释和法律续造是两种不同的法律方法或法律论证,以法律词语的语义界限为标准,所有的法律解释都是在法律语义界限范围之内的运作,而法律续造会超越法律可能的语义界限,它有四种不同的类型:废止、创设、扩张和限缩。参见 Matthias Klatt, *Making the Law Explicit: The Normativity of Legal Argumentation*, Bloomsbury Publishing, 2008, p.5。

② 参见王鹏翔:《目的性限缩之论证结构》,《月旦民商法杂志》2004年第4期。

证理论中,文义论辩规则为:(1)在文义论辩中,修辞者应明确分类概念、类型概念①和价值开放的概念之间的区别,不得混淆其间的界限;(2)若法律规则的语义明确或无歧义,则修辞者不得再进行解释;(3)若存在明确的法律概念定义,且其为一种分类概念,则论辩相对人不得任意反驳;(4)在文义论辩中,论辩者须明确选言式概念与连言式概念②的差别,不得将其混用;(5)若分类概念存在判例和法教义学上的明确含义,则应适用之;(6)论辩者只能根据类型概念和价值开放概念的肯定语义选项或中间语义选项③进行论辩,在中间语义选项下要承担相应的论辩责任;(7)若存在法律概念的判例和法教义学上的专业含义,则修辞者不得运用日常含义;(8)修辞者须对法律文本中重复出现的概念和规则作统一解释,除非法律明文规定了不同的含义;(9)若法律规则语义不够清晰,则修辞者应根据该概念涉及的同类或同级事项以及所处的上下文的语境或其目的进行解释,而不得断章

---

① 类型概念,是指在这一概念中,出现了至少一个可区分的等级要素。这个要素以外的其他要素,要不就同样也是可分层的等级要素,否则就是仅为选择性的必要要素。相对于分类概念,类型概念的语义界限是流动的,其在个案中的适用需要一定的评价行为。参见〔德〕英格博格·普珀:《法学思维小学堂》,蔡圣伟译,北京大学出版社2011年版,第23页。价值开放的法律概念具有与类型概念类似的"开放结构",但它的功能在于反映相应法律规则背后的法律原则。参见 Alecsander Peczenik, *Legal Doctrine as Knowledge of Law and as a Source of Law*, Springer, 2005, p.158。

② 选言式概念与连言式概念是分类概念的两种基本形式,分类概念的定义是通过列举其必要且充分的要素来进行的。个别的要素可以是累积的必要,但也可以是选择式的必要。在前者,这些要素是通过"及"或"并且"联结的,人们称为"连言式定义"。在后者,是通过"或"来连接的,人们称之为"选言式定义"。参见〔德〕英格博格·普珀:《法学思维小学堂》,蔡圣伟译,北京大学出版社2011年版,第23页。

③ 不管是类型概念还是价值开放的概念都有一个概念核心和概念边缘,在概念核心上,它们具有明确的语义,而在概念边缘上,它们的语义则呈现模糊性。克拉特后来借用科赫(Koch)和鲁布曼(Rubmann)关于模糊性概念或法律规则之语义分析的三领域模式将类型概念和价值开放的概念的语义项划分为三个部分:肯定语义域,它对其对象 x 的涵摄具有必然性;否定语义域,它对其对象 x 的涵摄是禁止的;中立语义域,它对其对象 x 的涵摄既不是必然的也不是禁止的。参见 Matthias Klatt, *Making the Law Explicit: The Normativity of Legal Argumentation*, Bloomsbury Publishing, 2008, p.274。

取义、望文生义;(10)若论辩者以文义解释进行论辩,则论辩相对人不得随意否定或转移。

根据分类概念、类型概念和价值开放的概念的划分,"剽窃、抄袭他人研究成果"是一种典型的类型概念,它相当于行政法教义学上所谓的不确定性法律概念。不确定性法律概念是指在法定构成要件中所明确使用的具有多义性的法律概念,它可以分为不确定性的描述性概念和不确定性的规范性概念,即不确定的经验概念和不确定的价值概念。① 不过,作为类型概念和不确定性的描述性概念的"剽窃、抄袭他人研究成果"仍有自己明确的语义界限。类型概念和不确定性的描述性概念并非模糊概念,而具有"理念的素材确定性"和"素材的理念确定性",②它们都由一个确定的意义内核和一个逐渐淡化的意义外围构成,其可能的语义界限可以更精确地划分为肯定语义项、中间语义项和否定语义项。在意义内核、肯定语义项和否定语义项上,类型概念和不确定性的描述性概念都有明确的语义。关于"剽窃、抄袭他人研究成果"概念的含义,国家版权局版权管理司已在权司〔1999〕第6号批复中指出:"著作权法所称抄袭、剽窃,是同一概念,指将他人作品或者作品的片段窃为己有。"《著作权法》第2条第1款也规定:"中国公民、法人或其他组织的作品、不论是否发表,依照本法享有著作权。"有学者认为,著作权是一种典型的支配权,它的权能分为著作人身权和著作财产权,任何触及和侵害这些利益的行为都应被评价为权利侵害,不仅无须罗列具体的加害行为,而且实践上也无法穷尽。③

---

① 参见盛子龙:《行政法上不确定法律概念具体化之司法审查密度》,台湾大学法律学研究所1998年博士学位论文,第7—14页。
② 参见〔德〕考夫曼:《类推与"事物本质"——兼论类型理论》,吴从周译,学林文化事业有限公司1999年版,译序第13页。
③ 参见解亘:《驱逐搅乱著作权法的概念:"剽窃"》,《华东政法大学学报》2012年第1期。

因此，作品是否发表并不影响其著作权因被"抄袭"或"剽窃"而受到侵害的可能。甘露的行为是一种典型的抄袭和剽窃行为，她替换原作者的署名而冠上自己的名字，其中并无任何的学术加工，这种粗糙的"改头换面"并非高级抄袭之类的"学术失范"。甘露案的再审说理混入了立法定义中并不存在的语义界限——研究成果的公开性[1]。在法律规则的语义存在明确的立法定义、法教义学定义时，仍对其进行解释，并杜撰了原概念中并不存在的语义界限从而将甘露的行为纳入其否定语义项，这种做法不仅错误使用了相关的文义论辩规则，而且也违反了行政法上的法律明确性原则。[2]

同时，甘露案再审判决对"情节严重"概念的解释也背离了相关的文义论辩规则。"情节严重"是一种价值开放的法律概念，它虽然和类型概念一样，具有"家族相似性"和自己的意义内核，但它的意义与法律规则的目的及其背后的法律原则具有更强的联系，而且只有诉诸衡量才能确定其适用对象。[3] 在不确定法律概念的分类上，"情节严重"并非描述性的不确定概念，而是带有评价性意义成分的不确定性概念。价值开放的法律概念和评价性的规范性概念只有借助"具体化"、法律衡量或"裁量"才能被适用，单纯的法律解释并不足以奏效。但是，甘露案再审判决书并没有结合《普通高等学校学生管理规定》第 54 条的目的或其背后的法律原则衡量"甘露连续两次抄袭论文"行为的情节严重程度，而是直接对该概念进行法律解释。这种混淆类型概念和价值开放概念的做法以及对概念的"断章取义、望文生义"是对文义论辩

---

[1] 毕业论文，学位论文，公开发表的学术文章、著作，以及所承担科研课题的研究成果都属于公开发表的学术作品。

[2] 参见李震山：《行政法意义下之法律明确性原则》，《月旦法学杂志》2000 年第 2 期。

[3] 参见 Alecsander Peczenik, *Legal Doctrine as Knowledge of Law and as a Source of Law*, Springer, 2005, p.158。

规则的背离。

其次,甘露案再审判决书对法律概念"剽窃、抄袭他人研究成果"和"情节严重"的解释尽管不符合文义论辩规则,但因这些解释掺入了该法律规则背后的目的要素而有可能符合目的论辩规则。它为这两个概念尤其是"情节严重"附加了另外的语义界限,将其本来能够明确涵摄的案件排除在其语义和构成要件之外,而且强调"《普通高等学校学生管理规定》相应条文的立法本意"不能被违反。因此,这是一种典型的基于法律规则的限缩其语义指涉范围的目的性限缩方法。所以,甘露案再审判决书对这两个法律概念的解释某种意义上也可以归入目的解释。但遗憾的是,甘露案再审判决书在此仍然没有满足目的论辩规则的要求。

根据既有理论总结,目的论辩规则为:(1)在修辞者主张主观-历史目的解释时,不得违背所涉规范的语义界限,且须通过立法准备资料、官方立法理由说明书等给予相应的补充论辩;(2)若修辞者主张客观目的解释,则其应尊重法律的各种发生史线索以及立法者的目的与合目的性决定,不得不必要地偏离明确认识到的法律的主观性目的,同时也应尊重规范所处的外部体系位置以及其他由法律预留的供意义精确化的语义界限所提供的目的线索;[1](3)在修辞者主张客观目的的解释时,需要证明其所论述的客观目的符合待解释法律所处的内部体系,[2]且须证明对于完整实现这个目的而言,规范是一个适当的手段,

---

[1] 法律的目的线索也可以在法律本身当中找到,如法律的序言、法律的上下文以及待解释之规范在该法律的外部体系中所处之位置。参见〔德〕齐佩利乌斯:《法学方法论》,金振豹译,法律出版社2009年版,第72页。

[2] 外部体系和内部体系是法律体系的两种基本形式,其中外部体系是根据形式逻辑的规则,通过抽象的一般概念建立起来的体系,内部体系是通过法律原则、法律规范的目的以及功能性概念和类型建立起来的体系。参见黄茂荣:《法学方法与现代民法》,法律出版社2007年版,第417—419页。

且这个规范目的的实现并未引起超乎规范目的价值的不利附属后果。也许正是为了实现《普通高等学校学生管理规定》第54条第5项的"立法本意",甘露案的再审判决才为"剽窃、抄袭他人研究成果"和"情节严重"添加了判决书中所论述的"限定情形"和"裁量基准"。但是,通过这样的解释发现的"法律"并非法的证成,[①]它没有履行其在裁判说理上应尽的法律论辩义务。该案再审的修辞者在主张上述法律规则的主观目的时,不仅没有提供相关的立法准备资料和官方立法理由说明书等进行相应的辅助论证,而且突破了该法律规则明确的语义界限。即使它可能是在通过上述法律规则的客观目的进行法律续造上的限缩,它也应该尊重和提示该规则的主观性目的及其发生史线索,并应尊重该规则所处的外部体系和内部体系以及法律预留的供意义精确化的语义界限等提供的目的线索。更重要的是,它必须说服法律听众,对于实现规则的客观目的而言,只有这样的解释才是最适当的,并且也不会引起任何超越规则的客观目的的不利后果。

最后,甘露案再审判决书的裁判说理同样违反了体系论辩规则。体系论辩规则可以总结为:(1)论辩者应尊重法律作为一种融贯体系的完整性和完备性[②]以及宪法对其他法律的第三人效力、各种法律之间在法秩序上的关联意义;(2)论辩者不得使自己的前后论辩自相矛盾,也不能使自己的论辩与同位阶、更高位阶的规范发生逻辑冲突,对于法律应作"与宪法一致"的解释,对于行政法规应作"与法律一致"的

[①] 参见蔡琳:《不确定法律概念的法律解释——基于"甘露案"的分析》,《第四届全国法律修辞学会议论文集》,第382页。

[②] 法律的完备性,即法律不允许规定漏洞,它建立在以下的前提下:如果我们先指定了一个领域,数个规范应该无漏洞地规定该领域。参见〔德〕英格博格·普珀:《法学思维小学堂》,蔡圣伟译,北京大学出版社2011年版,第62—63页。

解释;(3)论辩者应尊重法律规定的次序编排①以及法教义学发展出的外部体系,并使自己的论辩主张符合这些体系所能提供的解释论据,且应避免具有特定目的的解决方式;(4)若论辩者主张的不同解释方法所导致的结果无法一致或互相冲突,则必须对解释条款进行再解释,直至获得一个协调的结果。甘露案再审判决之所以违反文义论辩规则和目的论辩规则,原因就在于,它没有遵守体系论辩规则在修辞论证方法中的规范性指引。在著作权法及其法教义学上,"剽窃、抄袭"作为法律概念已有明确的立法定义和专业含义,但该案的主审法官并没有尊重这一概念的体系性含义反而另起灶炉为其赋予了一种独特的语义,而《普通高校学生管理规定》第55条第5项的次序编排及其所处的内/外部体系也未提供进行这种限缩的解释性论据。因此,他没有认真对待法律作为一种融贯性体系的完整性和完备性,使其对该行政法规的解释性说理和论辩"与法律一致",反而导致了与更高位阶规范的体系性冲突。同时,作为论辩双方的甘露和暨南大学等对于"剽窃、抄袭他人研究成果"的解释不一致且存在冲突,而该案再审判决也没有关注和协调这些解释性争议点,反而给出了争议点之外的第三种解释。

二、不得违背"基于规则外要素的修辞论证规则"

根据法律逻辑学的知识,《普通高校学生管理规定》第55条第5项可以形式化或重构为这样的大前提或规范性命题P:"剽窃、抄袭他人研究成果,情节严重的,学校可以给予开除学籍处分"。在法律适用

---

① 法律规定之间存在着有意义的次序编排,它对体系解释和体系论辩具有重要的意义。参见〔德〕英格博格·普珀:《法学思维小学堂》,蔡圣伟译,北京大学出版社2011年版,第63—64页。

上,这一规范命题的构成要件要素"情节严重"作为价值开放的概念或不确定的评价性概念及其谓词或规范词"可以"会分别要求对该规则进行"构成要件上的裁量"和"法律效果上的裁量"。在行政法教义学中,构成要件的裁量和法律效果的裁量均属于行政裁量,但构成要件作为法律效果发生的必要条件而最终导致所有法律效果裁量上的意志行为将转化或回溯为构成要件裁量上的认知行为。① 所以,行政裁量的本质和重心仅在于构成要件上的裁量。行政机关在行使法律明示或者暗示规定的裁量权时,应当权衡各种处理方式的必要性和合理性,尤其是法律目的方面的各种理由,以作出最合乎目的的决定。② 所以,"情节严重"的行政裁量在法律修辞上的论证和证成,关涉的并非"情节严重"的法律解释,而是如何根据该规则的目的判断情节的严重性,这是一种典型的"合目的性"或合理性的价值判断和利益衡量问题。但在法本体论和法认识论上,法律规则与其目的之间并非处于一一对应的简单关系:一方面,多个规则可能针对同一目的,而另一方面,一个规则也可能推出多个目的。所以,规则目的的获得不仅是依据某一规则做单向推理的结果,而是必须符合该规则所必然推导出的目标,同时依据该目标同样也能合理推导出该规则存在的必要性。③

本案中,《普通高校学生管理规定》第55条第5项作为一项针对高校和学生的"管理规定",它真正的目的并不能由该单一的规则或规定发现和获得,而必须借助其所处的法体系中其他的法律规则和法律原则。根据该案的法律原则类别的论辩前提,该规则的目的不仅涉及规

---

① 参见盛子龙:《行政法上不确定法律概念具体化之司法审查密度》,台湾大学法律学研究所1998年博士学位论文,第66—74页。
② 参见[德]汉斯·J.沃尔夫、奥托·巴霍夫、罗尔夫·施托贝尔:《行政法》,高家伟译,商务印书馆2002年版,第363—364页。
③ 参见陈景辉:《规则的扩张:类比推理的结构与正当化》,载郑永流主编:《法哲学与法社会学论丛》(第15卷),北京大学出版社2010年版,第190—191页。

范和约束普通高等学校的行政管理行为及其行政裁量权,而且也关涉学生受教育权等合法权益的保护问题。在判断甘露抄袭行为的情节严重性或决定是否要给予其开除学籍的处分时,不仅要注意甘露作为硕士研究生两次抄袭学术论文的行为对他人著作权、暨南大学学术声誉和高校学术严谨性的侵害和潜在影响,而且更要分析和衡量对甘露作出开除学籍的惩戒是否直接影响其受教育权,这样的处分是否与甘露"违法、违规、违纪行为的性质和过错的严重程度相适应",以及暨南大学对甘露的处分是否做到了"证据充分、依据明确、定性准确、处分适当"?因此,《普通高校学生管理规定》第55条第5项的法律适用必然要受到《宪法》第33条第3款、《宪法》第46条、《普通高等学校学生管理规定》第5条、《普通高等学校学生管理规定》第52条第2款和《普通高等学校学生管理规定》第55条的限制。在该案中,若要实现正确的法律修辞论证方法运用,除了应对"抄袭、剽窃他人研究成果"进行法律解释外,还应针对何为"情节严重"或是否可给予"开除学籍"处分进行各种"基于规则外要素的修辞论证"。

"基于规则外要素的修辞论证"分为"基于原则的修辞论证""基于价值的修辞论证"和"基于后果的修辞论证"(又称"后果论辩")。《普通高校学生管理规定》第52条第5项与其他法律原则的衡量可通过"基于原则的修辞论证"解决,同时还必须辅之以"基于价值的修辞论证"和后果论辩。"基于原则的修辞论证规则"由下列次级规则组成:(1)若存在可直接适用的法律规则,则论辩者应以法律规则作为主要的论辩前提,也可通过法律原则进行辅助论证,但不可单独以法律原则进行论辩;(2)若没有可供适用的法律规则,则论辩者可以以法律原则作为论辩前提,但须对法律原则进行具体化;(3)若没有可供适用的法律规则,论辩者基于法律原则进行论辩并对之进行了相应的具体化,则论辩相对人仅能以相反的法律原则进行反驳;(4)若存在绝对的法律原则,如罪刑法定原则、法律保留原则等,则论辩者不得选择与其相对的法律原则作为论辩前提;(5)论辩者或相对人对规则与原则间冲突、原则与原则间冲突的衡量应按照适当性原则、必要性原则和狭义的比例原则进行。因本案存在可供直接适用的法律规则和法律原则且两者构成了法律冲突,因此,修辞者应根据"基于原则的修辞论证规则"进行修辞论证。本案中并不存在相关的绝对性法律原则,因此,修辞者对该案中规则与原则间冲突的衡量应根据比例原则进行。

比例原则要求行政权力的行使除了有法律依据这一前提外,行政主体还必须选择对相对人侵害最小的方式进行。其核心在于通过目的与手段间的衡量,兼顾国家、社会及公共利益,同时又不妨害第三人的权利,确保基本人权的实现。广义的比例原则包含适当性原则、必要性原则和狭义的比例原则。适当性原则,又称适合性原则、妥当性原则,要求行政机关执行职务、面对多种选择时,仅能择取可达到所欲求之行政目的的方法而为之。必要性原则,又称最温和方式原则,要求行政机关执行职务时,面对多数可选方法,应尽可能选择最少不良作用者。狭义比例原则,要求行政机关执行职务时,面对多数可供选择之处置,应就方法与目的的关系权衡更有利者而为之。[①] 综上所述,适当性原则要求行政手段有助于法律目的的实现,必要性原则要求实现法律目的的行政手段能实现侵害最小,而狭义比例原则通过对行政手段负面效用的考量,要求法律目的本身的适当、不过分。这三项原则分别从"目的取向""法律后果""价值取向"上规范行政权力与其行使之间的比例关系。在甘露案再审判决中,因开除学籍已经影响甘露的受教育权,所

---

① 参见〔德〕格奥尔格·诺尔特:《德国和欧洲行政法的一般原则——历史角度的比较》,于安译,《行政法学研究》1994年第2期。

以它的论辩者在裁判说理中,理应对这一惩罚方式的合目的性进行审慎的修辞论证:暨南大学对甘露的这一处分方式是否分别符合适当性原则、必要性原则和狭义的比例原则,即暨南大学是否从数个相同有效的处分方式中选择了对甘露侵害最小的惩戒。质言之,暨南大学可否通过其他侵害较少的纪律处分,督促甘露认识和改正错误并观其后效,也可以达到相同之目的。①

由比例原则可知,"基于原则的修辞论证"与"基于价值的修辞论证"和后果论辩并不存在泾渭分明的分界线,而处于一种论辩上的相互支持关系,只是在论辩责任的分配上,"基于原则的修辞论证"相对于后两者更容易被证成。在法律修辞论证方法的适用上,因狭义的比例原则要求行政机关不得任意行使自由裁量权,而须适当地平衡一种行政措施对个人造成的损害和对社会获得之利益之间的关系,禁止那些对个人的损害超过了对社会的利益之措施,即避免采取一种对某一个人生活方式产生实质性负担的行为。② 在该案中,"基于价值的修辞论证"无法单独解决对甘露行为之情节严重程度的判断或甘露应否被开除学籍的衡量问题,这只有通过开除学籍对甘露受教育权等各种权益造成的损害和以暨南大学为代表的社会所获得的利益之间的比较才能顺利进行。因此,该案的"基于原则的修辞论证"可升华为或过渡到更加抽象的"基于价值的修辞论证"。"基于价值的修辞论证"须遵守如下基本规则:(1)若存在法律论辩型式的适用困境,论辩者可基于过渡规则进行基于价值的论辩,但所依据的价值观念和价值层级必须能

---

① 参见沈岿:《析论高校惩戒学生行为的司法审查》,《华东政法学院学报》2005 年第 6 期。
② 参见阮文泉:《比例原则与量刑》,《法律评论》1991 年第 9 期;陈新民:《德国行政法学的先驱者——谈德国 19 世纪行政法学的发展》,《行政法学研究》1998 年第 1 期。

经得起批判的、历史生成的检验;①(2)论辩者可根据法秩序的一般原则和宪法的"价值秩序"或者法律共同体普遍接受的法教义学的内部体系进行价值衡量,但不得违反制定法中明确的内部评价,并应遵守由法教义学发展出的价值学说及价值位阶谱系;(3)论辩者不得直接将法律外的价值作为论辩的理由,而只有结合法律内的评价及法教义学的内部体系进行相应的具体化和转化后才能基于价值进行论辩;(4)若存在制定法、宪法、法教义学、指导性案例或一般社会观念等的具体价值、抽象价值和价值层级,②则论辩者应首先适用具体价值并遵守价值层级对相应价值的位阶安排,但选择的具体价值不得违反抽象价值;③(5)若论辩者从案件事实本身的本质、实质正义、事物的逻辑结构或地域性的流行意见等出发进行价值论辩,则这些价值只有经过与制定法、宪法以及法秩序中的一般价值、法教义学的内部体系的比较,并被一般化后才能作为法律论辩的规范性标准。

本案中,修辞者若想借助"基于价值的修辞论证"解决相关的价值衡量问题,其所依据的价值观念和价值层级必须存在相应的立法史或立法材料的支持,而不得直接将法律外的价值作为论辩的理由。同时,本案中的修辞者也可根据相关法律秩序的一般原则、宪法的"价值秩序"或法律共同体普遍接受的行政法教义学的内部体系进行价值衡量,但不得违反《宪法》《普通高等学校学生管理规定》和《暨南大学学

---

① 这符合阿列克西意义上普遍实践论辩规则中的证立规则之一,即言谈者之道德观念所依据的道德规则,必须能够经得起批判的、历史生成的检验。参见〔德〕罗伯特·阿列克西:《法律论证理论——作为法律证立理论的理性论辩理论》,舒国滢译,中国法制出版社2002年版,第254—255页。

② 参见 Ch. Perelman, Lucie Olbrechts-Tyteca, *The New Rhetoric: A Treatise on Argumentation*, University of Norte Dame Press, 1969, pp. 77-82。

③ 参见 Giovanni Sartor, *Legal Reasoning: A Cognitive Approach to the Law*, Springer, 2005, p. 160。

生管理暂行规定》等既有的明确的内部评价,并应遵守由行政法教义学发展出的价值位阶谱系。若存在相应的具体价值、抽象价值和价值层级,论辩者应优先适用具体价值并遵守价值层级对相应价值的位阶安排。如果这些法律文本上的价值秩序无法发现,修辞者也可以从案件事实自身的"事物本质""事物的逻辑结构"或地域性的流行意见等出发进行价值论辩,但要经过与前者的比较、整合才能作为价值衡量论证的标准。尽管该案判决书援引了相关的法律原则尤其是宪法原则作为其价值诉求及其衡量的价值标准,它在裁判上的某些论辩也可视为在进行"基于价值的修辞论证",但它并没有展示和证明这一论证的过程和结构。

  进行完这两种法律修辞论证后,本案还可以根据后果论辩进行某种修正和调整。后果论辩是基于规则外要素论辩的最后一种论证,它是通过普遍实践论辩过渡规则进入法律论辩的,主要根据普遍实践论辩和法律论辩中的经验规则来进行。后果论辩的意义在于对其他论辩型式进行补充和修正,需要遵循如下修辞论证规则:(1)当解释的结果根据一般社会观念、经济常识等被认为是被禁止的,若论辩者提出后果论辩,则相对人不得拒绝回应;(2)在后果论辩中,当论辩者置身于当事人之处境时也须接受由其提出的命题预设为前提的规则所造成的后果;(3)后果论辩中的后果须是法律规范适用导致的经验上能够把握的现实后果[①]以及来自有效规则的普遍效果,而不能包括对规范适用者的后果、裁判是否可以贯彻的后果以及对上级法院和法律界的后果。在"对当事人的后果"和"对社会的后果"的比较和衡量中,须将判决对

[①] 参见 Martina R. Deckert, *Folgenorientierung in der Rechtsanwendung*, Beek, 1995, p. 115; Gertrude Lübbe-Wolff, *Rechtsfolgen und Realfolgen: Welche Rolle können Folgenerwägungen in der juristischen Regel- und Begriffsbildung spielen?*, K. Alber, 1981, p. 25。

直接当事人及其余规范受众未来行为的调适效果作为一种决定性后果;①(4)在后果论辩中,论辩人对各种现实结果的指涉、选择须遵守相关规范的目的、一般法律原则等构成的规范性语境和规范性标准;(5)论辩者对各种现实结果的预测以及对这些后果的外在成本和后续成本的分析须借助相应的社会科学知识来进行,若有疑问,可申请相关专家介入预测法律适用的现实后果;(6)在后果论辩的最后环节,论辩者需按照相关法律规范的构成要件-法律效果的逻辑结构对各种现实结果的预测和评价进行理性的重构和整合,以满足法律裁判的连续性和融贯性要求。②

"基于原则的修辞论证"和"基于价值的修辞论证"在修辞论证方法的归类上仍属于权威论证,而后果论辩则取向于裁判的实质理性标准。尽管相对于法律和法教义学的权威,后果论辩居于论证上的次要位置,③但后果论辩所带来的修辞论证视角的转换更利于实现对论辩相对人或听众的说服。在判断应否给予甘露开除学籍的处分时,除了考虑甘露行为本身的情节严重性,还应考虑和比较甘露被开除学籍或不被开除学籍这两种不同的方案,即《普通高等学校学生管理规定》第54条第5项和《暨南大学学生管理暂行规定》第53条第5项被适用或不被适用所带来的现实后果。甘露案的再审判决作为最高人民法院公

---

① 参见 Gertrude Lübbe-Wolff, *Rechtsfolgen und Realfolgen: Welche Rolle können Folgenerwägungen in der juristischen Regel und Begriffsbildung spielen?*, K. Alber, 1981, p. 139。

② 克劳斯·马修斯(Klaus Mathis)认为,结果导向的论辩仍以特定的体系和逻辑为导向,并且在立法性的构成要件和法律效果的限度内运作,它契合法教义学的整体结构。所以,在结果论辩中,法律裁判的连续性和融贯性仍会被实现。参见 Michael Anderheiden, Stephan Kirste (Hrsg.), *Interdisziplinarität in den Rechtswissenschaften: Innen-und Aussenperspektiven*, Mohr Siebeck, 2012, pp. 6-7。

③ 参见〔德〕乌尔弗里德·诺伊曼:《法律论证学》,张青波译,法律出版社2014年版,第14页。

布的参照性案例对其他法院相似案例的裁判具有一定的指导和规范作用,它的具体裁判结论和论证理由会将案件的当事人和社会上潜在的其他人引向不同的行为选择。该案的再审判决书无意中进行了"后果论辩":"鉴于开除学籍决定已生效并已实际执行,甘露已离校多年且目前已无意返校继续学习,撤销开除学籍决定已无实际意义,但该开除学籍决定的违法性仍应予以确认。"但是,这种"后果论辩"并非正确的后果论辩,因为它仅考量了该案的裁判对规范适用者的后果以及是否可以贯彻的后果,而没有预测和评价其"对当事人的后果"和"对社会的后果"。因此,甘露案的再审判决在衡量"应否对甘露开除学籍"时所适用的修辞论证也未遵循相应的后果论辩规则,反而将该案导向一种似是而非、前后矛盾的说理——"撤销开除学籍决定已无实际意义,但该开除学籍决定的违法性仍应予以确认"。

按照后果论辩规则,针对"应否对甘露开除学籍"正确的后果修辞论证应是:后果论辩中的后果应是《普通高等学校学生管理规定》第54条第5项和《暨南大学学生管理暂行规定》第53条第5项适用导致的经验上能够把握的现实后果以及来自它们的普遍效果,而不能包括其他法律后果。其中,判决对直接当事人及其余的规范受众未来行为的调适效果是一种决定性的后果。同时,论辩人对各种现实结果的指涉、选择须参照相关的规则目的、一般法律原则等,并且其对各种现实结果的预测以及对这些后果的外在成本和后续成本的分析,也须借助相应的社会科学知识,而不能在这些界限之外任意进行各种法律后果和现实后果的交替和衡量。

第三节 裁判说理的布局和表达

每一份裁判文书都是法官为证成其判决所"精心谋划"的意思表达的整体。就裁判文书说理而言,布局和表达是贯穿法官写作策略的重要步骤,与说理的目标紧密相关。裁判文书的说理论证属于修辞框架(引言、陈述、论证和结语)中的"论证"部分,为了确保和提升裁判文书的说理效果,我们需要运用法律修辞理论为裁判说理的布局和表达建立一种规范性的模式。甘露案再审判决不但错误地运用了法律修辞论证,而且整体的语篇安排和表达也违反了修辞布局要求,从而大大降低了其作为参照性案例的指导功能和说服效果。

一、"引言":修辞计划与说理思路的导向

"引言"是裁判文书的开端,目的在于明确诉讼两造的角色定位及其基本信息,阐明当值案件的案由和审理阶段,交代清楚案件背景和过往的审判流程,在此基础上展开关于说理的修辞计划和修辞思路。因此,"在裁判文书样式容许的前提下,法官应尽早开门见山地陈述核心观点"[1]。"引言"的开篇和定位功能要求,其在形式上应当符合有关规范性文件的规定,在内容上必须是准确无误和确定无疑的,不可有所遗

---

[1] 杨贝:《裁判文书说理的规范与方法》,法律出版社2022年版,第258页。

漏,也不可进行辞藻修饰与渲染烘托。

甘露案再审判决书在开头对该案申请再审人及其委托代理人、被申请人及其法定代表人和委托代理人的介绍以及其后一段的论述属于修辞布局上的"引言"部分。该判决书在其"引言"部分指出,"本院经审查后认为原生效判决可能存在适用国家法律错误的情形,以(2010)行监字第1023号行政裁定提审本案"。这样的"引言"布局传达或显示了本案之所以被提起再审的原因以及该判决书在裁判说理上将要展开的不同于以往的裁判结论。在"引言"的布局类型上,它可同时归入诡论式开头、矫正式开头和铺垫式开头。不过,甘露案的再审判决书在此犯了一个布局错误,它指出,原生效判决"可能"存在适用国家法律错误的情形,看似提出了与原审判决结论不同的观点,并向听众显示和传递了它将以一种不同的方式主张自己的结论。但是,"可能"这种似是而非、模棱两可的表述会使之不能完全发挥或起到"引言"向听众介绍论题、让听众产生信任的功能和作用。听众无法从这样的表述中直接发现和找到该裁判书将要表达和主张的裁判结论。也许,这种"委婉"或故弄玄虚的表达会激起听众的好奇心和兴趣,但对"引言"功能的破坏以及与法律裁判独断性[①]的冲突使其在该"引言"布局中难免有得不偿失之嫌。而且,甘露案既有的各种判决所存在的问题并非其所谓的"法律适用错误",而是典型的法律适用之后的法律裁量瑕疵。因此,甘露案再审判决在"引言"的布局和表达上暴露出了其错误的修辞计划和修辞思路,这样的"引言"结构注定了其不可能运行在正确的修辞论证道路上,发挥相应的修辞效果。

---

① 法律裁判的独断性来源于法教义学的知识论立场,虽然在"法的发现"和外部证成或次级证成上法律裁判无法满足其独断性,但法律论证关于"正确性"的规制性理念仍要求法律裁判在内部证成、初级证成上坚守和维护其"存在唯一正确答案"的独断性形象。

二、"陈述":事实展开与观点总结的铺陈

"陈述"是裁判文书中的事实展开与观点总结。好的裁判文书"陈述"可以引导听众快速识别案件、掌握基本案情和确认法律争议点,帮助听众梳理清楚案件的来龙去脉和建立关于案件的整体认知,由此带领听众更自然地过渡到"论证"的阶段。作为对"论证"阶段的铺陈,"陈述"部分如何布局与表达,直接影响裁判文书说理的效果。反过来,裁判文书说理的目标也对"陈述"的布局和表达提出了更高的要求,要求其在形式上应当做到简明扼要、聚焦重点,在内容上必须做到清晰明了、易于把握。

甘露案再审判决书"引言"之后一直到关于《暨南大学学生管理暂行规定》第53条第5项的解释之前的内容都属于修辞布局的"陈述",它占了该判决书将近70%的语篇内容。其中,广州中院认定的事实、具体的判决理由,广东高院的再审结论,甘露、暨南大学在最高人民法院再审时论述的事实和主张,以及最高人民法院在复查期间和提审组织双方当事人进行的调解情况等的论述属于"陈述"中的事实陈述部分,而以"本院认为"开头的一段属于"陈述"中的观点陈述部分。根据法律修辞的"陈述"理论,甘露案再审判决书对其"陈述"的设计并不符合"陈述"的简洁、清楚和可信原则,其反映的只是我国原先判决文书在格式化或程式化书写上的一种普遍模式。

首先,该判决书在事实陈述部分同时违反了布局的简洁、清楚原则,其对广州中院认定的事实及其裁判说理、广东高院的再审结论以及甘露、暨南大学在最高人民法院再审时分别论述的事实和主张等只进行了简单的事实列举,它包括了太多的不相关的以及看似相关但无助

于受众理解的细节。例如,广东省教育厅具体的申诉决定以及暨南大学按照教育厅的决定书重新给予甘露开除学籍处分的过程是该判决书的主要听众已完全了解的内容,而且与该判决书的论辩主题——甘露应否被开除学籍的相关性并不大。甘露案再审判决书没有根据听众对该案背景知识的理解状态和该案的修辞语境,以及其核心的论辩主题和争议点进行"陈述"的语篇设计,从而导致该案的事实陈述与该判决书总体的篇幅相比极不相称。该判决书虽然按照甘露案原审判决产生的时间顺序以及甘露、暨南大学在最高院答辩时先后论辩的顺序"陈述"了相关的案件事实,但未对这些事实进行相应的总结和解释,以便其受众更容易理解该案的关键事实、论辩主题和双方争议点。

其次,该判决书在事实陈述之后紧接着用一段相当长的段落"陈述"了高等学校学生应当遵守的法律规定,高等学校对学生的处分权限以及高等学校对学生处分时,法院审理此类案件时应该注意的法律原则、法律程序。虽然这些"陈述"并没有直接表明该判决书接下来将要主张的论点和论据,但从这些"陈述"的语篇结构和论述顺序可以看出其所倾向的裁判结论观点——甘露应该得到公平对待,即不应被开除学籍。尽管高等学校对学生的处分和法院对此类案件的审理理应遵守《普通高等学校学生管理规定》第 52 条和第 55 条的规定,使学校给予学生的纪律处分"与学生违法、违规、违纪行为的性质和过错的严重程度相适应"并做到"程序正当、证据充分、依据明确、定性准确、处分适当",但根据事实的"陈述",该案的当事人存在截然不同的观点和论辩理由。因此,该判决书"陈述"中的相应内容应全面、客观地描述双方不同的观点,以及不同法院的裁判结论和裁判依据,以明确其在"论证"阶段将要支持和反驳的观点。

三、"论证":修辞与说理展开的核心环节

"论证"是裁判文书的灵魂,是裁判文书中展开修辞与说理的核心环节。论证环节的好坏,直接关系到裁判文书是否具有可接受性,影响司法机关公正司法的形象和司法的权威。因此,必须审慎对待裁判文书中的"论证"布局与"论证"表达。"论证"的合理构造和布局要求,修辞者必须遵守特定的规范论证规则并使用特定的反驳技术,如前提的预防技术、对描述性前提和评价性前提的反驳。[①] 通过选择恰当的修辞论证策略、遵循相应的论证顺序、对论辩素材进行合理编排,实现裁判文书说理的全面性、针对性、逻辑性、条理性与法理性,最终达到说服的目的。

本章第二部分已经指出了甘露案再审判决书在法律修辞论证上的各种错误,但从修辞布局的角度观察,该判决书在论证顺序的安排上也存在严重的问题。为了证成甘露案的原审判决存在"法律适用上的错误",即甘露不应被开除学籍,该案再审的法官们首先选择了对法律概念"剽窃、抄袭他人研究成果"进行法律解释。如果这一概念能被成功地限缩解释,从而将甘露抄袭论文的行为排除于它的语义指涉范围,则这样的解释将是最有力的论证。为了对这一论证进行补充和支持,甘露案再审判决书又对法律概念"情节严重"进行"法律解释",但"情节严重"作为不确定概念,其语义界限并不能通过法律解释被明确划定。因此,针对"情节严重"的"法律解释"在论证的程度上只能是一种较弱的论证。在"论证"的最后,该判决文书又指出,即使甘露的行为属于

[①] 参见 Wolfgang Gast, *Juristische Rhetorik*, Hüthig Jehle Rehm, 2006, pp. 315-324。

抄袭行为,也不属于"情节严重"的情形。这一裁判说理背后虽然存在上述两项论证,但本身是一种最弱的论证。即使"剽窃、抄袭他人研究成果"和"情节严重"可被解释成判决书中的情形——"甘露作为在校研究生提交课程论文,属于课程考核的一种形式",但既然"其中存在抄袭行为"并且甘露抄袭的论文典型地属于他人的研究成果,为什么甘露的行为就不属于"该项规定的情形"? 这样自相矛盾的论证使它的说服力大打折扣,并且严重影响该案再审法官在听众心目中的形象,上述两种论据尤其是第二项较弱的论证在论证上的瑕疵通过论证的传递性都被投放在了这一说理上。因此,第三项论证是修辞者所选的论据中最弱的论证。在听众的认同程度上,该案的再审法官在"论证"的布局上选择的是一种逐渐减弱的论证顺序。

"剽窃、抄袭他人研究成果"作为明确的法律概念并不能被限缩解释,即使能将之归入目的性限缩,但该判决书并未提供任何相应的支持性论证和补充论证。同时,"情节严重"作为评价性的不确定法律概念并不能在法律文义界限的范围之内进行解释,而只能根据比例原则以行政裁量和司法衡量的方式被具体化。因此,该判决书在"论证"的布局上先后选择的论据只是无法被证成的"解释"和论证,而第三项论据本身就建立在这两项论据的基础上,因而其本身存在论证上的自相矛盾,所以,第三项论据也无法成立。逐渐减弱的论证顺序本来就不被修辞学家们看好,最弱的论据会在结束时给听众留下较坏的印象,也会使听众在最后通常只能记住这些最糟糕的论证。[1] 而甘露案再审判决书"论证"链条中的每一论据都无法真正被证立,因此,该判决书在正向论证上的布局是全线崩溃的,它根本无力为其所倾向的裁判结论提供

---

[1] 参见 Ch. Perelman, *The Realm of Rhetoric*, University of Nortre Dame Press, 1982, p. 148。

具有说服力的论据和论证顺序。

甘露案再审判决书在"论证"布局上的问题还在于,其在建构论证和论据的过程中并没有通过回应和回溯"陈述"阶段的事实和观点来寻找支持自己的论据,它也没有反驳"陈述"中所显示出或隐藏的相反论据。法官若想提出有力的和令人信服的论证,就必须适时地向听众表明自己论证上的弱点。只有承认自己论证的不足,才能找到预先回答对方提出的相反论证、解决对方疑问的机会,这也是一种有效的情感运用,能够获取听众对自己更多的同情和信任。[①] 根据该判决书的"陈述"以及本章第一部分对本案法律争议点的分析,甘露及其代理人与暨南大学以及曾经审理过该案的各级法院在论辩中所持有的论点和论据针锋相对、难以调和。不过,甘露案的再审法官在"论证"中并没有采纳任何一方的论证作为论据,而是试图仅通过对《普通高等学校学生管理规定》第54条第5项进行"法律解释"来论证自己的观点。暨南大学在答辩时所提出的"根据《普通高等学校学生管理规定》第54条第4项的规定:'由他人代替考试、替他人参加考试、组织作弊、使用通讯设备作弊及其他作弊行为严重的',仍然可以给予申请人开除学籍处分"的论据,以及广州中院提出的其他反对论据都没有在该判决书的"论证"环节获得相应的回应和反驳。这种"论证"与"陈述"的脱节,使该论证走向了一种自言自语的独白,它在修辞上的这种"傲慢"并不会因为其法律权威而获取听众的信服和接受。

甘露案再审判决在"论证"上正确的论证顺序应是,首先承认依据《普通高等学校学生管理规定》第16、52、53条以及第54条第4、5、6项

[①] 参见 Brett, Kate McKay, "Classical Rhetoric 101: The Five Canons of Rhetoric-Arrangement", *Manly Knowledge*, February 26, 2011。

等法律规则,甘露都"可以"被给予开除学籍的处分,这是一种最弱的论据。通过这种看似最弱的论证可以减缓仅对《普通高等学校学生管理规定》第 54 条进行"法律解释"的论证压力,这也意味着承认了广州中院、暨南大学等关于甘露的行为属于"剽窃、抄袭他人研究成果"或"其他违纪行为"的论辩主张,同时,也能够扩展"可以"给予甘露开除学籍处分的法律依据和论证理由。

然后,再根据《普通高等学校学生管理规定》第 5、52 和 55 条等法律原则提出,对甘露给予何种处分应与其违纪行为的性质和过错程度相适应,并且这种处分"程序正当、证据充分、依据明确、定性准确、处分适当"。通过这种说服力较强的论证,可以实现法律修辞的话题转移,使听众以及潜在的法律受众认识到,本案的关键争议点其实并非甘露的行为是否属于"抄袭"他人研究成果,而是对这种抄袭行为或违纪行为应给予何种种类和程度的纪律处分,这涉及典型的行政裁量、利益衡量、价值判断或后果论辩问题。

最后,再根据甘露在宪法上的受教育权及其在接受高等教育期间享有的其他权利,通过运用"基于原则的修辞论证""基于价值的修辞论证"以及后果论辩,衡量和解决相关法律原则和法律规则在支持和反对给予甘露开除学籍处分上的冲突和矛盾。如果甘露被开除学籍会侵害其受教育权和其他权利,且存在其他与其违纪程度相应的纪律处分方式,如补考、严重警告、记过和留校察看等,那么给予甘露开除学籍的处分未必是一种最合理的选择。这里提出的论证是一种最强的论证。通过这样的论证顺序,该判决书的论证强度可逐渐增强,实现其对听众最大可能的说服,使主审法官获得听众充分的信任和好感,并使修辞者的论证在听众的记忆中留下深刻的印象。

四、"结语":巩固和提升说理效果的点睛之笔

"结语"是裁判文书撰写的最后一步,也是巩固和提升裁判文书说理效果的终局环节。如果说裁判文书说理的前三个步骤是对各种事实、证据与规范的摆兵布阵,那么"结语"部分可以称得上是真正的沙场点兵。从法律修辞论证的角度来看,裁判文书说理的任务是将读者或听众对裁判理由的认同迁移至结论。裁判文书说理是否具有说服力,归根到底取决于两个方面:一是法律规范的适用是否准确得当,能否与案件事实形成有效对接;二是裁判理由本身是否具有说服力及其相互之间是否具有融贯性。裁判文书的"结语"部分是综合呈现上述素材及其相互作用的平台。落实到裁判文书说理的布局和表达上,要求法律规范的援引必须准确具体且遵循合理位阶,裁判理由的呈现必须高度凝练且符合逻辑,具有巩固论证和增强修辞效果的功能。

回到甘露案再审判决书,结尾"《暨南大学学生管理暂行规定》第53条第5项规定"段落中,以"因此"开始的后半部分属于判决书布局的"结语"部分,这是判决文书最为常见的一种"结语"方式。但从修辞布局的要求而言,这样的"结语"并不具有"结语"的修辞功能和效果。它只是"论证"阶段构造的论证链条自然延伸出的一种逻辑推论,既没有巩固和强化其在语篇的前半部分所提出的论点和论据,也没有总结其在语篇的其他部分所列举的事实和提出的观点。这样的"结语"并不会在听众的记忆中留下深刻的印象,也不会"因为观点的高度浓缩"起到增强修辞或画龙点睛的效果。

参考文献

一、中文文献

著作:

〔德〕罗伯特·阿列克西:《法律论证理论——作为法律证立理论的理性论辩理论》,舒国滢译,中国法制出版社 2002 年版。

〔德〕罗伯特·阿列克西:《法:作为理性的制度化》,雷磊编译,中国法制出版社 2012 年版。

〔德〕施密特·阿斯曼:《秩序理念下的行政法体系建构》,林明锵等译,北京大学出版社 2012 年版。

〔美〕理查德·波斯纳:《超越法律》,苏力译,中国政法大学出版社 2001 年版。

〔美〕理查德·波斯纳:《法官如何思考》,苏力译,北京大学出版社 2009 年版。

陈金钊、谢晖主编:《法律方法》(第 7 卷),山东人民出版社 2008 年版。

陈金钊、谢晖主编:《法律方法》(第 9 卷),山东人民出版社 2009 年版。

陈金钊:《法治思维及其法律修辞方法》,法律出版社 2013 年版。

陈景辉、范立波、王夏昊:《法理学原理》,中国政法大学出版社 2009 年版。

〔美〕罗纳德·德沃金:《法律帝国》,李常青译,中国大百科全书出版社 1996 年版。

〔美〕罗纳德·德沃金:《认真对待权利》,信春鹰、吴玉章译,中国大百科全书出版社 1998 版。

段厚省:《请求权竞合要论——兼及对民法方法论的探讨》,中国法制出版社 2013 年版。

〔德〕卡尔·恩吉施:《法律思维导论》,郑永流译,法律出版社 2004 年版。

〔荷〕伊芙琳·菲特丽丝:《法律论证原理——司法裁决之证立理论概览》,张其山等译,商务印书馆 2005 年版。

〔德〕特奥多尔·菲韦格:《论题学与法学——论法学的基础研究》,舒国滢译,法律出版社 2012 年版。

〔美〕乔治·P. 弗莱彻:《刑法的基本概念》,蔡爱惠、王世洲等译,中国政法大学出版社 2004 年版。

〔美〕朗·L. 富勒:《法律的道德性》,郑戈译,商务印书馆 2005 年版。

〔美〕彼特·古德里奇:《法律话语》,赵洪芳、毛凤凡译,法律出版社 2007 年版。

黄建辉:《法律漏洞·类推适用》,蔚理法律出版社 1988 年版。

〔德〕尤尔根·哈贝马斯:《在事实与规范之间——关于法律与民主法治国的商谈理论》,童世骏译,生活·读书·新知三联书店 2003 年版。

〔英〕H. L. A. 哈特:《法理学与法哲学论文集》,支振锋译,法律出版社 2005 年版。

黄茂荣:《法学方法与现代民法》,法律出版社 2007 年版。

姜明安主编:《行政法论丛》(第 13 卷),法律出版社 2011 年版。

焦宝乾等:《法律修辞学导论——司法视角的探讨》,山东人民出版社 2012 年版。

〔德〕阿图尔·考夫曼、温弗里德·哈斯默尔主编:《当代法哲学和法律理论导论》,郑永流译,法律出版社 2002 年版。

〔德〕阿图尔·考夫曼:《类推与"事物本质"——兼论类型理论》,吴从周译,学林文化事业有限公司 1999 年版。

〔德〕亚图·考夫曼:《法律哲学》,刘幸义等译,法律出版社 2004 年版。

〔德〕H. 科殷:《法哲学》,林荣远译,华夏出版社 2002 年版。

〔德〕卡尔·拉伦茨:《法学方法论》,陈爱娥译,商务印书馆 2004 年版。

蓝纯编著:《修辞学:理论和实践》,外语教学与研究出版社 2010 年版。

雷磊:《类比法律论证——以德国法学为出发点》,中国政法大学出版社 2011 年版。

廖义铭:《佩雷尔曼之新修辞学》,唐山出版社 1997 年版。

〔英〕爱德华·H.列维:《法律推理引论》,庄重译,中国政法大学出版社 2002 年版。

刘亚猛:《追求象征的力量——关于西方修辞思想的思考》,生活·读书·新知三联书店 2004 年版。

〔德〕克劳斯·罗可辛:《德国刑法学总论——犯罪原理的基础构造》,王世洲译,法律出版社 2005 年版。

〔英〕尼尔·麦考密克、〔奥〕奥塔·魏因贝格尔:《制度法论》,周洁谦译,中国政法大学出版社 1994 年版。

〔德〕迪特尔·梅迪库斯:《请求权基础》,陈卫佐等译,法律出版社 2012 年版。

〔美〕查尔斯·莫里斯、阿尔伯特·梅斯托:《心理学导论》(第 2 版),张继明等译,北京大学出版社 2007 年版。

〔德〕乌尔弗里德·诺伊曼:《法律论证学》,张青波译,法律出版社 2014 年版。

〔德〕莱茵荷德·齐佩利乌斯:《法哲学》,金振豹译,北京大学出版社 2013 年版。

〔德〕莱茵荷德·齐佩利乌斯:《法学方法论》,金振豹译,法律出版社 2009 年版。

〔德〕英格博格·普珀:《法学思维小学堂》,蔡圣伟译,北京大学出版社 2011 年版。

〔德〕米歇尔·施托莱斯:《德国公法史(1800—1914):国家法学说和行政学》,雷勇译,法律出版社 2007 年版。

沈琪:《刑法推理方法研究》,浙江大学出版社 2008 年版。

舒国滢:《法哲学沉思录》,北京大学出版社 2010 年版。

苏永钦:《合宪性控制的理论与实际》,月旦出版社 1994 年版。

田士永等主编:《中德私法研究》(第6卷),北京大学出版社2010年版。

吴从周:《概念法学、利益法学和价值法学:探索一部民法方法论的演变史》,中国法制出版社2011年版。

王泽鉴:《民法思维:请求权基础理论体系》,北京大学出版社2009年版。

〔德〕弗里德利希·温格瑞尔、汉斯-尤格·施密特:《认知语言学导论》,彭利员等译,复旦大学出版社2009年版。

武宏志等:《非形式逻辑推理》,人民出版社2009年版。

王利明:《法学方法论》,中国人民大学出版社2012年版。

〔德〕伯恩·魏德士:《法理学》,丁小春、吴越译,法律出版社2003年版。

〔德〕弗朗茨·维亚克尔:《近代私法史》(上下卷),陈爱娥、黄建辉译,上海三联书店2006年版。

〔美〕道格拉斯·沃尔顿:《法律论证与证据》,梁庆寅、熊明辉等译,中国政法大学出版社2010年版。

〔德〕汉斯·J.沃尔夫、奥托·巴霍夫、罗尔夫·施托贝尔:《行政法》,高家伟译,商务印书馆2002年版。

〔古罗马〕西塞罗:《西塞罗全集·修辞学卷》,王晓朝译,人民出版社2007年版。

许玉秀、陈志辉编:《不移不惑献身法与正义——许迺曼教授刑事法论文选辑》,新学林出版社2006年版。

许中缘:《民法强行性规范》,法律出版社2010年版。

〔古希腊〕亚里斯多德:《修辞学》,罗念生译,上海人民出版社2006年版。

颜厥安:《法与实践理性》,允晨文化实业股份有限公司1998年版。

杨仁寿:《法学方法论》,中国政法大学出版社2013年版。

余凌云:《行政自由裁量论》,中国人民公安大学出版社2009年版。

郑永流主编:《法哲学与法社会学论丛》(第14卷),北京大学出版社2009年版。

郑永流主编:《法哲学与法社会学论丛》(第15卷),北京大学出版社2010年版。

顾祝轩:《民法系统论思维》,法律出版社 2012 年版。

张青波:《理性实践法律——当代德国的法之适用理论》,法律出版社 2012 年版。

邹碧华:《要件审判九步法》,法律出版社 2010 年版。

论文:

〔德〕艾尔马·邦德:《类推:当代德国法中的证立方法》,吴香香译,《求是学刊》2010 年第 3 期。

〔意〕布斯奈里:《意大利私法体系之概观》,薛军译,《中外法学》2004 年第 6 期。

蔡琳:《不确定法律概念的法律解释——基于"甘露案"的分析》,《华东政法大学学报》2014 年第 6 期。

陈新民:《德国行政法学的先驱者——谈德国 19 世纪行政法学的发展》,《行政法学研究》1998 年第 1 期。

陈金钊:《司法过程中的法律发现》,《中国法学》2002 年第 1 期。

陈金钊:《反对解释与法治的方法之途——回应范进学教授》,《现代法学》2008 年第 6 期。

陈金钊:《过度解释与权利的绝对化》,《法律科学》2010 年第 2 期。

陈金钊:《法律解释:克制抑或能动》,《北方法学》2010 年第 1 期。

陈金钊:《"法治反对解释"命题的修补》,《重庆理工大学学报(社会科学版)》2011 年第 4 期。

陈金钊:《法律修辞方法与司法公正实现》,《中山大学学报(社会科学版)》2011 年第 5 期。

陈金钊:《拯救被误解、误用的法律——案说法律发现方法及技术》,《法律适用》2011 年第 2 期。

陈金钊:《把法律作为修辞——认真对待法律话语》,《山东大学学报(哲学社会科学版)》2012 年第 1 期。

陈金钊:《实质法治思维路径的风险及其矫正》,《清华法学》2012 年第 4 期。

陈金钊:《为什么法律的魅力挡不住社会效果的诱惑?——对法律效果与社会

效果统一论的反思》,《杭州师范大学学报(社会科学版)》2012 年第 2 期。

陈金钊:《把法律作为修辞——讲法说理的意义及其艺术》,《扬州大学学报(人文社会科学版)》2012 年第 2 期。

陈金钊:《把法律作为修辞——法治时代的思维特征》,《求是学刊》2012 年第 3 期。

陈金钊:《权力修辞向法律话语的转变——展开法治思维与实施法治方式的前提》,《法律科学(西北政法大学学报)》2013 年第 5 期。

陈金钊:《解决"疑难"案件的法律修辞方法——以交通肇事连环案为研究对象的诠释》,《现代法学》2013 年第 5 期。

陈金钊:《法律解释规则及其运用研究(上)——法律解释规则的含义与问题意识》,《政法论丛》2013 年第 3 期。

陈金钊:《把法律作为修辞——我要给你讲法治》,《深圳大学学报(人文社会科学版)》2013 年第 6 期。

陈金钊:《用法治思维抑制权力的傲慢》,《河南财经政法大学学报》2013 年第 2 期。

陈金钊:《法治思维的前提之殇及其修复》,《山东大学学报(哲学社会科学版)》2014 年第 5 期。

陈金钊:《法学话语中的法律解释规则》,《北方法学》2014 年第 1 期。

陈坤:《法律教义学:要旨、作用与发展》,《甘肃政法学院学报》2012 年第 2 期。

陈林林:《法律原则的模式与应用》,《浙江社会科学》2012 年第 3 期。

池海平:《法律发现——司法过程中使用的一种法律方法》,《政法论丛》2009 年第 3 期。

董皞:《法律冲突概念与范畴的定位思考》,《法学》2012 年第 3 期。

〔英〕T. A. O. 恩迪科特:《论法治的不可能性》,《比较法研究》2004 年第 3 期。

冯亚东:《犯罪认知体系视野下之犯罪构成》,《法学研究》2008 年第 1 期。

郝荣斋:《广义修辞学和狭义修辞学》,《修辞学习》2000 年第 1 期。

李建良:《大学自治与法治国家——再探"二一退学制度"的相关法律问题》,《月旦法学杂志》2003年第10期。

李震山:《行政法意义下之法律明确性原则》,《月旦法学杂志》2000年第2期。

雷磊:《法律推理基本形式的结构分析》,《法学研究》2009年第4期。

雷磊:《新修辞学理论的基本立场——以佩雷尔曼的"普泛听众"概念为中心》,《政法论丛》2013年第2期。

梁迎修:《法律原则的适用——基于方法论视角的分析》,《华中师范大学学报(人文社会科学版)》2007年第6期。

刘国:《结果取向解释方法的正当性探究——以宪法解释为例的一种分析》,《甘肃政法学院学报》2010年第2期。

刘孔中、陈新民:《宪法解释的理论与实务(三)》,台湾"中央研究院"中山人文社科研究所2002年版。

彭文华:《英美法系刑法中的合理性原则及其启示》,《华东政法大学学报》2009年第4期。

阮文泉:《比例原则与量刑》,《法律评论》1991年第9期。

舒国滢:《法律原则适用中的难题何在》,《苏州大学学报(哲学社会科学版)》2004年第6期。

舒国滢:《西方古代修辞学:辞源、主旨与技术》,《中国政法大学学报》2011年第4期。

舒国滢:《"争点论"探赜》,《政法论坛》2012年第2期。

舒国滢:《论题学:修辞学抑或辩证法?》,《政法论丛》2013年第2期。

盛子龙:《行政法上不确定法律概念具体化之司法审查密度——德国实务发展与新趋势之分析》,《法令月刊》2000年第10期。

沈岿:《析论高校惩戒学生行为的司法审查》,《华东政法学院学报》2005年第6期。

孙光宁:《对话方法的价值与局限——法律论证理论的视角》,《青海社会科学》2008年第3期。

〔德〕格奥尔格·诺尔特:《德国和欧洲行政法的一般原则——历史角度的比较》,于安译,《行政法学研究》1994 年第 2 期。

王鹏翔:《目的性限缩之论证结构》,王文杰编:《月旦民商法研究:法学方法论》,清华大学出版社 2004 年版。

王鹏翔:《论基本权的规范结构》,《台大法学论丛》2005 第 2 期。

解亘:《驱逐搅乱著作权法的概念:"剽窃"》,《华东政法大学学报》2012 年第 1 期。

杨阅、李立新:《论法规竞合优位法条之区分与适用》,《苏州大学学报(哲学社会科学版)》2008 年第 2 期。

周志宏:《大学自治与强制退学制度》,《台湾本土法学杂志》2001 年第 29 期。

郑永流:《法律判断形成的模式》,《法学研究》2004 年第 1 期。

张嘉尹:《法律原则、法律体系与法概念论——Robert Alexy 法律原则理论初探》,《辅仁法学》2002 第 24 期。

张利春:《关于利益衡量的两种知识——兼行比较德国、日本的民法解释学》,《法制与社会发展》2006 年第 5 期。

二、英文文献

Aarnio, A., *The Rational as Reasonable: A Treatise on legal Justification*, D. Reidel Publishing Company, 1987.

Aarnio, A., *Legal Reasoning*, Vol. 2, MacCormick, N. (eds.), NYU Press, 1992.

Aarnio, A., *Essays on the Doctrinal Study of Law*, Springer, 2011.

Adeodato, J. M., "The Rhetorical Syllogism in Judicial Argumentation?", *International Journal for the Semiotics of Law*, 1999.

Alexy, R., *A Theory of Constitutional Rights*, J. Rivers (trans.), Oxford University Press, 2002.

Alexander, L., "Bad Beginnings", *University of Pennsylvania Law Review*,

Vol. 145, 1996.

Alexander, L., Sherwin, E., *Demystifying Legal Reasoning*, Cambridge University Press, 2008.

Artiukhov, A. A., "Das rhetorische Grundmuster der juristischen kommunikation", *Odessa Linguistic Journal*, Vol. 1, 2013.

Berger, L. L., "Studying and Teaching Law as Rhetoric: A Place to Stand", *The Journal of the Legal Writing Institute*, 2010.

Brewer, S., "Exemplary Reasoning: Semantics, Pragmatics, and the Ration Force of Legal Argument by Analogy", *Harvard Law Review*, 1996.

Burton, G. O., *The Forest of Rhetoric: Silva Rhetoricae*, Brigham Young University, 1996.

Caplan, H., Winterbottom, M., *Rhetorica ad Herennium*, Harvard University Press, 1954.

Cicero, M. T., *De Oratore, Books I*, E. W. Sutton, H. Rackham (trans.), Harvard University Press, 1942.

Corbett, E. P. J., *Classical Rhetoric for the Modern Student*, Oxford University Press, 1971.

Feteris, E. T., *Fundamentals of Legal Argumentation: A Survey of Theories on the Justification of Judicial Decisions*, Springer, 1999.

Feteris, E. T., "The Rationality of Legal Discourse in Habermas's Discourse Theory", *Informal Logic*, Vol. 23, No. 2, 2003.

Feteris, E. T., "The Rational Reconstruction of Argumentation Referring to Consequences and Purposes in the Application of Legal Rules: A Pragma-Dialectical Perspective", *Argumentation*, Vol. 19, No. 4, 2005.

Feteris, E. T., Kloosterhuis, H., "The Analysis and Evaluation of Legal Argumentation: Approaches from Legal Theory and Argumention Theory", *Studies in Logic, Grammar and Rhetoric*, Vol. 16, No. 29, 2009.

Govier, T., *Problems in Argument Analogies and Evaluation*, De Gruyter Mouton, 1987.

Hamblin, C. L., *Fallacies*, Metheun, 1970.

Hammond, W. G., *Legal and Political Hermeneutics, or Principles of Interpretation and Construction in Law and Politics*, F. H. Thomas and Company, 1880.

Hohmann, H., "The Dynamics of Stasis: Classical Rhetorical Theory and Modern Legal Argumentation", *The American Journal of Jurisprudence*, Vol. 34, 1989.

Hohmann, H., *Rhetoric and Dialectic: Some Historical and Legal Perspectives, Argumentation*, 2000.

Johansen, B., "Casuistry: Between Legal Concept and Social Praxis", *Islamic Law and Society*, Vol. 2, No. 2, 1995.

Kaptein, H., "Legal Progress Through Pragma-Dialectics? Prospects beyond Analogy and E Contrario", *Argumentation*, 2005.

Kennedy, G. A., *A New History of Classical Rhetoric*, Princeton University Press, 2009.

Klatt, M., *Making the Law Explicit: The Normativity of Legal Argumentation*, Bloomsbury Publishing, 2008.

Kloosterhuis, H., "Analogy Argumentation in Law: A Dialectical Perspective", *Artificial Intelligence and Law*, 2000.

MacCormick, N., *Legal Reasoning and Legal Theory*, Oxford University Press, 1994.

MacCormick, D. N., Summers, R. S. (eds.), *Interpreting Statutes: A Comparative Study*, Darthmouth Publishing Company, 1991.

MacCormick, N., *Rhetoric and the Rule of Law: A Theory of Legal Reasoning*, Oxford University Press, 2005.

Maier, R. (ed.), *Norms in Argumentation*, De Gruyter Mouton, 1989.

Mattei, U., Nader, L., *Plunder: When the Rule of Law is Illegal*, Blackwell

Publishing, 2008.

Maxeiner, J. R., "Different Roads to the Rule of Law: Their Importance for Law Reform in Taiwan", *Tunghai University Law Review*, 2003.

McKay, B., McKay, K., "Classical Rhetoric 101: The Five Canons of Rhetoric-Arrangement", *Manly Knowledge*, February 26, 2011.

Mirhady, D., "Aristotle and Anaximenes on Arrangement", *Rhetorica*, Vol. 29, No. 3, 2011.

Moore, M., "Three Concepts of Rules", *Harvard Journal of Law and Public Policy*, 1991.

Nolt, J., *Informal of Logic: Possible Worlds and Imagination*, McGraw-Hill Inc., 1984.

Peczenik, A., *On Law and Reason*, Springer, 1989.

Peczenik, A., "A Theory of Legal Doctrine", *Ratio Juris*, Vol. 14, 2001.

Peczenik, A., "Can Philosophy Help Legal Doctrine", *Ratio Juris*, Vol. 17, No. 1, 2004.

Peczenik, A., *Scientia Juris: Legal Doctrine as Knowledge of Law and as a Source of Law*, Springer, 2005.

Perelman, Ch., Olbrechts-Tyteca, L., *The New Rhetoric: A Treatise on Argumentation*, University of Notre Dame Press, 1969.

Perelman, Ch., *The Realm of Rhetoric*, University of Notre Dame Press, 1982.

Popkin, W. D., *A Dictionary of Statutory Interpretation*, Carolina Academic Press, 2006.

Sartor, G., Legal Reasoning: *A Cognitive Approach to the Law*, Springer, 2005.

Saunders, K. M., "Law as Rhetoric, Rhetoric as Argument", *Journal of Legal Education*, 1994.

Schauer, F., *Playing by the Rules: A Philosophical Examination of Rule-based Decision-Making in Law and in Life*, Oxford University Press, 1986.

Solum, L. B., "The Interpretation-Construction Distinction", *Const. Comment.*, 2010.

Strong, C., "Specified Principlism: What It Is, and Does It Really Resolve Cases Better than Casuistry?", *The Journal of Medicine and Philosophy*, Vol. 25, No. 3, 2000.

Tindale, C. W., *Acts of Arguing: A Rhetorical Model of Argument*, State University of New York Press, 1999.

Toulmin, S., *The Use of Argument*, Cambridge University Press, 1958.

Tremblay, P. R., "Shared Norms, Bad Lawyers, and the Virtues of Casuistry", *University of San Francisco Law Review*, Vol. 36, 2002.

Tuori, K., "Self-Description and External Description of the Law", *No Foundations: Journal of Extreme Legal Positivism*, 2006.

Van Der Merwe, D., "A Rhetorical-Dialectical Conception of the Common Law-Aristotle's Topics", *TSAR*, 2002.

Van Eemeren, F. H., "Grootendorst, R. and Grootendorst, R.", *A Systematic Theory of Argumentation*, Cambridge University Press, 2003.

Van Eemeren, F. H. and Garssen, B. (eds.), *Pondering on Problems of Argumentation: Twenty Essays on Theoretical Issues*, University of Amsterdam, 2009.

Van Hoecke, M., *Law as Communication*, Bloomsbury Publishing, 2002.

Wagner, A., Werner, W. and Cao, D., *Interpretation, Law and the Construction of Meaning*, Springer, 2007.

Wahlgren, P. (ed.), *Legal Theory*, Stockholm Institute for Scandinavian Law, 2000.

Walton, D. N., *Informal of Logic: A Handbook for Critical Argumentation*, Cambrige University Press, 1989.

Walton, D. N., *The New Dialectic: Conversational Contexts of Argument*, University of Toronto Press, 1998.

Walton, D. N., "Relevance in Argumentation", *Lawrence Eribaum Associates*, 2004.

Wang, A. L., "The Search for Sustainable Legitimacy: Environmental Law and Bureaucracy in China", *Harvard Environmental Law Review*, Vol. 37, 2013.

Whately, R., *Elements of Rhetoric: Comprising an Analysis of the Laws of Moral Evidence and of Persuasion*, SIU Press, 2010.

Weinberger, O., Law, *Institution and Legal Politics: Fundamental Problems of Legal Theory and Social Philosophy*, Springer, 1991.

Wenzel, J. W., "Relevance and Other Norms of Argument: A Rhetorical Exploration", Robert Maier (ed.), *Norms in Argumentation*, De Gruyter Mouton, 1989.

Wetlaufer, G. B., "Rhetoric and Its Denial Legal Discourse", *Virginia Law Review*, Vol. 76, 1990.

Wolff, L. C., "Law and Flexibility-Rule of Law Limits of A Rhetorical Silver Bullet", *The Journal Jurisprudence*, 2011.

Zompetti, J. P., "The Value of Topoi", *Argumentation*, Vol. 20, 2006.

三、德文文献

Alexy, R., *Theorie der Grundrechte*, Suhrkamp Verlag, 1986.

Artiukhova, A. A., "Das rhetorische Grundmuster der juristischen Kommunikation", *Odessa Linguistic Journal*, Vol. 1, 2013.

Ballweg, O., *Analytische Rhetorik: Rhetorik, Recht und Philosophie*, Peter Lang, 2009.

Bumke, C., "Rechtsdogmatik: Überlegungen zur Entwicklung und zu den Formen einer Denk-Arbeitsweise der deutschen Rechtswissenschaft", *JZ*, 2014.

Bydlinski, F., *Juristische Methodenlehre und Rechtsbegriff*, Springer, 1982.

Deckert, M. R., *Folgenorientierung in der Rechtsanwendung*, Beck, 1995.

Djeffal, C., "Die herrschende Meinung als Argument: Ein didaktischer Beitrag in historischer und theoretischer Perspektive", *Zeitschrift für das juristische Studium*, 2013.

Eder, K., "Prozedurale Legitimität: moderne Rechtsentwicklung jenseits von formaler Rationalisierung", *Zeitschrift für Rechtssoziologie*, 1986.

Engisch, K., Würtenberger, T., *Einführung in das juristische Denken*, Kohlhammer, 1977.

Gast, W., *Juristische Rhetorik: Auslegung, Begründung, Subsumtion*, R. v. Decker's Verlag, 1997.

Gast, W., *Juristische Rhetorik: Auslegung, Begründung, Subsumtion*, 3., durchgesehene und erweiterte Auflage, R. v. Decker Verlag, 2002.

Gast, W., *Juristische Rhetorik: Auslegung, Begründung, Subsumtion*, C. F. Müller, Juristischer Verlag, 2006.

Gast, W., *Juristische Rhetorik*, C. F. Müller, 2015.

Haft, F., *Juristische Rhetorik*, Alber, 1978.

Hensche, M., *Teleologische Begründungen in der juristischen Dogmatik-Eine Untersuchung am Beispiel des Arbeitskampfrechts*, Nomos Verlagsgesellschaft, 1998.

Jansen, N., "Rechtsdogmatik im Zivilrecht", *Enzyklopädie zur Rechtsphilosophie*, IVR (Deutsche Sektion) und Deutsche Gesellschaft für Philosophie, 2011.

Herbst, T., "Die These der einzig richtigen Entscheidung: Überlegungen zu ihrer Überzeugungskraft insbesondere in den Theorien von Ronald Dworkin und Jürgen Habermas", *JZ*, 2012.

Jestaedt, M., "Wissenschaft im Recht: Rechtsdogmatik im Wissenschaftsvergleich", *JZ*, 2014.

Kemmerer, A., *Dieter Simon über das Argumentieren der Juristen und die schöne Zukunft des Rechts: Recht als Rhetorik, Rhetorik als Recht*, Verf-Blog, 16. 01. 2012, http://www.verfassungsblog.de/recht-als-rhetorik-rhetorik-als-recht.

Kirchhof, G., Magen, S. and Schneider, K. (eds.), *Was weiß Dogmatik?: Was leistet und wie steuert die Dogmatik des Öffentlichen Rechts?*, Mohr Siebeck, 2012.

Koch, H. J., Rüßmann, H., *Juristische Begründungslehre: Eine Einführung in Grundprobleme der Rechtswissenschaft*, Verlag C. H. Beck, 1982.

Kreuzbauer, G., Augeneder, S. (Hrsg.), *Der Juristische Streit: Recht zwischen Rhetorik*, Franz Steiner Verlag, 2004.

Larenz, K., *Methodenlehre der Rechtswissenschaft*, Springer, 1995.

Launhardt, A., *Topik und Rhetorische Rechtstheorie Eine Untersuchung zu Rezeption und Relevanz der Rechtstheorie Theodor Viehwegs*, Dissertation zur Erlangung des Doktorgrades der Juristischen Fakultät der Heinrich-Heine-Universität Düsseldorf, 2005.

Leipold, D., "Die Rolle der Rechtswissenschaft in der gegenwärtigen Gesellschaft", *Ritsumeikan Law Review*, No. 30, 2013.

Lerch, K. D., *Recht verhandeln: Argumentieren, Begründen und Entscheiden im Diskurs des Rechts*, Walter de Gruyter, 2005.

Lindner, J. F., "Rechtswissenschaft als Gerechtigkeitswissenschaft", *RW*, 2011.

Lübbe-Wolff, G., *Rechtsfolgen und Realfolgen. Welche Rolle können Folgenerwägungen in der juristischen Regel- und Begriffsbildung spielen?*, Freiburg, München, 1981.

Mastronardi, P., "Juristische Methode und Rechtstheorie als Reflexionen des Rechtsverständnisses", *SVRSP-Tagungsband "Rechtswissenschaft und Hermeneutik"*, 2009.

Neumann, U., Ulfrid Neumann, "Wahrheit statt Autorität Möglichkeit und Grenzen einer Legitimation durch Begründung im Recht", in Kent D. Lerch (Hg.), *Recht verhandeln: Argumentieren, Begründen und Entscheiden im Diskurs des Rechts*, Walter de Gruyter, 2005.

Ott, E. E., *Juristische Dialektik: Dialektische Argumentationsweisen und Kunstgriffe, um bei rechtlichen Auseinandersetzungen in Prozessen und Verhandlungen Recht zu behalten*, 3., überarb. und erw. Aufl., Dike, 2008.

Radbruch, G., *Rechtsphilosophie*, K. F. Köhler Verlag, 1963.

Rapp, C., *Rhetorik*, Walter de Gruyter, 1999.

Rüthers, B., "Rechtsdogmatik und Rechtspolitik unter dem Einfluß des Richterrechts", IRP-Rechtspolitisches Forum, Nr. 15, 2011.

Schulz, L., "Wahrheit im Recht. Neues zur Pragmatik der einzig richtigen Entscheidung", *Zeitschrift für internationale Strafrechtsdogmatik*, 2007.

Steinhauer, F., "Die rechtlich-rhetorischen Grenzen I: Beispiele von Max Kaser, Fritz Schulz und Uwe Wesel", *Ancilla Iuris* (anci. cn), 2009.

Stürner, R., "Das Zivilrecht der Moderne und die Bedeutung der Rechtsdogmatik", *JZ*, Vol. 1, 2012.

Stürner, R., "Die Zivilrechtswissenschaft und ihre Methodik-zu rechtsanwendungsbezogen und zu wenig grundlagenorietiert?", *Archiv für die civilistische Praxis*, 2014.

Thelen, M., "Stets gebraucht, aber kaum gelehrt: Rhetorik für Juristen", *Bonner Rechtsjournal*, 2012.

Torggler, U., "Rechtssicherheit und Einzelfallgerechtigkeit im Wirtschaftsprivatrecht", *Juristische Blätter*, 2011.

Volkmann, U., "Veränderungen der Grundrechtsdogmatik", *JZ*, 2005.

Wank, R., *Die juristische Begriffsbildung*, C. H. Beck, 1958.

Wilhelm, J. P., *Einführung in das juristische Denken und Arbeiten*, durchgesehener u. gekürzter Sonderdruck für die Deutsche SchülerAkademie, 2006.

图书在版编目 (CIP) 数据

法律修辞的理论和方法 / 吕玉赞著 . -- 北京：商务印书馆, 2024. -- (棠树文丛). -- ISBN 978-7-100-24237-0

I. D90-055

中国国家版本馆 CIP 数据核字第 20249KC812 号

权利保留，侵权必究。

棠树文丛

法律修辞的理论和方法

吕玉赞　著

商　务　印　书　馆　出　版
（北京王府井大街36号　邮政编码 100710）
商　务　印　书　馆　发　行
南京新洲印刷有限公司印刷
ISBN 978-7-100-24237-0

2024年10月第1版　　开本 880×1240　1/32
2024年10月第1次印刷　印张 10
定价：48.00元